언어와 문화를 잇는
일본어교육

ことばと文化を結ぶ日本語教育

細川 英雄(호소카와 히데오) 외 저
한국일어교육학회 번역

일본어 으뜸
(주)시사일본어사
book.japansisa.com

Preface 머리말

-언어와 문화의 연결고리를 찾아서

호소카와 히데오(細川 英雄)

일본어교육에서의 '문화'란 무엇인가?

언어를 배운다는 것은 즉, 문화를 배우는 것이라고 할 수 있습니다. 그러면 문화란 무엇을 말하는 것일까요? 문화는 사회와 공존하고, 우리들 개개인이 사회의 구성원으로서 존재한다는 사실은 우리 모두가 인식하고 있는 점입니다. 언어를 배우는 것은 그 사회를 알아가는 것과 동시에 문화를 이해하는 것입니다.

하지만, 사람이 언어를 배울 때 사회나 문화가 추상적인 형태로 어딘가에 존재하는 것은 아닙니다. 반드시 자신 이외의 누군가와 커뮤니케이션 과정 속에서 그 사회를 인식하고 그 문화를 느끼게 됩니다.

그러므로 언어를 배운다는 것은 결코 어휘와 문형만을 암기하는 기계적인 작업이 아니라, 구체적인 타인과의 커뮤니케이션 상호행위를 통한 사회와 문화의 접촉이라고 생각할 수 있습니다.

따라서 우선 일본어교육에서 '문화'란 무엇인가에 대한 문제 파악이 필요합니다.

최근에는 일본어교육 목적과 방법이 전반적으로 '일본어 지식의 전수'에서 '커뮤니케이션 능력 습득'으로 이행되고 있습니다만, '문화'에 대해서는 여전히 커뮤니케이션 행위와 동떨어진 개념인 '사회에 관한 지식·정보'로 받아들여지고 있습니다.

여기에서 말하는 '문화'의 개념은, 그러한 커뮤니케이션의 틀 밖에 있는 지식이나 정보를 가리키는 것이 아니라, 커뮤니케이션 행위 그 자체가 이미 학습자가 사회에서 자신을 표현하는 행위라는 생각에 근거를 두고 있습니다. 따라서 이 경우의 '문화'는 학습해야 할 대상으로서의 사항이나 현상이 아닌, 사회 속에서 학습자가 인식하는 방식이라 할 수 있습니다. 바꾸어 말하면, 학습자 개개인이 구체적인 커뮤니케이션 행위를 통하여 타인과의 상호 관계성을 파악해 갈 수 있는 과정을 알게 하는 것이 중요합니다.

즉, 종래의 '문화'를 위한 교육이 언어 구조의 분석과 그 성과를 익히게 하는 '언어를 위한 언어교육'임에 반해, 여기서 말하는 '문화'를 위한 일본어교육이란, 학습자 개개인의 구체적인 커뮤니케이션 안에서의 '차이'를 타인과 어떻게 공존·공생해 가는가 하는 문제를 생각하기 위한 언어교육 실천 이념인 것입니다.

지식으로서의 '일본사정'에서 커뮤니케이션을 위한 문화 정보활용능력으로

언어와 문화의 관계를 고려할 경우 '일본사정'을 제외시킬 수는 없습니다. '일본사정'이라는 과목이 유학생을 대상으로 하는 과목으로 설치된 것은 1962년이지만, 일본어교육의 교과목에서 '일본사정'이 차지하는 위치는 너무나 빈약했습니다. 이 '일본사정'은 일본의 '사회·문화' 지식에 관한 교수과목으로서의 역할을 담당하고 있어, 일본어교육분야에서는 학습자가 구체적인 타인과의 커뮤니케이션 과정에서 문화를 스스로 인식하며 배워가는 것이라는 시각이 결여되어 있었다고 보는 것이 정확할지도 모릅니다.

이러한 커뮤니케이션을 통한 문화와의 접촉에 대해서는, 80년대 말부터 학습자 개개인의 시각에 따라서 자국문화·이국문화의 발견을 지향하자는 의견들이 조금씩 제안되기 시작했습니다(**구라치倉地 1992**). 이와 같은 학습자 주체라는 생각은 현재 실천에 상당히 많이 반영되었으며, 언어와 문화의 관계를 이해하는 방법으로 점차적으로 정착되고 있습니다. 이러한 실천에서 문화를 지식으로서가 아닌 커뮤니케이션 능력으로 받아들이려는 문화 정보활용능력의 기본개념을 파악할 수가 있습니다.

그러나 단순히 토의나 토론을 도입하거나 사회적 토픽을 다루는 것만으로는 형식적으로 학습자 주체라고 하더라도 종래의 '일본사정' 수업과 큰 차이가 없기 때문에 결국에는 '문화' 지식학습이 목적이 되고 맙니다(**호소카와細川 2000**).

가와카미(川上 1999)는 지금까지 외국어(일본어)교육에서 다루어진 '문화'의 취급방식에 문제를 제기하고, 종래의 일본어 교사를 포함한 외국어 교사가 커뮤니케이션과 상호작용을 지향하는 교육의 장에서 문화는 항상 고정적으로 다루어졌다고 지적하며, 이것을 '외국어 교육에서의 문화의 덫'이라고 했습니다. 그리고 이 덫에 걸린 어학 교사는 문화를 고정적으로 보는 시각에서 한 발짝도 빠져나올 수 없게 된다고 말하고 있습니다.

가와노(河野 2000)는 '커뮤니케이션이란 처음부터 "ㅇㅇ인, ××인"을 염두에 두고 시작된 것은 아니었고, 나아가 '이문화 커뮤니케이션 수업이 "ㅇㅇ인, ××인" 커뮤니케이션을 강조하면 할수록 공교롭게도 그 목적에서 멀어져 버린다며 종래의 '이문화 커뮤니케이션 교육'의 결함을 지적하고 있습니다.

문화는 유동적이며 끊임없이 변화하는, 이질성·다양성의 산물이라는 인식이 앞에서 언급한 2편의 논문에 명시되어 있습니다. 학습자 주체의 문화학습을 실천하기 위해서는 '문화'를 커뮤니케이션 행위 안에서 학습자 스스로가 인식해야 한다는 시각이 반드시 필요합니다. 그리고 교사가 얼마나 자각적으로 인식할 수 있는지가 관건입니다.

일본어교육에서 언어와 문화의 통합을 목표로

이러한 일본어교육의 관점은, '무엇을' '어떻게' 가르칠까를 문제시 했던 종래의 일본어교육 패러다임의 전환과 그와 관련된 의식적인 논의의 시작을 의

미합니다.

가령, 학습자의 언어 습득면에서 보면 기초 영역으로서의 언어연구 성과를 응용하여 언어교육 분야에 수용한다는 생각만으로는 충분하지 않습니다. 오히려 학습자 스스로가 문화를 발견한다는 시각이 필요합니다. 그리고 그러한 시각에서 볼 때, 학습자 입장에서 그들의 발견을 지원하기 위해서는 구체적으로 어떠한 학습 환경을 어떻게 조직화할지에 대한 언어와 문화의 학습 환경프로그래밍적인 사고가 반드시 필요할 것입니다.

따라서 일본어교육 수업을 '무언가를 가르치는 교실'에서 교사 대 학습자라는 틀을 넘어, '문화'를 함께 발견해 가는 과정의 장으로 재수용 하는 것, 즉 이것을 우리는 언어와 문화를 잇는 일본어교육이라고 합니다. 일본의 사회와 문화는 '일본인'만이 알 수 있는 것이 아니라, 일본어 학습자의 위치에서도 볼 수 있는 개개인의 '문화'가 존재하기 때문입니다.

이 책의 구성

이 책에서는 먼저 언어와 문화의 통합 문제를 개관해 하였고(제1장), 그 교육실천에서 빼놓을 수 없는 '학습자 주체'의 개념에 대한 문제를 검증하였습니다(제2장).

또한 각각 입장은 다르지만 교육학적 관점을 수용한 '상황적 학습'(제3장), 다언어 다문화 사회를 전제로 한 '내용중시'(제4장), 각 언어 환경에 학습자를 투입한 '몰입(immersion) 프로그램'(제5장) 등 각각의 이론과 실천을 소개하고 있습니다.

이러한 교육실천의 문제는 최근 급증하고 있는 외국 국적의 아동 및 학생을 위한 일본어교육의 필요성이 대두되는 것과 무관하지는 않습니다. 여기서는 특히 '연소자 일본어교육'을 다루고, 그 이론적인 배경과 현상을 기술하고 있습니다(제6장). 또한 연소자 교육을 비롯해 체험형 학습 방법이 구체적 실천의 의미를 갖는 것은 말할 나위도 없습니다(제7장). 이것은 결코 학교 제도 내의 문제만이 아니라 지역사회와의 관계도 반드시 염두에 둘 필요가 있다는 것을 잘 보여 줍니다(제8장).

그리고 일본어교육 전체의 관점에서 생각할 때, 담화의 역할 (제9장)과 미디어와의 관련도 다루지 않을 수 없습니다 (제10장). 이러한 새로운 문제에 직면하여 교실운영자로서의 평가 문제뿐만 아니라, 학습자 참가형의 양상을 생각하게 됩니다(제11장). 결국 교실이라는 공간과 그 속에서 인간관계를 유지하는 교사가 지녀야할 자세, 즉 교사론의 중요성이 불가피한 과제로 존재하는 것입니다(제12장).

마지막으로 일본어교육에서 '문화'의 개념을 고려하기 위해서는, 다양한 일본인·일본문화론을 파악할 필요가 있습니다(제13장). 그리고 이것은 모든 '문화'를 어떻게 파악할지에 대한 입장과 깊이 관련된 문제로 나타나게 됩니다(제14장).

이상으로 이 책의 구성을 살펴보았습니다만, 어느 정도 논의의 여지가 남아 있는 문제들이 있습니다. 그것은 바로 '문화'의 개념입니다. 가령 '이문화' 라는 용어는 각 장에 등장하고 있지만, 그 '이(異)'와 '자(自)' 의 경계는 어디에 있는지, 또 그 내실은 무엇인지에 대한 논의가 이 책에서는 다루고 있지 않습니다. 머리말 및 제 1장에서 이 책의 편집에 대한 대략적 관점은 서술해 두었습니다만, 모든 장의 '문화'개념이 통일적인 입장에서 기술된 것은 아닙니다. 그 만큼 '문화' 문제는 한 마디로 정의할 수 없으며, 앞으로도 계속 검토해야 할 주제이기도 합니다.

*

이상과 같이, 이 책에서는 언어와 문화를 연결고리로 하는 입장에서 감히 커뮤니케이션으로서의 제2언어 습득의 역할을 재조명하는 것을 목적으로 하고 있습니다. 이것은 언어와 문화 관계에 착안한 실천을 실마리로 제2언어로서의 일본어교육 전반을 인간과 언어와의 관계를 종합적인 시야에서 생각하고자 한 것입니다. 이 책에 실린 10 여편의 논문이 언어와 문화의 통합적인 시점으로 이론적 구축과 발전, 그리고 실천의 실마리와 디딤돌이 되어 일본어교육이 미래를 향해 개척할 수 있기를 기대하는 바입니다.

참고문헌

川上郁雄（1999）「「日本事情」教育における文化の問題」、『21世紀の日本事情』1号、くろしお出版

倉地暁美（1992）『対話からの異文化理解』勁草書房

河野理恵（2000）「「異文化コミュニケーション」としての「日本事情」」、『21世紀の日本事情』1号、くろしお出版

細川英雄（2000）「崩壊する「日本事情」－ことばと文化の統合をめざして」、『21世紀の日本事情』2号、くろしお出版

Contents 차례

제4장 내용중시 일본어교육   오카자키 히토미(岡崎 眸)

제5장 몰입 프로그램 입문 : 상호작용능력 습득을 위한 코스 디자인
                                         미야자키 사토시(宮崎 里司)

제6장 연소자를 위한 일본어교육   가와카미 이쿠오(川上 郁雄)

제1장

언어 · 문화 · 교육

- 언어와 문화를 잇는 일본어교육 -

호소카와 히데오 (細川英雄)

1. 언어와 문화를 잇는 학습자

옛부터 언어를 배운다는 것은 문화를 배우는 것이라고 일컬어졌다. 언어를 알면 그 사회에 빨리 적응할 수 있는 이유는 어디에 있는 것일까? 반대로 언어를 모르면 그 사회에 적응하지 못하는 것은 왜일까? 문화인류학자 프란츠 보아스(Franz Boas)는 언어사용 관계에 대한 연구조사를 통하여 다음과 같이 기술하고 있다(비어리스트 · 하쿠타 2000:246).

언어의 숙달은 정확하고 철저한 지식을 얻기 위해서 빼놓을 수 없는 수단이다. 거의 모든 정보가 원어민의 회화를 듣거나 그들의 일상생활에 참여함으로써 얻을 수 있는 것이고, 언어를 구사할 수 없는 관찰자는 정보를 얻을 수 없기 때문이다.

이것은 우리들이 언어를 통해 그 사회의 일원으로 인지된다는 것을 시사하고 있다. 그렇다면 이 경우의 '문화'란 무엇인가? 그것은 그 사회의 일원으로서 언어를 수단으로, 타인과 자신과의 인간관계를 어떻게 맺느냐. 즉, '언어를 알면 그 사회에 빨리 적응할 수 있다'는 것은 언어 사용에 따라 그 사회에서 타인과의 개인적 교류가 가능해지며, 자기표현을 쉽게 할 수 있기 때문이다. 결코 그 사회에 관한 전문적인 지식습득을 말하는 것은 아니다. 그렇기 때문에 '언어를 배우는 것은 문화를 배우는 것'이라고 해석할 수 있다. 따라서 이 경우의 '문화'는 그 사회에 관한 정보가 아니라 언어 사용상에서 절대불가결한 조건이며 자신을 둘러싸고 있는 상황의 인식과 그 판단의 힘이 되는 것이다.

인식과 판단력을 어떻게 자각하고 어떻게 운용하는지는 학습자 자신의 문제이다. 여기서 '학습자 주체'라는 관점이 생긴다. '학습자 주체'란 단순히 학습자의 의사대로 교실을 운영하거나, 학습자 요구대로 테마를 설정하고 활동을 맡기는 것이 아니다. 언어와 문화 모두 학습자 개개인의 내면에 있다는 사고에서 생겨나는 개념이다.

2. 연구자의 성과를 학습자 지원으로

그러면 언어와 문화의 문제를 학습자 주체로 생각한다는 것은 구체적으로 어떠한 것일까? 이러한 입장은 '무엇을 가르치는가' 라는 교육내용을 한정히는 것도, '어떻게 가르치는가'라는 구체적인 교육방법을 가리키는 것도 아니다. 학습자가 '일본어'를 배운다는 것은 무엇을 의미하는가? 왜 그들은 '일본어'를 배우는가? 이러한 테마를 실현하기 위해 교사는 무엇을 할 수 있을까? 라는 교육방법론적 입장에서 이 문제를 고려하는 것이 반드시 필요하다는 결론에 도달한다.

이전에는 언어든 문화든 그것을 연구하는 사람에게는 대상에 관계없이 보이지 않는 원리의 코드를 발견하고 그것을 기술화(記述化)하는 것이 일상이었다. 이러한 관점에서 현재 일본어 교육에서 사용되는 교재는 그러한 연구자의 성과를 토대로 작성되었다고 해도 과언이 아니다.

또한 수업에서는 그 교재에 기술되어 있는 것을 지식, 정보로서 가르치는 것이 필요하다고 여겨졌다. 다른 한편으로는 학습자의 니즈를 우선시해야 한다는 생각이 앞서 학습자 입장에서 언어를 생각하는 것과 학습자의 니즈에 대한 대응을 혼동하여, 학습자 니즈에 따라 교재 내용을 익히게 하는 묘한 풍토가 형성되었다. 학습자의 니즈에 부응해야 한다고 말하면서도 좋은 수업을 위해서는 좋은 교재가 필요하다는 현장의 목소리는 바로 이 사실을 반영한다고 할 수 있다.

　그러나 앞서 지적했듯이 언어연구의 목적은 연구자 자신의 관찰과 조사에 따라 현상의 기호 의미를 기술하고 각각의 해석에 따른 고유 '이론'을 명백히 하는 것이었다. 이 실증에 따라 코드(법칙성)의 존재와 의미를 발견하여 자기의 '이론' 기술이 가능할 때 연구성과로 결실을 맺는 것이다.

　이에 반해, 언어 습득시 학습자는 언어활동 속에서 문화 코드와 그에 대응하는 언어 코드를 발견하고 이 두 개의 코드를 나름대로 해석하여 여러 장면과 상황에 적용시킨다. 이 복합적이고도 중층적인 연속에서 언어와 문화는 획득되어 가는 것이다. 이 경우에 필요한 것은 정보로서의 '문화'가 아니라, 신변의 다양한 정보를 나름대로 처리해 가는 능력으로서의 '문화정보 활용능력'이다(호소카와細川 2002).

　연구의 주체는 연구자이지만, 습득의 주체는 어디까지나 학습자 자신이다. 따라서 연구에서 얻어진 '이론'의 성과를 그대로 학습자에게 부여하는 것은 의미가 없다. 연구자가 발견한 코드를 학습자가 발견할거라고 장담할 수 없으며, 반대로 연구자가 발견할 수 없었던 코드를 학습자가 발견할 수 있기 때문이다. 더구나 이 코드는 한번 습득하면 영원불변한 것이 아니라, '살아있는 변용체'로 끊임없이 변화할 수 있다.

그리고 학습자에게 가장 중요한 것은 그러한 코드를 발견하는 것이 아니라, 그 코드를 사용해 자신이 생각하고 있는 것을 표현하는 데 있다. 이 때 교사가 할 수 있는 것은 교실이라는 공간에서 학습자 스스로가 '말하고자 하는 것'을 어떻게 표현하게 하는가에 있다.

언어에 의한 커뮤니케이션은 그 전제로서 항상 '나'의 장면인식이 포함되어 있다. 언어는 그 장면인식을 전제로 하며 또한 그 인식을 포함하는 통합체로 기능하기 때문이다. 바꾸어 말하면 사회 공통의 약속 코드로서의 사회제도(랑그)인 문화는 개인의 인식에 의해 생겨난 개체(파롤) 문화가 될 수 있는 것이다.

그야말로 언어는 문화이고 문화는 언어인 것이다. 언어와 문화를 별개로하여 '나'의 내측과 외측을 분리시키는 자체가 실제로는 언어와 문화의 융합을 가로막아온 사상이었다. 언어와 문화를 나의 외측에 두면 언어습득과 언어활동 자체가 타인의 모방에 지나지 않는다. 교사는 일방적으로 주어진 것만을 주어진 대로 가르치기만 하면 된다. 또한 언어를 자기 안에 있다고 인정하면서도 단순한 기술이라고만 생각한다면 이는 사고와 관계없이 언어운용기술로 학습시키면 된다. 그러나 실제로는 그러한 기술만으로는 언어의 창조가 일어나지 않는다는 것은 누구나 알고 있는 사실이다.

그러면, 학습자가 주체적으로 자신의 테마를 찾아내고, 어떻게 일본어능력을 향상시킬 수 있을까? 그러기 위해서 학습자입장에서는 구체적인 커뮤니케이션 환경이 설정되는 것이 조건이 될 것이다. 학습자와 교사가 대등한 입장에서 역동적인 언어활동에 참가할 기회를 확보하는 것이 전제가 된다. 결국 언어활동 능력의 육성을 위한 일본어 교육의 방법론은 어떻게 학습자를 위한 언어 학습환경을 설정하는가의 문제로 집약된다.(호소카와細川 1999)

3. 언어문화통합의 입장과 일본어 교육

종래 언어는 문화이고 문화는 언어라고 하면서도 그 실태는 분명하지 않고 구체적으로 어떻게 배울 수 있는지도 명확하지 않았다. 하지만 그 해답은 여기에서 찾을 수 있다.

언어, 문화 모두 개인 안에 있으며, 이 두 개를 종합적으로 익혀야 비로소 언어와 문화는 통합되는 것이다.

여기서 검토해 온 것을 근거로 다소 도식적이긴 하나, 언어와 문화의 수용과 그 입장의 차이를 정리해 보면 다음과 같다(호소카와細川 1999).

'언어'와 '문화'의 수용 입장 일람표

	언어 A	언어 B	언어문화 통합	문화 B	문화 A	타입
① 입장	전통 가치적 입장	상대 사회적 입장	개인 능력적 입장	상대 사회적 입장	전통 가치적 입장	① 입장
② 언어의 수용	언어를 집단 사회의 소산으로 받아들여, 그 지식의 학습을 '언어학습'으로 본다.	언어를 집단 사회에서 대인 상호작용으로 받아들여, 그 사회의 언어를 학습하고 운용하는 것을 '언어학습'으로 본다.	문화를 개인 장면(상황) 인식능력으로 받아들여, 그 개인이 집단사회 속에서 타인으로서 개인과 상호관계를 맺는 자체를 '문화학습'으로 본다	문화를 집단 사회에서 대인 상호작용으로 받아들여, 그 사회의 인간행동·사고양식 학습을 '문화학습'으로 본다.	문화를 집단 사회의 소산으로 받아들여, 그 지식 정보를 학습하는 것을 '문화학습'으로 본다.	② 문화의 수용
③ 목적 (왜)	집단사회의 소산으로 언어의 이해·보존·계승을 위해	집단사회에 따른 언어차이를 주목해 그 사회에 대한 이해·적응을 도모하기 위해	타인과의 대인 상호관계를 맺는 능력을 획득하여 집단사회에서 개인의 자기실현을 도모하기 위해	집단사회에 따른 행동·사고양식의 차이에 주목하여 그 사회의 이해·적응을 도모하기 위해	집단사회의 소산으로의 가치 이해·보존·계승을 위해	③ 복적 (왜)
④ 대상 (무엇을)	언어의 체계와 가치	사회에서 언어에 따른 행동과 운용 양식(일상생활의 언어습관 등을 포함)	(학습자 개개인의 문제이기 때문에 구체적인 형태로 존재하지 않음)	사회에서의 인간의 행동·사고 양식(일상생활의 습관 등을 포함)	사회적 전통·유산의 가치	④ 대상 (무엇을)
⑤ 방법 (어떻게)	지식·정보로서의 일방적 교수	집단사회의 언어석 차이를 실마리로 자타 사회 및 자아를 발견하는 활동을 한다.	개인 인식능력으로서의 자기표현을 촉진하는 활동을 한다.	집단사회에서 문화적 차이를 실마리로 자타 사회 및 자아를 발견하는 활동을 한다.	지식·정보로서의 일방석 교수	⑤ 방법 (어떻게)

타입	언어 A	언어 B	언어문화 통합	문화 B	문화 A	타입
⑥ 문화교육과의 관계	문화학습과는 다른 것으로 분리시킨다.	문화학습과는 다른 것으로 분리시킨다.	언어학습 그 자체가 동시에 문화학습이기 때문에, 양자는 통합된 형태로 받아들인다.	부분적으로 겹치지만, '문화' 경계를 지역·민족·국가간 등으로 끌고 가기 위해 그들의 사회적 차이를 강조하게 된다.	언어학습과는 다른 것으로 분리시킨다.	⑥ 언어교육과의 관계
⑦ 매개어	초급자·중급자에게는 매개어/상급자에게는 학습언어	경우에 따라 매개어를 사용한다.	기본적으로 학습언어만	경우에 따라 매개어를 사용한다.	초급자·중급자에게는 매개어/상급자에게는 학습언어	⑦ 매개어
⑧ 교재	언어의 구조나 기능 등에 대해서 논설·해설..	사회비교 자료·일상생활 기록..	학습자의 '생각'이 소재	사회비교 자료·일상생활 기록..	문학·역사·철학·경제 등에 대해서 논설·해설..	⑧ 교재
⑨ 형태	사회소산으로서 '언어'를 실체로 볼때 고정적/사물(もの)적 학습사물강조 교수/객체적 언어학적	대인 상호작용에서 행동·사고양식으로서의 '언어'를 실체로 볼때 고정적/동작(こと)적 학습(대인)사회상호작용/객체적	사람의 장면인식능력으로서의 '문화'는 변용체로 존재하는 유동적/상태(さま)적 학습 대인상호관계/주체적 〈장면인식〉	대인상호작용에서 행동·사고양식으로서 '문화'를 실체로 볼때 고정적/동작(こと)적학습(대인)사회상호작용/객체적〈small c〉	사회소산으로서의 '문화'를 실체시 고정적/사물(もの)적 학습 사물강조 교수/객체적 〈large C〉	⑨ 형태
⑩ 태도	집단사회적 가치로서의 언어지식이 중요	집단사회로서의 다른 언어간 커뮤니케이션에 의한 차이점의 상호이해가 중요	타인과의 관계에서 개인의 자기표현 및 공명성이 중요. 정보를 선택하는 능력이 필요	집단사회에서의 이문화간 커뮤니케이션에 따른 차이점의 상호이해가 중요	집단사회적 가치로서의 지식·정보가 중요	⑩ 태도
⑪ 종별	언어 본질주의	언어 상호주의	언어문화 통합주의	문화 상대주의	문화 본질주의	⑪ 종별

위의 표에서 보면 언어와 문화를 고정적인 것이라 생각하고 그것을 지식·정보로서 학습자에게 가르치는 것을 목적으로 하는 입장(언어A·문화A)과 이 두 개를 유동적인 것으로 보아 학습자의 인식과 기술화를 목적으로 하는 입장(언어문화 통합)이 대치되고 있는 것을 알 수 있다. 전자(언어A·문화A)는 언어와 문화 모두 학습자의 외측에 있고 지식·정보로서 꺼낼 수가 있기 때문에, 그 결과를 교사가 학습자에게 부여하는 활동이 곧 '교육'이다. 한편, 후자(언어문화통합)는 언어와 문화는 모두 학습자에게 있고 지식·정보로서 제시하는 것이 불가능하다고 생각하기 때문에, 교사가 그것을 제시하여 가르치는 것이 아니라 학습자 자신이 대상이 되어 언어·문화를 어떻게 인식하는가를 문제로 삼으며, 그것을 어떻게 타인에게 기술하는가에 대한 활동을 '교육'으로 평가한다.

최근 언어 학습의 커뮤니커티브어프로치(Cummunicative Approach)에서 커뮤니케이션 능력을 목적으로 하는 방법이 인정되는 것으로 보아, 언어교육의 추세는 언어A 입장에서 언어B의 입장으로 이행하고 있다고 여겨지나, 문화학습에서는 '문화'를 고정적인 것으로 받아들여 그 경계를 지역·민족·국가간 등의 사회적 차이로 강조하는 경향(문화B)이 강하다. 따라서 언어학습의 목적을 커뮤니케이션 능력 육성에 두면서도, 문화학습에서는 지식·정보로서의 문화를 토대로 전개시키는 수업을 많이 볼 수 있다. 따라서, 문화B 타입의 학습에서는 학습자가 생각하도록 하는 형태를 취하지만, 상식적인 고정관념에 사로잡히는 경우도 가끔 볼 수 있다. 언어문화의 통합이 이러한 활동과 다른 점은 학습자 인식의 철저한 기술화(記述化)에 있다고 말할 수 있다. 즉, 문화 그 자체를 유동적으로 본 결과, 그 실체의 여부가 아닌 학습자 자신의 인식이 타인에게 기술화하는 그 자체가 활동의 중심이 되며, 타인에 대한 설득성이 평가를 받기 때문이다. 즉, 고정적 문화 그 자체의 소재를 찾는 것이 아니라, 학습자 자신의 인식 방법과 해석 그리고 설명이 요구되며, 타인과 공생하기 위한 전략을 어떻게 배우느냐가 이 활동의 목적이 된다.

따라서, 여기에서는 이러한 능력의 육성이 '교육'의 과제가 되며, 그 전제로서 언어와 문화의 통합적인 해석과 학습이 존재하게 된다.

4. 교육 패러다임으로의 전환

이상과 같이 언어와 문화의 통합을 전제로 하면 학습자의 인식과 그 판단이 학습활동의 중심이 되지만, 그러한 입장에서 생각하면 '사회'(집단)에서의 물질(モノ)·행동(コト)·정신(サマ)을 실제로 제시할 수 있느냐가 문제의 관심사가 된다.

이미 언급한 바와 같이, 집단에 속한 물질·행동·정신을 인식하는 주체는 개인이고, 그것은 〈유레카(내가 찾았다)!〉라는 감각일 뿐이다. 이러한 것은 물질·행동·정신을 집단으로 묶어 파악하는 발상에 대한 반성으로 연결된다. 왜냐하면 사람은 '사회'를 '사회'의 '문화론'적 가공의 '사회'로서가 아니라, 구체적인 장면 속에서의 다른 존재로 파악하기 때문이다(이 책의 '머리말' 참조).

사람이 구체적 타인과 만나는 것은 커뮤니케이션 행위를 통해서이며, '사회'의 '문화론'이란 집단사회의 물질 · 행동 · 정신의 정보해석이다. 그 때 집단에 속한 물질 · 행동 · 정신의 정보해석에서는 아무것도 생겨날 수 없게 된다.

그리고, 이러한 인식은 다음의 문제에도 파급된 것이다. 그것은 '사회정보해석으로서의 문화론'을 견지하는 한 모사회구성원(母社會成員)의 우위성 · 표준성은 절대적이다. 모어 화자 우위성의 특징 중 하나로 시산성을 들 수가 있다. 즉, 언어 환경에 유년기부터 노출된 사람은 획득(습득)의 질이 우수하다는 생각이다. 이것은 문화에 관해서도 마찬가지라고 할 수 있다. 그 사회의 모사회구성원으로 자란 사람이 그렇지 않은 사람에 비해 사회정보량을 다량으로 갖고 있는 것은 당연한 일이고, 그것을 전제로 말해 보면 정보량에서 〈알고 있는 사람〉과 〈모르는 사람〉의 차이(계층)가 생기는 것은 당연한 것이다. 결국 그러한 계층은 비모사회구성원(非母社會成員)의 학습자에게 해당 '사회'로의 동화 · 적응을 강요할 위험성이 대단히 높기 때문이다. 더구나 그것이 의식적이 아닌 무의식적으로 행해지는 점에 이 문제의 중대성이 있다고 할 수 있다. 모사회구성원의 능력이라는 관점에서 보면, 시간성의 우위가 곧 능력성의 우위와 반드시 결부될 수 없으며, 모사회구성원과 비모사회구성원을 대립적인 구도로 받아들이는 것이 반드시 좋은 것은 아니다. 이것에 대해 모어화자(母語話者)·비모어화자(非母語話者)의 대립관계 인식도 마찬가지라는 것이 이미 여러 곳에서 지적되었다(노로 野呂·야마시타山下 2001).

이러한 인식하에서 비로소 '문화'를 '사회정보'가 아닌, 커뮤니케이션에서 '장면으로서의 타인 존재인식'으로 받아들이는 관점이 생겨나게 된다. 그것은 '문화인식'의 주체를 학습자 자신으로 보는 입장이고, 그 시점에서 학습자가 '장면으로서의 타인존재'를 어떻게 인식하고 있는지, 그리고 그 인식을 어떻게 말로 표현할지(外言化)가 학습의 중심적 과제가 된다.

이것은 언어과 문화를 어떠한 형태로든 일반화해 고정된 형태로 학습자에게 일률적으로 부여함으로서 학습자가 자신의 관점에서 각각의 언어와 문화를 발견하게 하고, 나름대로의 학습수단을 갖도록 도움을 주는 것으로 학습과 교육의 발상을 전환시키는 것을 의미한다.

전자의 생각은 기본적으로 어떠한 형태로든 언어와 문화를 실체적인 형태로 만들 수 있다는 전제가 존재한다. 그러나 후자로의 전환은 언어와 문화를 어떤 실체를 갖고 일반화할 수 있는 게 아니라, 대상(이 경우는 '일본어'와 '일본문화')이 관찰자의 입장과 관점에 따라 포착되었을 때 나타나는 여러 가지 서로 다른 인식을 개개인의 언어와 문화로 받아들이는 것이다.

5. 실천에서 연구로, 연구에서 실천으로

이와같이, 언어와 문화는 개인에 속해 있음과 동시에 능력으로 존재한다는 입장에서 커뮤니케이션 활동의 목적을 자기표현으로 받아들이고, 그러한 목표를 겨냥하여 장면인식으로서의 문화 정보 활용능력과 함께 언어활동으로서의 능력을 획득하는 것이 언어습득의 목적이 된다. 이렇게 함으로써 비로소 언어와 문화는 통합된다는 것이다.

이러한 입장에서 볼 때, 교실의 역할은 학습자 인식과 발신(発信)의식의 육성을 목표로 학습자 주체의 표현활동과 그 조직화가 교사의 역할이다. 결국 학습자 스스로가 '생각'을 발신하려는 행위를 어떻게 지원할 수 있을까가 교사의 과제이다.

여기서 행해지는 학습자 자신의 '생각'을 도출하는 작업은 교재의 계층화를 가능한 한 배제하고 학습자와 교사, 또는 학습자간의 '개체(個)문화'의 접촉을 활동의 중심에 놓게 된다. 이로 인해학습자 개개인이 타인(교사나 타학습자 또는 교실 바깥의 인물)과 신뢰관계 구축에서 얻는 달성감도 중요하다. 이 학습자의 인식 자체가 학습자 자신의 개체(個)표현에 크게 기여하기 때문이다.

일본어 학습은 사용언어로서의 일본어 커뮤니케이션 활동능력의 육성을 위한 종합적인 훈련의 장이며, 또한 개인과 사회의 관계를 상대화하는 작업으로서의 문화 체득의 장이기도 하다. 이것은 자율적으로 자기 테마를 설정한 학습자와 함께 생각하는 교사가 부단히 노력함으로써 비로소 성립되는 작업이기도 하다. 이러한 언어습득의 과정을 언어와 문화의 관계에서 인간 능력육성의 문제로 생각하는 것에 언어와 문화의 관계연구의 의미가 있다.

그 임무를 맡아야 할 교사는 학습자 주체의 이념에 근거해 기존의 연구를 실천에 응용하는 게 아니라, 자신의 실천 속에서 고유의 연구를 도출해야 한다. 그 연구를 축으로 더욱 새로운 실천이며, 실천에서 연구로, 연구에서 실천으로의 순환, 그리고 자신만이 할 수 있는 실천과 연구의 독창성이야말로 언어와 문화를 잇는 일본어교육이 추구하는 모습인 것이다.

참고문헌

野呂·山下（2001）『正しさへの問い―批判的社会言語学の試み』三元社

細川英雄（1999）『日本語教育と日本事情―異文化を超える』明石書店

（2000）『日本語教育は何をめざすか―言語文化活動の論理と実践』明石書店

エレン·ビアリスト／ケンジ·ハクタ（2000）『外国語はなぜなかなか身につかないか』新曜社

학습자 주체란 무엇인가

세가와 하즈키 (牲川 波都季)

1. 애매한 '학습자 주체'

일본어교육의 실천 보고서에는 학습자 주체로 실시했다는 표현이 자주 등장한다. 또한 교사 주도 문형 주입보다는 학습자가 커뮤니케이션 활동에서 주체적으로 배우는 편이 좋다는 것이 현재 일본어교육의 상식으로 정착되고 있는 듯하다.

그렇지만 학습자 주체인 일본어교육은 어떤 것인가?에 주목하여 재차 실천 보고나 이론적 논문을 읽어 보면, 학습자 주체에 대한 개념규정이 확실하지 않고, 학습자 주체와 비슷한 학습자 중심이라는 말이 눈에 띄기는 하나 학습자 주체와의 차이나 명확한 개념규정이 이루어지고 있지 않다.

즉, 학습자 주체를 둘러싸고 있는 현상황은 막연하게 학습자 주체가 바람직하다고는 하지만, 학습자 주체란 무엇인가? 라는 근본적인 생각에 대해서는 거의 논의되고 있지 않다.

따라서 본 논문에서는 학습자 주체를 '학습자의 주체성을 살리기'를 폭넓게 파악하는 관점에서 학습자의 주체성을 살리기란 무엇이며, 또한 어떻게 하면 주체성을 살릴 수가 있는가에 대하여 종래의 학습자 주체나 그 기초가 된 학습자 중심의 이념을 비판적으로 검토하면서 해답을 찾기로 한다. 이 때 구체적인 실천 방법은 다루지 않겠으나, 실천 방법의 기반 작업을 위해서는 개념을 자세히 알아야할 필요가 있기 때문에, 본 논문에서는 이념을 정확히 포착하는 것에 취지를 두고자 한다.

2. 학습자 중심 · 학습자 주체의 제창과 그 의의

(1) 실러버스에 대해 이야기를 나누는 학습자 중심 커리큘럼

1960년대 제2언어교육에서는 청화식 교수법(Audio-Lingual Method)이 번성한 반면, 문형 타입의 방법론에 대해서는 비판의 소리가 컸다. 구조로 언어를 암기해도 현실의 커뮤니케이션 장면에서 구사하는 능력을 기를 수 없다는 비판이다.

이러한 비판하에, 학습자 자신의 관심사와 경험과 감정을 중시하여 학습자가 자신의 힘으로 서서히 제2언어를 배워가는 것을 목표로 하는 인간주의적 접근법이나 목표언어를 구사하는 현실 장면에 충실한 학습을 목표로 하는 의사소통 접근법(communicative language teaching, CLT) 등의 방법이 제창되었다. 또한 1970년대에는 학습 전략(strategy) 연구가 본격적으로 시작되어, 학습자가 제2 언어를 습득하는데 사용되는 방법의 해명이 시도되었다.

그리고 1980년대에 이러한 학습자를 중심으로 한 일련의 교수법과 연구를 종합하는 형태로 제기된 것이 학습자 중심이라는 개념이다(Tudor 1996). 먼저 이 학습자 중심의 대표적 제창자인 누난(Nunan 1988)을 개관해 보자. 이러한 학습자 중심이라는 사고가 제2 언어교육에 있어서 하나의 중요한 이념으로 정착된 배경에는 누난(Nunan 1988)이 있다. Nunan은 제2언어교육이 호주 이민의 다양성에 어떻게 대응하는가에 대한 문제에 관심을 가지고, 학습자의 다양한 요구에 따라 학습자와 교사가 서로 이야기하면서 실러버스를 형성해 가는 학습자 중심 커리큘럼을 제창했다.

학습자 중심 커리큘럼은 학습자의 관심이나 학습자가 언어를 구사하는 실제 커뮤니케이션 장면 등 학습자의 요구를 중시하는 것 외에도 학습자와 교사가 서로 이야기 하면서 학습 방법과 내용을 결정해 가는 과정을 중요시 한다는 특징을 갖고 있다. 그리고 학습자 중심 커리큘럼의 최종 목표는 학습자가 스스로 학습의 내용과 방법을 결정해 가기 위한 능력을 육성한다는 것이다.

학습자의 관심사나 실제 커뮤니케이션 장면에 맞는 실러버스를 만든다는 의미로는 인간주의적 접근법이나 CLT도 학습자의 요구에 부응해 주체성을 살렸다고 할 수 있지만, 학습 방법과 내용의 결정권은 교사에게 있었다고 볼 수 있다. 그에 반하여 학습자 중심 커리큘럼은 학습 방법과 내용의 결정능력을 육성한 다음 결정권까지도 학습자에게 위임하는 방식이다. 이러한 점에서 보다 주체성을 살리려 하는 이념이라 할 수 있다.

일본어교육에서도 학습자 중심 커리큘럼은 빠른 시기에 도입되었는데, 예를 들어 다나카(田中 1989)는 학습자가 자신의 요구와 흥미있는 토픽을 선택해서 그에 필요한 커뮤니케이션의 소재를 제시해 가는 '학습자 주체의 코스디자인'을 제안하고 있다.

이상과 같은 학습자 중심 커리큘럼에 대한 생각은 학습자의 주체성을 살린다는 문제 제기에 대하여 학습자가 학습능력을 획득하여,

교사와 함께 학습 방법·내용의 결정에 관여하는 것이라는 하나의
명쾌한 해답을 주는 것이었다. 그리고 그 후, 학습자중심은 제2언
어교육의 기본이념의 하나로 널리 정착되었다.

(2) '이문화성'을 두드러지게 하는 학습자 중심

Nunan의 학습자 중심 커리큘럼이 일본어교육에 받아들여져 보
급되는 과정에서 학습자 중심이라는 용어는 여러 가지 변화를 보이
게 된다. 그 변화의 출발지점으로 인식되는 것이 오카자키·오카
자키(岡崎·岡崎 1990)이다. 이 저작물에서 학습자 중심 커리큘럼
에 첨가된 요소를 한 마디로 정리하면, 그것은 학습자의 '이문화성'
중시이다.

오카자키·오카자키(岡崎·岡崎 1990)는 의사소통 접근법
(Communicative Approach)의 대표적인 저작물로 알려져 있지만,
그 내용에 '학습자 중심 지도'가 중요한 키워드로 자주 등장한다. 과
제 중심의 지도에 따라 학습자에게 의사소통 능력뿐만이 아니라,
스스로 학습 내용과 방법을 선택·기획하기 위한 능력을 양성하고,
그 능력의 양성에 따라 '학습자 중심 지도'가 가능한 기반을 형성하
게 된다는 것이다.

그들에 의하면, 학습자가 현실세계에서 커뮤니케이션을 하기 위
한 능력향상은 학습자 스스로가 체득할 수 밖에 없으며, 그를 위해
의사소통 접근법은 학습의 내용과 방법을 결정하기 위한 능력을 육

성하고 '학습자 중심 지도'를 해야 한다는 것이다. 단 이러한 커뮤니케이션 능력의 육성과 학습자 중심과의 밀접한 관계 및 학습능력의 육성에 따라 학습자 중심의 지도가 가능하다는 두 가지 점에 대해서는 이미 Nunan도 서술한 바 있으며 새로운 생각은 아니다.

오카자키 · 오카자키(岡崎 · 岡崎 1990)에서 언급한 학습자 중심의 독자성은 학습자의 '이문화성'에 주목했다는 점으로 집약된다.

그들은 학습자 중심 커리큘럼에 '학습자 그 자체에 주목'하라는 관점을 덧붙였다. 보다 구체적으로는 학습자가 원래 가지고 있는 '학습 '내용'에 대한 관심' '사회성' '이문화성'의 세 가지에 주목하면서 커뮤니케이션 능력을 육성한다는 관점이다. 그리고 학습자를 단순한 언어 학습자로서가 아닌, 사회 · 모국문화를 담당하는 주체로서 받아들이는 특징을 갖고 있다. 학습자가 배우고 싶어하는 '내용'의 중시나, 학습자를 현실 사회를 살아가는 '사회성'을 가진 존재로서 받아들인다는 두 가지에 대해서는 인간주의적 접근법과 CLT 및 학습자 중심 커리큘럼과도 통하는 것이다. 따라서 특히 오카자키 · 오카자키(岡崎 · 岡崎 1990)가 고유의 요소로 예를 든 것은, 세 번째 항목의 모국문화를 짊어진 학습자가 가지는 '이문화성'에 주목한다는 요소이다.

학습자의 '이문화성'에 대한 주목에 대해서 좀 더 상세하게 설명해 보자.

그것은 우선 학습자가 이문화에서 살아가는 자아 정체성(self

identity)을 핵으로 모국문화로의 자각을 촉진하는 일에서 시작된다. 그런 다음, 모국문화의 정보를 표출하게 하여 결과적으로 학습자는 모국문화를 타인에게 소개하는 주체로서 자아 정체성을 획득할 수 있다는 것이다.

왜 모국문화를 축으로 한 자아 정체성이 필요한가? 그들(岡崎 · 岡崎 1990)에 의하면, 그 이유는 일본에서 생활할 때 모국문화를 지탱하는 자아 정체성을 가지고 있으면 일방적으로 일본 문화에 동화되거나 적응시킬 수 없기 때문이다. 또한, 이문화에서 생활하기 위해서는 모국문화로 만들어진 정체성을 확립한 후에 '다양한 시각, 이문화에 대한 다각적인 시점'(p.212) 을 허용하는 태도가 필요하다고 한다.

즉, 여기에서 학습자의 주체성을 살리는 것은 단지 제2언어를 배우기 위한 능력을 육성하거나 제2언어를 자신의 관심 분야와 실제 커뮤니케이션 장면에 따라 실러버스를 유연하게 편성하는 것은 아니다. 모국문화를 축으로 하여 학습자의 자아 정체성을 획득하고, 이문화에서 살아가기 위한 능력을 길러가는 것을 의미한다.

학습자 중심 커리큘럼에서 '이문화성'에 주목하는 학습자 중심에 이르러 학습자의 주체성을 살리는 것의 내실은, 문화적 귀속 의식과 정체성을 자각시키는 요소를 추가하는 것이라 할 수 있다. 이후로는 Nunan의 학습자 중심 커리큘럼을 학습자 중심 커리큘럼이라고 부르고, 그들(岡崎 · 岡崎 1990)의 '이문화성'을 중시하는 학습자 중심을 간단하게 학습자 중심이라 부르기로 한다.

(3) 일본문화를 발견하는 학습자 주체

　1990년대에 들어와서 일본어 교육에서도 Nunan, 그들(岡崎·岡崎)에 의해 제창된 학습자 중심이 정착하게 되었고, 1990년대 중반 이후에는 학습자 주체라는 용어도 눈에 띄게 되었다. 이 개념은 학습자 중심만큼 널리 인지된 것은 아니지만, 1990년대 이후에 문화청(文化庁)에서 간행된 출판물(文化庁文化部国語課 1991)과 국어 교육 관계의 논제명(小川 1993) 등에서 볼 수 있고, 일본어교육 논문에도 여러 차례 등장하고 있다. 단, 학습자 주체라는 용어가 사용되었다고는 해도 그 대부분은 학습자 중심 커리큘럼이나 학습자 중심과 같은 의미로 사용되었으며 독자적인 개념규정은 아니다.

　학습자 주체를 학습자 중심과는 다른 독자적인 개념으로 처음 제시한 것이 호소카와(細川 1995)이다. 여기서는 '종래 사용되고 있는 "학습자 중심"이라는 용어에 대해서, "학습자 주체"라는 용어를 사용'했으며, 학습자 주체는 '학습자의 문제의식을 끌어낸다'(p.112)는 것을 중시하는 점에서, 학습자 중심과는 다른 용어라는 것이 명시되어 있다.

　문제의식의 중시라는 점은 학습자의 관심사에 착안한 인간주의적 접근법과 학습자가 원하는 학습내용을 존중하는 학습자 중심과 유사해 보인다. 그렇지만, 단순한 흥미나 관심이 아닌 학습자의 문제에 주목하는 점에서 학습자 주체의 독자적 의의가 있다.

문제 의식이란 학습자가 일본에서 생활하면서 부딪히는 여러 문제에 대한 의식을 말한다. 호소카와(細川 1995)는 '일본사정'의 방법론을 주로 기술했지만, 학습자 스스로가 문제 의식을 가지고 일본을 재조명하고 일본을 이해하는 안목을 키우는 것은 '일본사정'의 목적임과 동시에 일본어교육의 목적이기도 하다고 말한다. 이 호소카와(細川 1995)와 학습자 주체의 방법론을 언급한 호소카와(細川 1994)에서는 커뮤니케이션 수단으로서의 일본어 습득을 목적으로 하는 의사소통 접근법을 넘어서는 것을 하나의 목표라 보고 있다. 그리고 일본의 문화·사회를 이해하는 것이야말로 일본어교육의 목적이며, 그 목적 달성의 과정에서는 결과적으로 커뮤니케이션의 수단으로서 일본어가 습득된다고 여겨지고 있다.

이처럼 일본어교육의 최대의 목적을 일본문화의 이해라고 한다면, 어떻게 하면 일본문화의 이해가 진전되는가라는 문제가 생긴다. 그것은 우선 자기 나름대로 일본을 재조명하는 눈을 학습자에게 길러주는 것이다. 이를 위해서는 학습자가 자신의 일상에 입각한 문제 의식을 갖고 일본을 재조명하는 것이 필요하다는 방법론이 도출되었다. 이 방법론에 따른 일본어교육을 거쳐 학습자는 일본을 보는 자신의 시각을 획득하고, 나름대로 일본문화를 이해하면서 일본에 적응하는 능력을 기르게 된다. 또한 동시에 모국문화를 상대화하여 모국에서의 자신의 역할을 자각한다는 것이다.

이러한 방법론을 학습자 주체라는 관점에서 처음으로 명백하게 밝힌 호소카와(細川 1994)와 앞에 언급한 호소카와(細川 1995)를 종합해 보면 학습자의 주체성을 살리는 것이란 다음과 같이 정리할 수 있다. 학습자가 일상생활에서 느끼는 일본에 대한 문제의식을 살리는 것과 일본을 이해하기 위해 학습자 자신의 시각을 기르는 것이다.

즉, 학습자 주체는 커뮤니케이션 능력의 육성이 아닌 문화의 자각을 중시하는 점에서 학습자 중심 커리큘럼과는 매우 다르다. 또한 '이문화성'을 중시하는 학습자 중심은 다음의 두 가지 점에서 다르다. 그것은 이문화에서 살아가는 능력을 육성하기 위하여 문화의 자각을 재촉한다는 점에서는 공통적이지만 그 문화의 자각을 통해서 이문화를 보는 학습자 개개인의 시각 육성에 무게를 둔다는 점, 그리고 모국문화에 지탱되어 온 정체성의 자각은 목적이라기 보다 일본문화를 발견하는 과정에서 자연스레 표출되는 것이라 생각하는 점이다.

(4) 학습자 중심과 학습자 주체의 공통점과 그 의의

이상과 같이 의사소통 접근법(Communicative Approach) 도입에서 제기된 학습자 중심과 '일본사정'과 연계된 형태로 제기된 학습자 주체는 이질적인 자신을 보존시키면서 일본문화와 공존하려는 색깔이 강한지, 일본문화를 이해하고 적응하려는 색깔이 강한지,

혹은 모국문화의 자각을 재촉하는지, 일본문화를 보는 안목을 키우는지에 그 차이가 있다. 그러나 학습자의 주체성을 살리기 위해서는 학습자에 의한 문화의 발견이 중요하고, 그 문화발견을 통하여 이문화에서 살아가기 위한 능력 육성이 중시되는 것은 공통점이라 할 수 있다.

제2언어를 사용할 때에는 제2언어를 사용하는 장(場)의 문화가 어떤 형태로든 관련되는 것은 확실하다. 그럼에도 불구하고 1980년대까지의 일본어교육은 이문화 교육이라는 측면이 그다지 검토되어 있지 않았다. 이 배경에는 제2언어교육이 언어와 문화를 격리시켜 시스템으로 혹은 커뮤니케이션 수단으로서의 언어습득과, 언어습득과 격리한 후의 문화교육을 목적으로 실시해 왔다.

시스템으로서의 언어를 가르치는 것에만 중점을 둔다면, 당연히 언어가 사용될 때의 문화적인 문제는 소홀해지게 된다. 또한 학습자가 실제로 구사하는 장면에 따른 커뮤니케이션 능력의 육성을 목표로 하는 경우에도 최종적으로는 커뮤니케이션 수단으로서 언어를 익히면 되기 때문에 학습자가 이문화에서 생활하는데 관련된 제 문제에 관심을 갖지 않는다.

또한, 1980년대에는 '일본사정' 등의 문화를 다루는 과목에 관한 논고나 사회문화 행동능력의 육성을 위한 일본어교육(네우스트프니 1982)의 제언도 있었으며, 문화라는 요소가 중시되었다. 그러나 이러한 논고도 본질적으로는 언어와 문화를 분리시켜 생각해 왔다.

그 때문에 일본문화 및 일본문화에 기인하는 행동과 비언어 커뮤니케이션 행동을 지식으로 가르치는 것이 목적이었다. 이문화에서 살아가기 위한 능력육성에 어느 정도 도움이 되는가는 불분명한 상태였던 것이다.

　이러한 제2언어교육의 현상에 대해서 학습자 중심·학습자 주체는 시스템으로서의 일본어와 지식으로서의 일본문화를 가르치는 것만이 일본어·일본사정 교육인가라는 의문을 던졌다. 그리고 학습자 중심·학습자 주체는 학습자의 주체성을 살리는 것과 이문화에서 살아가기 위한 능력 육성을 결부시켜서 이 의문을 해소하려고 했다. 학습자 자신에 의한 문화 발견은 일본어를 배우고 일본이라는 이문화에서 생활하는 학습자에게는 반드시 필요한 일이며, 일본어교육에 있어서는 문화를 발견하는 자체가 중요한 목적이며 수단이었다. 그러한 점에서 언어와 문화를 각각 독립된 지식으로 간주했던 종래의 일본어교육의 문화관·언어관이 전환을 맞이하게 되었다.

　더욱이 일본어교육에 있어서 이문화 이해의 측면을 총괄적으로 정리한 것으로는 학습자 중심이 제창된 직후에 발표된 구라치(倉地 1992)가 있다. 구라치의 방법론은 내용적으로는 호소카와(細川 1994)의 학습자 주체와 뒤에 서술하는 호소카와(細川 1999a)와 연계 선상에 있으며, 일본어교육에서의 이문화간 교육이라는 관점에서 본다면 대단히 선구적이고 시사하는 바가 크다. 단, 본 논문은 학습자 주체 개념의 이해를 테마로 하기 때문에, 자가 방법론을 학습자 중심·학습자 주체라는 용어로 규정하지 않은 구라치의 주장에 대해서는 다음 기회에 논하기로 한다.

3. 학습자 중심·학습자 주체의 문제

(1) '문화 = 국가문화'관

학습자 중심·학습자 주체는 일본어교육에 이문화에서 살아가는 능력을 도입한 점에 의의가 있다. 그러나 한편으로는 이 개념은 두 가지 문제점이 있다.

우선 첫 번째 항목은 출발점을 일본문화에 둘 것인지 자국문화에 둘 것인지에 차이는 있지만, 양쪽 모두 국경으로 문화를 구분한다는 점이다.

학습자의 주체성을 살린다는 관점에서는 가령 Nunan의 학습자 중심 커리큘럼은 스스로가 자신의 목적에 맞는 학습방법과 내용을 선택하는 것을 학습자의 주체성을 살리는 것이라 여겼다. 학습자가 학습을 시작할 때는 자신의 목적과 학습방법·내용을 정할 수 없겠지만, 커리큘럼 안에서 점차로 그들을 명확히 하여 자신의 희망을 교사에게 이야기하고 교섭하는 힘을 기르는 것이다. 그리고 그것은 궁극적으로는 제2언어 습득의 목적은 모든 학습자에게 공통되면서 개개인의 학습자에 따라서는 전혀 다른 학습방법·내용이 지향된다는 것을 의미한다.

그에 반하여 학습자 중심에서 학습자의 주체성을 살리는 것이란, 모국문화를 이어가는 주체로서의 자신을 자각하는 것이다. 또한 학습자 주체에서는 학습자가 자신의 눈으로 일본문화를 발견하는 것이 학습자의 주체성을 살리는 것이라고 말하고 있다. 양쪽 개념 모두 개별적인 문화적 배경과 문화를 발견하는 학습자의 개별 시각은 중시하고 있지만, 그 발견의 대상이 되는 문화는 모국문화와 일본문화와 같은 국경으로 구획지어진 문화에 한정되게 된다.

여기서는 문화를 국경으로 구획지어진 존재로 보는 문화관을 '문화=국가문화관'이라 부르나, 학습자중심·학습자 주체는 '문화=국가문화관'을 전제로 한 결과, 학습자의 다양성을 국가 문화의 테두리에 가둬놓았다고 하는 문제를 가지고 있다.

(2) 국가문화와 겹쳐진 정체성

학습자 중심·학습자 주체의 두 번째 항목의 문제는 학습자 주체성의 정체성이란 학습자의 모국문화에 의해 지탱된다는 암묵적 전제를 가진다는 점이다.

학습자 중심은 학습자 주체성의 유지를 정체성 유지의 문제로 명확하게 받아들이고 있다. 학습자의 이문화성과 정체성의 관계에 대해서 오카자키·오카자키(岡崎·岡崎 1990)는 다음과 같이 서술하고 있다.

학습자가 가진 이문화성에 관해서 자기증명을 표출시키는 것은 학습자가 통상적으로 자각하지 못하는 모국문화의 영향을 받은 자신의 일부를 파악하고 이문화의 땅인 외국에서 생활하는 자신의 자아 정체성 및 자신이 무엇인지를 적극적으로 표현하는 것이다 (p.203-204).

　이 글에서는 이문화성 · 모국문화 · 자기증명 · 자아 정체성 등 상당히 큰 개념이 나열되어 있으며 한번 읽어서는 이들 개념의 관계를 파악하기란 어렵다. 그러나 전후 맥락을 살펴보면 우선 '이문화성'=모국문화가 미치는 영향력을 명백히 하고 교실에서는 모국문화에 대한 정보를 제공하는 측에서 학습자는 자아 정체성을 확인할 수 있는 것이다. 그것이 '이문화성'에 의한 자기증명이라고 생각한다. 학습자가 모국문화에서 본인의 정체성을 증명하는 것은, 즉 학습자의 정체성이 모국문화에 의해 지탱되고 있는 것을 의미한다.
　학습자 주체는 정체성에 대하여 언급하지 않으며 학습자의 정체성과 모국문화를 비춰보는 의식은 희박하다. 이것은 학습자 주체가 일본문화와 그것을 바라보는 학습자의 눈을 분리시켜 학습자 자신의 개별성을 비교적 중시했던 것에서 유래한다.
　그러나 일본문화를 바라보는 과성에서 자(自)문화를 상대화하는 것이 가능해지며 또한 자국에서의 본인의 역할을 머릿속에 그려보게 된다고 서술하고 있다. 이는 학습자에게는 자문화=모국문화에서 어떠한 형태로든 역할을 다하는 것이 중요하다는 생각을 읽을 수 있다. 학습자 주체에 있어서도 모국문화는 학습자를 성립시키는 중요한 요소라고 생각한다. 즉, 확실하게 표명된 것은 아니지만, 학습자 주체도 정체성은 모국문화에 의해 지탱되고 있다는 암묵적 전제를 가진다.

학습자 중심과 학습자 주체는 학습자의 정체성이 모국문화에 의해 지탱되는 것을 당연시 한다. 특히 학습자 중심에서는 모국문화에 의해 학습자가 자기 증명하는 것을 적극적으로 받아들인다고 할 수 있다. 양쪽 개념에서 학습자의 주체성은 모국문화에 의해 유지되고 유지되어야만 한다는 전제가 있다. 이 때 주체성이 모국문화에 환원된다는 것에 대한 문제의식은 인정되지 않는다.

이 두 가지 문제점에서 학습자 중심과 학습자 주체는 그 이념에 반(反)학습자 주체적 측면을 내포하고 있다고 할 수 있다.

학습자 중심은 학습자 중심 커리큘럼의 개별적인 학습능력 육성이라는 생각에 의거하고 있으나, 학습자는 모국문화로 지탱되어 온 정체성의 유지를 통해서 이문화에서도 자신을 잃지 않고 살아갈 수가 있다고 한다.

또한 학습자 주체는 학습자 자신의 개별적인 체험·문제의식·시각을 중시하고는 있으나, 학습자가 자신의 눈으로 발견하는 대상은 일본문화에 한정되어 있다. 그 결과, 일본문화의 발견을 통해 모국문화를 짊어지는 자로서의 자신을 자각하는 것이다.

요컨대 학습자 중심과 학습자 주체는 한편으로는 학습자의 개별성을 중시하는 자세를 가지면서도 한편으로는 학습자의 정체성을 국가문화에서 찾고 있다는 점에서 결정적인 모순을 내포하는 이념이라고 할 수 있다. 학습자 주체성을 살리는 점에서는 학습자가 가지고 있는 다양한 사고방식과 의사를 존중할 필요가 있다. 그러나 그러한 다양성을 국가문화 속에 한꺼번에 가두는 것은 그야말로 반학습자 주체적 사고방식이라 할 수 있을 것이다.

(3) 정체성 = 국가문화로 간주하는 문제

1980년대 말에 학습자 중심이 1990년대 중반에 학습자 주체가 제창된 이후 일본어교육에서는 그 이념이 널리 받아들여졌다. 그리고 일본문화와 모국문화를 응시하고 모국문화에 의해 지탱된 정체성의 확립을 목표로 한 실천도 널리 퍼져가고 있다. 그러나 이러한 실천에서 학습자 중심·학습자 주체가 내포하고 있는 학습자의 다양한 정체성을 모국문화에 환원한다는 문제 또한 계승되고 있다(세가와牲川 2001).

여기서 다시 한 번 생각해야만 할 것은, 왜 학습자의 정체성을 모국문화로 회수하는 것이 그렇게 큰 문제인가라는 근본적인 물음이다. 이 문제는 대단히 큰 문제이지만 학습자의 주체성을 살리기 위한 일본어교육은 어떤 것인가를 생각하기 위해서는 피할 수 없는 문제이다. 따라서 이러한 문제를 국민국가론의 관점에서 논하고 있는 니시카와 나가오(西川 長夫)의 '국가와 내셔널리즘을 둘러싼 세 가지 글 – 몬트리올 · 미래도시의 꿈(2)'(1987)을 참조하여, 인간의 정체성을 국가가 대표하는 위험성에 대하여 좀 더 상세하게 논의하고자 한다.

정체성은 매우 다양한 의미를 갖는 개념이지만, 정신분석의 중요 개념으로 널리 세상에 알린 애릭슨으로 거슬러 올라가면 자신의 동일성(sameness)과 연속성(continuity)의 감각이라 정의할 수가 있다(가미쿠시鬚櫛 2000). 스스로가 자신이라고 생각하는 어떤 형태의 핵(核)을 가지며, 그 핵이 계속 연속되고 있는 감각, 그것이 정체성이다.

단, 핵을 갖는 연속된 나 자신의 감각이 정체성이라 하더라도, 그런 나 자신의 연속성 · 동일성을 지탱하는 핵이 모국문화에 있어야 한다는 근거는 어디에도 없다. 아니 오히려, 정체성과 모국문화를 비춰보는 것은 문제가 있지 않을까? 이 점에 대해서 니시카와(西川)는 '국가에까지 확장시킨 정체성은 국민국가의 보수적인 이데올로기, 국민국가의 향수와 다름없다'(p.31)고 서술하고 있다. 학습자의 정체성과 모국문화를 비춰보는 것은 학습자 개인을 모국이라는 이름으로 구속할 뿐만 아니라, '나를 지탱하는 훌륭한 모국'이라는 환상을 낳게 된다. 그리고 이러한 정체성의 환상은 '나=OO인과는 이질적인 XX인'이란 편견을 초래한다.

그리고 또 니시카와는 캐나다 몬트리올에서는 여러 국적의 사람들이 서로 교제도 없이 그룹을 만들고, 그 국적의 사회적 지위에 따라서 거주지역을 나눈다고 서술하고 있다. 그리고 이 단락의 끝에 '이민국가의 문화적 다원주의가 현실에서는 차별 구조를 덮는 이데올로기로 작용하고 있다'(p31) 고 기술하고 있다.

거주 장소는 사는 사람과 관계없이 그 사람이 어느 국적을 가지냐에 따라 결정된다. 그리고 이러한 상황은 언뜻 보기에 여러 나라 사람이 각 나라의 이질성을 지키고 공존하는 문화적 다원주의의 실천처럼 보일지도 모른다. 그러나 이렇게 외관상 좋아 보이는 문화적 다원주의는 지구 규모로 만들어진 국가 간의 서열을 덮고 가리는 장치일 수밖에 없는 것이다.

차이는 횡렬로 나열하는 것이 아닌 사회적 상황에 따라 종렬로 배치되며, 따라서 차이의 존중이 그대로 대등한 입장에서의 차이를 존중한다는 것은 아니다. 오히려 '당신 국가와 나의 국가는 문화도 사정도 다르기 때문에, 각각의 국가문화를 짊어질 나와 상대가 다른 것은 당연하다. 그러므로 현재 당신이 ○○인으로 놓여진 사회적 지위도 어쩔 수가 없다.' 이런 차별을 차별이라고 생각하지 않는 위험이 문화적 다원주의에 있다.

이질적인 국가문화의 공존이라는 사고방식은 실은 국가문화라는 틀을 보존히는 것이다. 그리고 나아가, 국가문화의 이질성을 보존한다는 이름 하에서 격차가 존재하는 현상황을 재생산하는 것이다. 또한 자신의 정체성을 모국문화로 대표하게 하는 것은 모국과 자신을 일체화하는 것이 된다. 그리고 이것은 타인마저도 어떤 사회적 지위를 가진 타국인으로 취급하며 차별 또는 동경의 대상으로서 배제하는 것으로 이어지게 된다.

4. 학습자 중심 · 학습자 주체의 현재

(1) 학습자 중심의 현재

학습자 중심 · 학습자 주체는 학습자의 정체성을 모국문화에 따라 규정짓고 학습자를 모국문화로 동화시킬 위험성도 있었다. 그러나 최근에 제창자들 스스로가 학습자의 주체성과 정체성과의 관계에 대한 새로운 견해를 제시하게 되었다.

예를 들면, 학습자 중심의 제창자 중 한 사람인 오카자키 토시오(岡崎敏雄)는 정체성과 문화의 관계에 대하여, 외국인을 받아들이는 일본인의 자세가 문제라는 맥락에서 외국인과 접촉하면서 외국인의 문화와 합쳐져 문화 변용이 이루어지고, 일본인끼리도 새로운 커뮤니케이션 방법이 추가되며, 그러한 외국인과의 접촉을 통하여 확대된 자신, 즉 '양쪽문화의 정체성'이 획득된다고 서술하고 있다 (오카자키岡崎 1996).

여기에서 정체성은 모국문화에 의해 규정되는 것이 아니라, 이문화와의 접촉으로 이문화의 요소를 첨가하면서 양쪽문화를 복합한 새로운 것으로 변용할 수 있다고 여겨진다. 학습자 중심을 제창할 때에도 자기 확대라는 관점은 있었지만, 그것은 어디까지나 학습자는 정체성으로서 모국문화를 짊어지면서 이질적인 문화를 허용하는 복안적인 시각을 획득한다는 의미로 서술되었던 것이다. 그에 대해 오카자키(岡崎 1996)에서는 동일한 자기확대라는 개념이 사용되면서도 국가문화를 짊어질 주체로서 인간을 받아들이는 것과는 다른 별도의 새로운 정체성관이 제안되고 있다. 이질적 문화와 접촉함으로써 인간의 정체성이 변용된다는 정체성관이다.

그러나 국가문화의 존재라는 관점에서 보면, 이 정체성관에도 그 존재자체를 부정하는 것은 아니다. '양쪽문화 정체성'이라는 용어가 나타내듯이, 변용 후의 정체성은 복수의 국가문화의 병존상태라고 할 수 있다. 이 전제로 보면 사람은 접촉하는 타인의 국적 수만큼 정체성을 복잡하게 만들어 가는 것이다.

그러나 잘 생각해 보면 접촉하는 타인은 이미 복수의 국가문화와 접촉하고 있을 가능성이 높고, 그러한 의미에서는 접촉한 타인은 이미 여러 문화를 통합한 정체성을 갖고 있다고 할 수 있다. 어떤 국가에서 왔더라도 학습자는 그 나라 문화를 구현하는 것이 아니라, 이미 여러 문화를 통합한 정체성을 가지고 있는 것은 아닐까?

요컨대 외국인과의 접촉은 어떤 국가문화와의 만남이라고 하기보다는 여러 문화를 지닌 복잡한 정체성을 가진 한사람의 타인과의 만남이라고 해야할 것이다. 이 점에서 오카자키의 정체성관은 그 근본에 국가문화를 실체화하는 본질주의를 내포하고 있다. 타인을

국가문화를 짊어질 주체로 받아들이는 점에서 완전히 자유롭다고
는 할 수 없을 것이다.

(2) 학습자 주체의 현재

학습자 주체의 제창자인 호소카와는 최근, '개체 문화'(호소카와細
川 1999a) '유연하고 견고한 자아 정체성'(호소카와細川 1999b)이라는
문화관·정체성관을 제안하고 있다. 학습자 주체가 제창되었을 때,
일본문화를 보는 학습자 개인의 시각이 중시되었다. '개체 문화' '유
연하고 견고한 자아 정체성'은 그 개인의 시각 부분을 확대한 것이
다. 학습자는 대상을 보는 개별적 시각, 즉 '개체 문화'를 갖고 있다.
그리고 어느 사회에 가든지 타인과의 커뮤니케이션에서 타인이나
그 곳의 상황에 따라 변용될 수 있는 '유연하고 견고한 자아 정체성'
을 획득하는 것이 이문화에서 살아가기 위한 힘이 된다.

결국 여기서는 개개인에게는 개개의 정체성이 있고, 그런 정체성
은 타인과의 일대일의 관계성에서 변할 수 있는 것으로 받아들여진
다. 국가문화의 병존상태로 본 오카자키의 정체성관과 비교해 어디
까지나 한 개인의 '개체 문화'로 간주하는 호소카와의 정체성관은
하루하루 여러 타인과 접촉하여 변하면서도 개체 존재로 살아가는
인간의 리얼한 자세를 받아들인 것이라 할 수 있다. 호소카와는 이
러한 '개체 문화'를 가진 학습자가 일대일의 커뮤니케이션에서 그
때의 상황에 맞게 문제를 해결하는 힘을 기르는 것이야말로, 이문

화에서 살아가는 능력육성을 위한 일본어교육이라고 말하고 있다.

필자도 국가문화를 본질화하지 않고, 학습자를 복잡하고 변용 가능한 정체성을 지닌 사람으로 받아들이는 것이 학습자의 개별성을 살리기 위해 반드시 필요하다고 생각한다. 학습자를 특정 국가문화를 짊어질 주체로서가 아닌, 한 사람의 인간으로 이문화에서 살아가는 힘을 육성하기 위해서는 일본어 교사가 학습자에게 스스로의 정체성이 미래를 향해 열려있다는 것, 그리고 그것은 결코 모국에 의해 속박되는 것이 아니라는 자각을 촉구해 가는 것이 중요하다.

5. 학습자 주체의 새로운 일본어교육을 위하여

(1) 이문화에서 해소되지 않는 위화감

국가문화에 의해 규정되어 있지 않는 정체성관의 중요성에 대해서는 국가문화에서 타인을 규정하면 타인을 배제하게 되기 때문이라고 강조했다. 여기서는 보다 일본어교육적 맥락으로 끌어당기기 위해서 이문화에서 살아가기 위한 능력이라는 관점에서의 정체성관에 대해 좀 더 상세하게 논하고자 한다.

필자는 대학 학부생 시절에 필자 자신보다 훨씬 나이가 많고 본국에서 관료직을 가진 이집트 남성에게 일본어를 가르친 적이 있다. 대학의 좁은 면담실 같은 곳에서 맨투맨으로 가르치고 있을 때, 그 이집트 남성은 '선생님 귀여워요'라고 농담처럼 말하면서 나의 볼을 꼬집기도 하고 간혹 스커트 차림으로 가면 '선생님 오늘은 보통 때와 다른 모습이네요'라고 웃으면서 말하기도 했다.

지금 생각하면 이것은 명백히 성희롱이지만, 외국인과 접촉하는 것 자체가 신선하고, 더욱이 국가문화의 다양성을 존중해야 한다는 이문화관을 갖고 있던 나는 '이것은 이집트의 문화다, 종교상의 문제로 피부를 드러내는 여성이 드물다'라고 하는 고정관념적 문화관에 따라 자신을 납득시키려고 하였다. 나중에 이 학생의 태도는 이집트 문화에 기인하는 것이 아니라 개인적인 문제라는 것을 알게 되었지만, 그때까지는 이 학생의 문화를 받아들일 수 없는 자신이 나쁘다고 생각해 당사자에게는 물론 주변 교사에게도 전혀 상담하지 못했다.

이러한 쓰라린 경험의 배경에는 그 학생을 이집트 문화의 주체로 받아들인 점과 자신의 위화감을 국가문화의 존중이라는 이름 하에 누르려고 했던 점이 있다. 이 학생은 심한 위화감을 주었다는 점에서 확실히 나에게는 이문화였지만, 그 이문화는 외국이라는 의미가 아닌 어디까지나 나 자신에게 불쾌한 이질적 태도라는 의미의 이문화였다고 지금은 생각한다. 그러나 그 때는 그 학생의 정체성을 모국문화에 비춰 납득하려고 했기 때문에 문제는 해결되지 않았고, 하마터면 이집트 문화에 대해서 부정적 고정관념의 이미지를 갖게 될 뻔 했다.

자신이 이문화를 만나 매우 강한 위화감을 가졌을 때, 이것을 이질적인 문화라는 형태로 납득해도 문제는 아무것도 해결되지 않는다. 외국인이니까 이국문화를 가지고 있으며, 그런 문화는 인정해야 한다고 생각하는 것은 위화감을 가진 당사자로서는 문제해결에 도움이 되지 않는다. 오히려 타인을 모국문화의 대표자로 보고, 모국문화에 대한 고정적인 스테레오 타입을 증폭시킬 수밖에 없기 때문이다. 그리고 물론 위화감을 가진 타인과의 관계는 결코 돈독해지지는 않을 것이다.

(2) 이문화에서 주체적으로 살아가기 위해서

이상과 같은 전제에서 볼 때, 이문화에서 주체적으로 살아가기 위해 필요한 능력육성을 위한 일본어교육은 무엇인가를 다시 한 번 생각해 보자. 그것은 학습자가 자신에게 이질적인 장소를 방문하여 어떤 문제에 부딪치거나 위화감을 가졌을 때에 그것을 솔직히 표명하기 위해 일본어 능력을 육성하는 것이 아닐까? 자신에게 이질적인 장소를 방문하고 거기서 무언가가 다르다고 생각했다면, 그 위화감을 솔직히 표명하고 이문화에 대해 이의 신청을 해나가는 것, 그리고 경우에 따라서는 그 이문화를 바꿔가는 능력이 진정한 의미에서 학습자의 주체성을 살리는 것으로 연결되는 것은 아닐까 한다.

그러기 위해서는, 이문화란 즉 자신의 출신국가가 아닌 국가의 문화라고 생각하지 않는 것이 중요하다. 생각해 보면, 우리들은 매일 여러 새로운 장면을 접하게 되고, 그런 새로운 장면에서 여러 가지 위화감을 갖게 된다. 이러한 의미에서 사람은 매일 이질적 문화, 즉 이문화를 만나고 있다고 할 수 있다. 그 이질적 문화가 다른 나라의 문화, 다른 동네, 다른 직장이기 때문에 이질적인 것일까? 그것은 누구도 판단할 수 없다. 이문화를 명확하게 선을 긋는 일은 불가능하기 때문이다. 그럼에도 불구하고, 이국문화라는 이유로 구속하거나 혹은 시종일관 강하게 반발만 한다면 그것은 국가문화를 본질화하게 되는 것이다. 심지어는 이질적인 곳에서 달성했을 지도 모를 자신의 목적을 포기하게 되는 것이다.

또한 호소카와(細川 1999a)에서도 언급되었듯이 자기 자신의 문화를 바라보는 것도 이문화에서 이의를 제기하면서 살아가기 위해서는 중요하다. 도대체 자신에게 있어서 무엇이 싫고 무엇이 바르다는 것일까라는 자신의 입장을 깨닫고 그 입장을 주장할 수 있는 것이 이문화에서 살아가기 위한 중요한 능력이라고 생각하기 때문이다. 자신의 입장이 너무나도 불분명하다면, 단지 이문화에 동화만 될 뿐 역시 한 사람의 인간으로서의 목적달성은 불가능하기 때문이다.

이와 같이 자신의 문화를 보고, 그 문화에 역점을 두고 이질적인 타인과 교섭하면서 이질적인 장(場)을 바꾸고, 또 자신들의 문화·정체성도 바꾸어 가는 것이라 생각해도 문제는 남는다. 그것은 호소카와(細川 1999a, 1999b)의 문제점이기도 하지만, 가령 학습자 자신이 한 개인으로 살아가는 것을 바란다고 하더라도 일본에서 생활할 때에 ○○인으로 간주되어 무시당하게 되는 일도 실제로 일어날 수 있고 현재 일어나고 있는 것이다.

현존하는 사회적 격차의 해결은 날마다 일대일의 커뮤니케이션에서 대화하는 것에서부터 시작된다고 할 수 있겠지만, 몬트리올에 배타적 주거지 구분이 엄연히 존재하고 있듯이, 국가를 휘감고 있는 격차는 그렇게 간단히 무너뜨릴 수 있는 것은 아니다. 가령 본래 아무런 근거도 없는 환상이라고 하더라도, 국가단위의 차별은 환상이라 생각한 것만으로는 없어지지 않는다. 그러나 '국가로 인해 짊어지게 된 문화는 숙명이며 앞으로도 계속되어 간다'고 국가문화를 본질화했다면, 물론 그러한 국가단위의 사회적 격차는 계속되어 갈 것이나.

그러면 어떻게 해야 하는 것인가? 그것은 역시 자신이 모국문화를 짊어지게 되었을 때, 나는 나이며 ○○인으로 취급하지 말아라, 그리고 국가로 차별하는 것은 이상하지 않은가 라는 의견을 말하는 수밖에 없다. 본래 자신은 개체로서의 정체성을 갖지만, 어떤 경우에는 모국문화의 주체로도 간주된다. 그 때 모국문화의 주체로 간주된 자신은 한순간 그 역할을 받아들여 타인에 대해 자신은 모국문화의 주체가 아니라고 이야기하는, 그러한 연쇄사슬 속에서 국가문화의 본질화를 뒤흔들며 스스로가 변용하는 정체성을 확보해 갈 수 없다는 것이다.

(3) 학습자 주체의 새로운 일본어교육

학습자가 이질적인 장소에서 살아가기 위해서는 경우에 따라서는 국가문화의 교사로서의 역할을 스스로 받아들이면서 동시에 자신의 위화감과 자신의 정체성을 표명해 가야만 한다. 앞으로도 변할 수 있는 개체라는 것과 국가문화를 짊어진 것과의 사이에서 장면 장면에서 자신의 위화감을 표명해 가는 그러한 능력을 육성하는 것이 일본에서 살아가는 일본어학습자에게 주체적인 삶을 가져다주는 것은 아닐까?

그것을 위한 일본어교육은 일본어 학습 방법과 내용을 스스로 결정하는 능력을 육성하는 데에 그치는 것이 아니고, 모국문화에 지탱되어온 정체성의 육성을 목표로 하는 것도 아니다.

오히려 학습자의 '개체 문화'를 구축하기 위해 학습자 자신의 입장을 묻고, 동시에 학습자가 스스로의 입장을 모국문화의 대표자로 간주한다면, 모국문화는 정말로 자명한 것인지 되물어 가는 그러한 학습자를 흔드는 듯한, 어떤 의미에서는 엄격한 커뮤니케이션 활동의 장을 만들어가는 것이 일본어교사의 과제라고 생각한다.

즉, 이문화에서 학습자가 주체적으로 살아가기 위한 일본어교육은 학습자의 기존의 의사와 요구를 그대로 존중하는 학습자 주체적 실천과는 멀리 떨어져 있어 실제로는 학습자 자신의 입장을 되묻고 무너뜨리고, 새로운 입장을 구축하게 하는 그러한 교사의 관계가 매우 강하게 작용하는 것이다. 이러한 커뮤니케이션을 통해야만 학습자는 자신의 위화감을 표명하는 발판을 쌓아가면서, 자신의 생각을 주장하기 위한 일본어 능력도 익힐 수 있는 것이다.

이러한 물음 속에서 '나는 어디까지나 개인으로 살아가지만, 그 정체성은 타인과의 관계성 속에서 변할 수 있는 것이다'와 같은 입장, 혹은 '나는 개인으로 살고 싶지만, 역시 현실사회에서는 아직도 국적에 의한 차별이 계속되므로 그 문제를 받아들이고 싶다'라는 입장 등 이문화에서 살아가는 여러 가지 입장의 출현이 있을 수 있다. 그러나 그런 다양한 입장은, 국가문화의 본질화를 의문시해서 생긴 것이다. 그것은 이문화에 대해 위화감을 표명하고 이문화를 변용시키기 위하여 개개의 학습자가 획득한 고유의 출발점이다.

주체성이란 어떤 하나의 고정적인 입장에 있는 것은 아니다. 눈앞의 문제에 의견을 제시하는 가운데 나타나는 자신의 일시적인 모습이다. 학습자 주체의 일본어교육은 이러한 이문화에 이의를 제기하는 주체의 출발점으로서, 자신의 입장과 언어와 자신을 육성하는 장(場)으로서의 기능을 할 것이다.

참고문헌

岡崎敏雄・岡崎眸（1990）『日本語教育におけるコミュニカティブ・ア
　　プローチ』凡人社

岡崎敏雄（1996）『多言語・多文化の下で日本人と外国人が学ぶ日本語
　　・日本文化教育』筑波大学日本文化学類

小川雅子（1993）「国語科授業における「目標」の検討―学習者主体の
　　授業成立の観点から」『山形大学紀要（教育科学）』10(4) pp.81-
　　93.

倉地暁美（1992）『対話からの異文化理解』勁草書房

牲川波都季（1992）「「日本事情」における「学習者主体」概念の功
　　罪」2001年度日本語教育学会秋季大会予稿集原稿

田中望（1989）「コース・デザイン」寺村秀夫編『講座日本語と日本語
　　教育』13　明治書院　pp.93-110

西川長夫（1989）「国家とナショナリズムをめぐる三つの断章―モント
　　リオール・未来都市の夢 (2)」『歴史学研究』570　pp.30-31

ネウストプニー, J. V.（1982）「日本語教育と二重文化教育」『日本語教
　　育』49　pp.13-24

鬢櫛久美子（2000）「アイデンティティ」教育思想史学会編『教育思想
　　事典』49　pp.13-24

文化庁文化部国語課鬢（1991）『中国帰国者用日本語教育指導の手引
　　異文化適応を目指した日本語教育』

細川英雄（1994）『実践「日本事情」入門』大修館書店

細川英雄（1995）「教育方法論としての「日本事情」―その位置づけと
　　可能性」『日本語教育』87　pp.103-113

細川英雄（1999a）『日本語教育と日本事情―異文化を超える』明石書
　　店

細川英雄（1999b）「日本語教育と国語教育―母語・第2言語の連携と課
　　題」『日本語教育』100　pp.57-66

Tudor, Ian (1996) Learner-centredness as Language Education, Cambridge :
　　Cambtidge University Press

Nunan, David (1988) The Learner-Centred Curriculum, Cambridge :
　　Cambridge University Press.

제3장

일본어 교사를 위한
상황적 학습이론 입문

니시구치 코이치 (西口 光一)

1. 들어가는 말

수업 계획, 유인물의 작성, 도구 준비, 제출물의 체크 및 기록, 작문 첨삭 등 일본어 교사는 매일 바쁘게 일본어교육의 실천에 힘쓰고 있다. 그래서 일본어 교사의 관심은 아무래도 '내일 수업을 어떻게 효율적으로 할지'에 집중되기 쉽다. 특히 현재의 커리큘럼 상황에서는 기초단계(소위 초급단계)의 교육을 담당하는 교사의 관심은 '내일 학습사항의 문형을 어떻게 도입하여 연습하고, 응용연습을 전개할지'로 정리된다.

본 장에서는 학습이라는 것에 대해 생각해 보고자 한다. 이렇게 말하면 '일본어를 가르친다는 것은 기초단계에서 문형과 문법사항을 바르게 이해시키고, 연습을 통해서 올바르게 그 문형 등을 사용해 문장을 만들 수 있게 되고, 응용연습으로 적절한 문맥에서 그러한 문장을 사용할 수 있게 되는 것이다. 그리고 일본어가 능숙하다는 것은 그러한 문형·문법사항의 실용적 운용능력을 쌓아올리는 일이며, 그렇게 학습한 언어 사항을 능숙하게 조합하여 다양한 언어활동을 할 수 있게 되는 것이다. 이렇듯 이미 명백한 일본어 학습에 대하여 새삼스럽게 논할 것은 없다. 그럴 시간이 있다면 좀 더 요령있고 정확하게 문법을 가르칠 수 있도록 문법 공부나 연구를 하는 편이 좋다'라는 베테랑 일본어 교사의 목소리가 들리는 듯하다. 그러나 필자의 눈으로 보면, 이러한 발언은 틀림없이 특정의 학습관에 규정된 발상이다. 본 장에서는 일반적인 일본어교육 실천의 기초가 된 학습관을 재고하고, 그것과는 다른 새로운 학습관으로 최근 교육학과 학습연구의 세계에서 주목받고 있는 상황적 학습이론이라는 새로운 학습이론을 소개하고자 한다.

2. 무엇이 문제인가

(1) 지금까지 일본어교육에서의 학습 경험

도대체 일본어교육이란 무엇인가? 어떤 사람은 일본의 대학에서 공부를 하기 위해, 어떤 사람은 기술연수를 받기 위해, 또 어떤 사람은 일본에서의 생활을 보다 쾌적하게 하기 위해서 일본어를 구사할 수 있기를 바란다. 일본어교육이란 그런 사람들의 기대가 효과적으로 달성될 수 있도록 학습 경험을 제공하는 기회라고 할 수 있다.

현대를 살아가는 우리들은 교육을 생각할 때, 제일 먼저 '무엇을' '어떻게' 가르치는가를 생각한다. 이것을 일본어교육에 적용하면 '일본어'로 가르치는 혹은 학습시키는 내용(교육내용)을 우선 명확히 하고, 그 후에 그 내용을 학습자에게 습득시키기 위해 어떻게 수업을 하면 좋을지(교육방법 또는 교수방법)를 생각하여 교육을 실시하는 것이다. 이 커뮤니케이션 중심의 접근법이 보급된 최근의 일본어교육에서는 중급이상의 단계가 되면 운용능력 중심의 교육이라 하여 '무엇을' '어떻게'라는 논리를 펼 수 없게 되고, 테마와 기능을 중심으로 커리큘럼이나 학습활동이 편성되게 되었다. 그러나 기초단계(소위 초급단계)의 교육에서는 종래와 마찬가지로 일본어의 기초적 지식·능력을 몸에 익히는 취지로 기초적 문형·문법 사항 및 기초적 어휘가 교육내용으로 선정되어 문형·문법사항을 중심으로 커리큘럼이 책정되고 교육활동이 편성된다.[1]

단, 현실적으로는 각 학교에서 독자적인 커리큘럼이 책정되는 일은 드물며, 해당 코스의 취지에 가장 적합한 시판 교재를 선정하여 그에 따른 형태로 커리큘럼이 책정되는 것이 대부분의 실정이다.[2]

경험이 있는 일본어 교사는 자주 '교과서를 가르친다'가 아니라 '교과서로 가르친다'라는 말을 한다. '교과서를 가르친다'는 것은 교과서에 나와 있는 회화문과 연습을 해독하도록 이해시키는 것으로 일본어를 가르치거나 혹은 회화문과 연습을 그대로 되풀이하듯 구두연습으로 충족시키는 방법을 말한다. 한편, '교과서로 가르친다'는 교과서에 나와 있는 다양한 연습을 언어능력이 발달하는 단계성을 나타내는 것으로 생각하고, 각 단계에서 시사하는 언어능력을 익힐 수 있도록 적절한 학습활동을 계획하고 실시하거나, 혹은 교과서의 회화문을 실제 언어운용의 일례로 생각하고 그러한 언어

---

1) 실제로 어휘에 관헤시는 기리큘림 직싱과 교재개밀에 늘어가기 선에 어휘수와 구체적인 사항을 결정하는 것은 흔하지 않다.

2) 중급이상의 학습단계에 관심과 문제의식이 없는 것은 아니지만, 논의를 알기 쉽게 하기 위하여 이 장에서는 주로 기초 단계의 교육에 염두를 두고 논의하고자 한다. 또한 '1회 2시간, 주 2회로 총 4시간'과 같은 간략한 과정이 아닌 '월요일부터 금요일까지 매일 2,3시간, 주 10-15시간 이상'이라는 집중 일본어 과정을 생각하고 논의하는 것을 덧붙여 언급한다.

운용을 가능하게 하는 언어능력을 양성할 수 있는 학습활동을 편성한다는 의미이다. '교과서로 가르친다'의 최근 모습이 현재 일본어 교육에서 널리 실시되고 있는 직접법과 의사소통 방법을 병용한 절충주의 방법이라고 해도 좋다.

그리고 교과서를 사용하든 사용하지 않든, 또 '교과서를 가르친다'든 '교과서로 가르친다'든 여기서는 근본적인 문형·문법 사항 등의 언어사항을 학습사항으로 커리큘럼의 중심에 놓는 것에 의문을 갖는 것은 아니다. 그리고 그것이 '(문형·문법)쌓아올리는 방식'이라는 이름의 계통적(혹은 체계적)인 방법으로 실시되는 것이므로 학습자에게 제공되는 배움의 경험은 확실히 '오늘의 언어사항'의 습득을 반복하는 활동이 된다.

(2) 커리큘럼이란 무엇인가

커리큘럼이라는 말은 원래 라틴어로 '인생의 경력(course of life)'이라는 의미이다. 그 어원으로 보면 커리큘럼이란, 학습자가 '되고 싶은 자신이 되어 가기' 위해 특별히 마련된 배움의 경험이 된다. 학습자는 때로는 '사로잡힌 청중(captive audience)'이라고 불릴 때가 있다. 그것은 교사에 의해 계획되고 마련된 학습경험의 절차를 좋든 싫든 관계없이, 전반적으로 따라갈 수밖에 없는 학습자의 입장을 안타까워하는 말이다.

앞에서 말했듯이 '오늘의 언어사항'을 익히는 것을 둘러싼 일련의 배움의 경험은 일본어 학습자가 '되고 싶은 자신이 되어 가는' 것을 촉진하는 효율적인 배움의 경험을 제공할 수 있을지, 그러한 배움의 경험을 하면서 학습자는 '되고 싶은 자신이 되어 가고 있는' 자신을 실감할 수 있을지, 또한 근본적인 의문으로서 학습자가 '되고 싶은 자신이 되어 가기' 위한 배움의 경험이라는 것은 가르치는 쪽이 사전에 면밀히 계획하고 실시하는 방법으로 제공 가능한지, 한편으로는 원래 '되고 싶은 자신'이라는 것은 사전에 명맥하게 할 수 있는 것으로 고정적인 것인지, 더욱이 배운다는 행위가 우리들이 보통 생각하는 만큼 개인적인 것인지, 이처럼 '교육의 영위란 "무엇인가"를 가르치는 것이다'라는 기성 개념을 일단 접어두면 교육의 양상에 대하여 여러 가지 의문이 생긴다.

(3) 습득 메타포(acquisition metaphor)와 참가 메타포(participation metaphar)

수학교육의 연구자인 Sfard(1998)에 따르면, 학습을 '무언가를 습득하는 것'이라고 보게 된 것은 인류의 문명이 시작되면서부터이며, 그런 견해는 현재 자연스럽고 자명한 것이 되었다. Sfard는 이러한 견해를 학습에 관한 습득 메타포(acquisition metaphor)라고 부른다. 습득 메타포를 기초로 한 '지식의 습득' 혹은 '개념의 발달'과 같은 표현은 인간의 마음을 무언가로 채워 넣는 용기로 이미지화하고, 또한 학습자를 무슨 소유자처럼 생각하게 한다. 2의 (1)에서 논한 기초 단계의 일본어교육 방법은 바로 습득 메타포의 견해에 기초를 둔 것이며, 일본어 교사가 'OO씨에게는 아직 XX의 문형이 습득되어 있지 않다' 라든가 'OO씨는 기본형을 만드는 방법을 모른다'고 했을 경우, 학습에 대한 견해나 말하는 방법은 역시 습득 메타포에 기초를 둔 것이다.

'습득 메타포는 학습에 대한 우리들의 사고방식에 깊이 뿌리를 내리고 있으며, 그것을 대신하는 메타포가 제시되지 않는 한 그 존재조차도 자각할 수 없다'고 Sfard는 말한다. '들어가는 말'에서 소개한 베테랑 교사의 목소리는 바로 그러한 경우를 나타낸다. Sfard에 의하면 최근에야 학습과 교육 연구에서, 지금까지와는 다른 관점에서 학습을 보는 시각이 제시되었다고 말한다. 그것은 학습을 참가의 과정에서 보는 견해이다. Sfard는 이것을 참가 메타포(participation metaphar)라고 부른다. 그리고 참가 메타포에 의한 학습론의 대표적인 것이 다음에서 소개하는 상황적 학습이론이다.

3. 최근접 발달영역론(ZPD)과 비계설정론(Scaffolding)

(1) ZPD와 scaffolding

상황적 학습이론의 기원은 소련의 발달 심리학자 비고스키(Vygotsky)로 거슬러 올라간다. Vygotsky(1970)에 의하면[3], 기억 ·

---

3) 이 책에는 1930년부터 1931년 사이에 쓴 논문이 수록되어 있다.

주의 · 의지 · 사고 등의 의도적이고 지적인 행위(고차원적 정신기
능)는 처음에는 부모나 연장자 등 보다 유능한 타인이 학습주체를
여러 형태로 지원하는 협동 작업으로 달성된다. 그리고 학습주체는
나중에 이러한 협동 작업에서의 타인의 역할을 스스로 맡아, 타인
이 자신에게 말을 걸듯이 자기 자신에게 말을 거는 것으로 자기의
행위를 통제하게 되는 것이다. 이렇게 해서 처음에는 타인의 도움
을 받아 협동적으로 실현되던 행위가 단독으로 실행가능하게 되는
것이다.

　Vygotsky는 아이들이 혼자의 힘으로 문제해결을 할 수 있는 현
재의 발달 수준과 어른의 지도 하에 혹은 자기보다 능력 있는 친구
와 협동해서 문제를 해결할 수 있는 잠재적인 발달수준과의 간격을
'최근접발달영역(the zone of proximal development, ZPD)'이라 불
렀다. 그리고 이 영역과 결부된 활동 중에서 보다 유능한 타인의 매
개(mediation)를 얻어 그것을 내화(內化)함으로써 발달이 진행된다
고 생각했다. 보다 유능한 타인이 학습주체의 행위를 방향 짓는 과
정은 일반적으로 스케폴딩(scaffolding 비계설정)이라 말한다. 우드
외(Wood et al. 1976)는 비계설정의 기능을 다음과 같이 정리하고
있다.

①과제에 대한 흥미를 유발시킨다.
②과제를 적당히 쉽게 한다.
③과제의 달성과정을 유지한다.

④실행되었던 것과 좋은 해결법과의 차이의 중요한 요소를 명확화한다.
⑤문제해결과정에서 좌절감을 콘트롤한다.
⑥기대되는 좋은 행동의 모델을 제시한다.

(2) 유도된 참가

로고프(Rogoff 1990)는 일상생활에서 어른이 어린이에게 행하는 비계설정과정을 상세히 검토했다. 그리고 어른과 어린이가 일상적인 활동을 협동적으로 행하는 모든 과정이 어린이의 행위를 방향 짓도록 구조화되어 있음을 강조하고 있다. 즉, 일상적인 활동에서 어린이와 어른의 커뮤니케이션에 의도적 혹은 비의도적인 방침이 많이 들어있다는 것이다. 어린이의 학습은 어른이 의도적으로 계획한 특별 활동이 아니라 어린이가 어른과 함께하고 격려받는 가운데 일상생활 속의 여러 장면에 참여하는 것과 동시에 전개되는 과정이라는 것이 Rogoff의 견해이다. 어린이의 학습에 관한 이러한 상황을 Rogoff는 유도된 참가(guided participation)라고 부른다. 또한 브라운 외(1991)는 이러한 어린이 발달의 전체적인 상황을 인지적 도제학습(cognitive apprenticeship 認知的徒弟制)이라고 부른다.

(3) 비계설정론에서 합법적 주변 참여론으로

비계설정이나 유도된 참가라고 하는 틀로 연구된 학습은 보다 유능한 타인과의 협동 작업을 통한 특정 지적행위의 숙달화 과정이다. 또한 그 연구에서 실제로 학습주체가 되는 것은 유아와 아동이며, 학습되는 사항은 Vygotsky가 말한 고차원적 정신기능과 (생활적 개념에 대한)과학적 개념이다. 그러한 의미에서 이 연구는 발달심리학 영역의 연구라고 할 수 있다. 이것에 대하여 Lave & Wenger(1991)는 학습주체가 사회적 실천 현장에서 서서히 유능함을 발휘하여 성장해 가는 과정 전체를 포착하는 새로운 학습관을 제시했다. 이것이 합법적 주변 참여론(legitimate peripheral participation)이라고 부르는 학습관이다. Lave & Wenger의 합법적 주변 참여론은 발표 직후부터 센세이션을 불러 일으켰다. 그들의 연구가 학습을 위한 상황론적 접근법의 지위를 확고하게 했다고 해도 좋을 것이다.

4. 합법적 주변 참여론

(1) 합법적 주변 참여론이란 무엇인가

학습에 관한 종래의 설명에서는 지식이 '발견되든' 타인으로부터 '전달되든' 혹은 타인과의 '상호작용 안에서 경험하든' 그러한 지식을 주체가 내재화하는 과정을 학습이라고 간주했다. 내재화를 초점화하는 것은 학습자, 세계 및 그들간 관계의 본질을 검토하지 않은 채로 방치하는 것만은 아니다. 내재화를 초점화하는 그 사체가 그러한 본질적인 문제에 절대적인 영향력이 있는 몇가지의 가정을 반영하고 있는 것이다. 즉, 그것은 '내측'과 '외측'에 대한 명료한 이분법을 확립하고, 지식이란 대개 머릿속(대뇌)에 있는 것으로 보아 개인을 분석의 단위로 삼는 것은 자명한 일이다. 게다가 학습을 내재화라 보면 그것은 극히 용이하게 주어진 것을 흡수하는 것, 결국은 전달과 동화의 문제로 간단히 해석된다.(Lave & Wenger 1991:47)

종래의 학습에 대한 설명의 문제점을 위와 같이 지적한 다음, Lave & Wenger는 학습이라고 하는 것을 신선한 눈으로 보고 지금까지의 학습 이론과는 독립된 새로운 학습관의 구축을 시도하였다. 그녀들이 채택한 수법은 종래의 개인주의적인 주지적 관점이 아니라, 마르크스주의적인 관계론적 관점에서 사회적 실천의 한 측면으로서의 배움을 정식화하는 방법이다. 그리고 그것을 위해서 그들은 학교 교육 형태에 없는 도제학습이라는 학습 기회에 주목하고 그것을 상세하게 검토하였다. 이렇게 해서 탄생한 것이 정통적 주변 참가론이다.

그들이 말하듯이, 합법적 주변 참여론이란 도제학습에서 학습을 설명하기 위한 이론은 아니다. 또한 도제학습에서의 학습 형태를 학교교육에 응용하려는 것도 아니다. 교수전략이나 교수테크닉도 아니다. 오히려 그것은, 2의 (3)에서 소개한 Sfard의 두 개의 메타포의 취지와 마찬가지로 '학습을 분석적으로 보는 하나의 견해이고, 학습이 어떤 것인가를 아는 하나의 방법'(Lave & Wenger 1991:40)이다. 그러나 그것은 교육과 무관하다는 것이 아니라 '합법적 주변 참여의 분석적 시점은, ……학습과정에 새로운 빛을 비추고, 그 동안 간과해 왔던 학습경험에 열쇠가 되는 측면에 주의를 집중하는 것이며, 교육을 좋게 하려는 노력에 일종의 기반이 되는 잠재력을 가지는 것'(Lave & Wenger 1991:41)이다.

(2) 합법적 주변 참여

합법적 주변 참여라는 개념은 학습 주체의 행위 변화(숙달화), 실천에 대한 이해의 변화, 학습 주체의 자기인식의 변화를 사회적 실천 구조와의 관계로부터 포괄적으로 받아들이기 위한 틀이다. 그 개념에 의해 이루어지는 학습이란, 학습주체가 실천공동체의 정식 멤버로 실제 활동에 참가하여 그 곳의 참가 형태를 서서히 변화시켜가면서 보다 깊은 실천공동체 활동에 관여하게 되는 과정 전반을 가리킨다. 그리고 합법적 주변 참여론에서는 이러한 공동체 활동에 대한 참여형태의 변화와 연동해서 학습주체의 행위 양상과 학습주체에 따른 실천공동체 활동의 이해, 그리고 학습주체의 자기인식이 동시적으로 변화해 간다고 생각한다.

학습주체 행위의 변화란 구체적으로는 실천적 활동(작업, 역할 등)으로 숙련시켜나가는 것을 말한다. 합법적 주변 참여론에서는 우선 실천공동체의 활동에 참여하고, 시속적으로 실천활동에 종사함에 따라 학습주체는 실천적 활동을 잘 해나갈 수 있게 된다는 것이다.

다음으로 실천공동체 활동의 이해에 대해서 말하자면, 예를 들어 '단추 달기나 다리미질을 하던 견습생이 봉제사가 되고, 지금까지와 다른 도구를 사용하여 다른 작업을 하고, 친지나 동료와의 새로운 관계에서 활동하게 되면, 단추달기와 다리미질, 봉제작업을 포함한 양복 제작이라는 실천에 대한 그의 생각은 크게 변화할 것이다. 또 이렇게 제도적으로 규정된 생산상의 역할을 이행할 뿐만 아니라, 하루하루의 구체적인 활동에서도 친지와 동료와의 관계, 작업 내용, 자기 기능의 숙련도 등이 세밀하게 변화해 간다면, 역시 그에 따라 견습생은 자신을 둘러싸고 있는 상황을 조금씩 재해석하게 될 것이다. 실천공동체의 참여형태 즉 상황과 행위의 관계는 날마다 변화하고, 그 변화에 따른 학습주체의 시각 이행이 실천에 대해 새로운 이해를 만들어 간다.

　　학습주체의 자기인식 변화도 실천공동체의 협동적 활동에 참여하는 형태의 변화와 연동해서 전개된다. 사람은 자신이 실천공동체 속에서 어떤 위치에 있는가를 이해함으로서, 자신이 어떤 사람인지, 자신이 무엇이 되고 싶은지에 대한 인식을 형성하고 변화시킨다. 이러한 자기 인식 작업은 직접적으로 동료 간의 커뮤니케이션과 자기 활동 성과에 대한 평가적 반성을 기초로 하는 것이지만, 실천공동체 구조의 인식과 스스로를 둘러싸고 있는 구체적인 인간관계의 인식에서도 자기 인식의 중요한 부분이 형성되어 간다.

(3) 합법적 주변 참여론이 시사하는 적정한 학습 상황

행크스(Hanks)가 Lave & Wenger의 책 머리말에서 언급했듯이, 실천공동체 활동의 참가라고 하더라도, 학습에 아주 적합한 참가 형태와 그렇지 않은 것이 있다(Hanks 1991:19). 합법적 주변 참여론에 따라 학습에 적합한 참가형태를 한 마디로 말하면, 행위의 숙달, 실천에 대한 이해, 행위자의 정체성 구축의 3자가 협조적으로 변화해 가는 참가형태라 할 수 있다. 합법적 주변 참여론에서 Lave & Wenger는 인용한 여러 도제학습를 비교·검토하면서 도제학습의 잠재력과 그것이 내포하는 문제에 대해 심도있게 논의하고 있다. 그들이 이야기하는 적정한 학습상황(혹은 참가형태)의 주요한 특징은 다음과 같다.

① 학습주체는 실천공동체의 합법적 멤버이다.

② 학습주체는 실천공동체의 실제 활동에 참가한다. 그리고 실천공동체의 활동과 분업 조직, 그 문화 및 주변 사회를 볼 수 있다. 또한 여러 의미로서의 '규범'을 볼 수 있다.

③ 사회적인 실천과 학습은 융합되어 명확하게 구별되어 있지 않다.

④ 직접적 교수(教授)가 거의 없다. 혹은 매우 적다.

⑤ 대표를 포함하여 정해진 '가르치는 사람'이 없다. 혹은 대부분의 경우 도제간의 관계에서 가장 많은 것을 배운다.

⑥ 지식의 습득과 기능의 숙달뿐만 아니라, 오히려 전인격적인 변화를 가져온다.

⑦ 학습이 순조롭게 진행되도록 사람과 도구 등의 자원이 계획적으로 조직되어 있다.

⑧ 학습이 순조롭게 진행되도록 제반작업이 계획적으로 조직되어 있다.

⑨ 이른바 평가가 없다.

5. 제2언어교육에서의 상황적 학습 이론의 응용

(1) Scarcella & Oxford 의 Tapestry approach

1992년에 제2언어 습득과 제2언어 교육의 연구자인 스카슬라 & 옥스퍼드(Scarcella & Oxford 1992)는 『The Tapestry of Language Learning』이라는 아름다운 구성과 우아한 문체로 쓴 책을 출판했다. 이 책은 제2언어 교육에 종사하는 교육자를 위한 실천적인 책으로 1980년대를 통해 의사소통적 접근법이 제2언어 교육에 극적인 변화를 초래한 후의 제2언어 교육 실천에서 새로운 지침을 제공하기 위해 출판된 책 중의 하나이다.

Scarcella & Oxford는 언어발달 촉진활동이라는 개념을 그들의 태피스트리 접근법(tapestry approach)의 핵심에 두고 있다. 그리고 tapestry approach는 Vygotsky파의 연구를 제2언어 교육에 조직적으로 응용한 최초의 것이라고 한다.

(2) 언어발달 촉진활동

Scarcella & Oxford는 제2언어 습득연구에서 지금까지 나온 여러 가설과 Vygotsky의 ZPD개념을 통합한 것 같은 제2언어발달에 관한 가설을 내놓고 있다. 그것이 언어발달 촉진활동(language promoting interaction)의 가설이다.

그들에 의하면, 언어재료가 제공되고 처리되는 입력활동(input)과 언어의 발화를 요구하는 산출활동(output), 상호작용(interaction)이 언어가 발달하는 직접적인 언어적 상황(context)을 구성한다. 이세 가지는 제2언어 습득연구에서 제출된 입력활동(input가설), 산출활동(output가설), 그리고 상호작용설(interaction가설)에 대응한다. 그러나 제2언어의 지도를 가장 유효하게 만드는 것은 그런 활동이나 특정의 한 특징을 가진 활동이 아니라고 그들은 주장한다.

언어지도를 가장 효율적으로 만드는 것은 다양한 언어적 지원(langage assistance)을 조합한 것이다. 이 지원을 학습자가 언어능력을 신장시켜야할 바로 그 때에 언어능력 신장을 촉진한다. 이러한 언어적 지원은 언어발달을 촉진하는 상호작용과 우리들이 정의 하는 언어발달 촉진활동(langage promoting interaction)의 상황에서 생긴다. 구체적인 언어적 상황이 촉진적 언어발달이라면 그것은 특정 타입의 영어 수용처리나 산출처리를 하도록 되어 있기 때문이 아니라, 구체적인 언어적 상황이 학습자가 지원을 필요로 하고 있는 바로 그 때에 학습자를 적절하게 지원하기 때문인 것이다. (Scarcella and Oxford 1992:30)

그리고, 구체적인 언어적 상황에서 교사가 학습자에게 다가가는 모습을 다음과 같이 기술하고 있다.

교사는 학습자와 개별적인 상호작용(interaction)을 가짐으로써 학습자의 실제 언어운용을 진단할 수 있다. 학습자와 상호작용을 통해 교사는 학습자가 진행 중인 '비행 중의' 언어운용을 정밀하게 관찰할 수 있다. '비행 중의'라는 말을 사용한 것은 학습자의 커뮤니케이션 요구와 실제의 언어산출은 이들이 상호작용의 상황에 가려져 있기 때문에 항상 변화한다는 것을 표현하기 위함이다. 학습자의 언어 산출은 학습자의 기분, 커뮤니케이션 목표, 대화상대와의 관계, 대화 주제 등 무수한 요인에 따라 변화한다. 또한, 이러한 요인자체도 회화 진행 도중에 변해 간다. Tepestry 교사는 이러한 학습자의 '비행 중의' 커뮤니케이션 요구를 정확하게 진단하여, 그에 적합하게 제공할 지원을 미묘하게 조정해 가는 것이다. (Scarcella and Oxford 1992:35)

수용활동과 산출활동 혹은 상호작용은 물론, 언어가 발달하는 구체적인 언어적 상황을 구성한다. 그러한 상황에 한정된 언어 능력으로 대응하고 있는 학습자는 큰 문제든 작은 문제든, 자주 커뮤니케이션 수행이 곤란한 상황에 직면한다. 숙련된 교사는 그러한 상황을 민감하게 감지하여 즉흥적으로 타이밍 좋게 적절한 지원의 손길을 학습자에게 내민다. 이러한 지원을 Scarcella & Oxford는 언어

적 지원(language assistance)이라고 부른다. 그리고 구체적인 언어
적 상황에서 필요에 따라 제공되는 활동을 언어발달 촉진활동이라
고 한다. Scarcella & Oxford는 구체적인 언어적 지원 타입의 예로
서 다음과 같은 리스트를 제시한다.

1. 학습자를 격려한다.
① 학습자를 칭찬한다.
　'아~ 좋은 표현이네요.'
② 학습자가 말하도록 유도한다.
　'네, 그래서요.' '좀 더 이야기해 보세요.'
　'다른 사람들은 어떻게 생각하세요?'
③ 학습자가 비언어적 수단을 사용하여 커뮤니케이션하도록 유도한다. 예를 들
　어, 상대의 말을 들으면서 미소를 짓거나 '그래요.' '그렇군요.'하면서 고개를
　끄덕인다.

2. 제공된 언어 자료(교재)를 학습자가 이해할 수 있도록 지원한다.
① 쉽게 말한다. 예를 들면 필요에 따라서 천천히 명확하게 말하거나 중요한 점
　을 여러 방식으로 바꿔 말하기도 하고, 중요한 단어 개념을 반복하거나 단어
　를 설명하고 정의를 내리기도 하고, 발화를 길게하기도 한다.
② 학습자가 이해하고 있는 것을 증명하기 위해 여러 방법으로 확인한다. 예를
　들면, 질문을 하거나 쪽지시험을 보기도 하고, 쓰여 있는 내용에 대응하여
　몸을 움직이거나 사물을 가리키도록 한나시, 수업 내용에 대해 쓰거나 제
　스춰어로 대답하게 하는 등의 방법으로.
③ 이해할 수 없을 때에 편안하게 질문 할 수 있도록 훈련한다. 질문 방법에는,
　'네?' '뭡니까?' '죄송합니다. 모르겠습니다.' '미안하지만 다시 한 번 이야기

해 주세요.' '무슨 일입니까?'등의 표현이 있다.

④ 학습자의 배경지식을 끌어내고, 관련있는 스키마(인식의 도식)를 마음에 그린다. 또한 논의를 이해하기 위한 전제적 배경 지식을 학습자가 가지고 있는지를 살핀다. 그러한 지식을 가지고 있지는 않을 경우에는 이를 제시한다.

⑤ 교재 내용을 사전에 간략하게 설명한다.

⑥ 학습자가 이해하지 못하는 말을 구체적인 형태로 나타낸다. 예를 들어, 그림이나 도표, 그래프, 일러스트, 실물 등을 보여 주거나 제시한다.

⑦ 수업 절차를 알기 쉽게 한다.

3. 키워드나 요점을 기억해 두는 것을 지원한다.

칠판에 키워드나 요점을 쓴다. 학습자가 언제나 집중할 수 있도록 키워드나 요점에 관해 질문을 한다.

4. 학습자가 상호작용하는 것을 지원한다.

① 교사는 다음과 같은 회화전략을 사용한다. 또한, 이러한 회화전략의 사용방법을 학습자에게 가르친다.

상대가 말하고 있는 것을 확인한다. - '이런 뜻이에요?'

자신이 말하고 있는 것에 대해 이해하고 있는지 확인한다. - 알겠습니까?'

잘 모를 때에는 재차 설명을 요구한다. - '무슨 말입니까? 다시 한 번 이야기해 주세요.'

② 교사는 다양한 이야기를 끌어내는 기술을 사용한다. 예를 들어, 질문을 하거나 상대가 한 말을 반복하기도 하고, 간격을 두거나(즉, 상대가 말하는 것을 평상시보다 기다린다) ('그래서'등을 말하면서) 이야기를 더 이어가도록 유도하기도 한다.

③ 학습자 모두를 상호작용에 참가하도록 유도한다. 교사는 모두가 참가할 수 있도록 여러 전략을 사용한다. 그러나 언제나 교사가 다음에 누가 말할지를

정하는 것이 아니라, 학습자도 일상 회화처럼 자연스럽게 말할 순서를 바꿔
가도록 유도한다.

④ 사전에 알고 있는 대답을 질문 할 수도 있지만, 교사의 질문의 대부분은 하
나 이상의 대답이 있는 질문이다.

⑤ 교사는 바른 언어 사용의 모델이어야 한다.

⑥ 교사는 어떤 학습자라도 참가 가능한 협동적인 그룹 활동을 자주한다. (게
임, 페어 회화연습, 협동학습활동 등)

5. 무엇인가를 직접 가르친다.

필요에 따라 교사는 어떤 기능이나 개념, 언어사항을 직접 가르친다. (예를
들면, '오늘은 'a'와 'an'의 사용법을 복습하자'고 말하고, 이 문법사항을 설
명하며 예를 제시하기도 한다.)

6. 학습자의 흥미를 유지시킨다.

① 교사는 수업을 각 학습자에 맞춘다.

② 교사는 학습자가 흥미를 가지는 테마에 관련된 이야기에 집중한다.

③ 학습자가 좋아하는 것을 이야기하도록 유도한다. 즉, 학습자는 말할 내용을
어느 정도 자유롭게 선택할 수 있다.

④ 교사는 언어형식보다도 오히려 의미에 중점을 둔다.

⑤ 교실, 학교, 지역사회, 국가, 세계 등 각각의 학습자의 문화를 다룬다.

(Scarcella and Oxford 1992:32-33)

(3) 언어발달 촉진활동을 위한 언어적 상황

Scarcella & Oxford가 지적하고 있듯이, 어떠한 언어적 상황에서
나 언어발달 촉진활동이 일어나는 것은 아니다. 언어발달 촉진활동
을 유발시키기 위해서는 교육의 기본적인 틀을 2의 (1)에서 논의한

교사중심의 직접적인 수업이 아니라, 테마 주도형이며 과제주도형이 되어야 한다(Scarcella and Oxford 1992:6). 그리고 그러한 틀 속에서 적절한 언어재료를 선택하거나, 언어재료와 관련된 적절한 활동목표를 설정하기도 하고 또는 학습자의 운용능력의 수준과 요구, 흥미에 맞춰 과제를 설정하는 등, 언어적 상황을 주의 깊게 편성해야 한다(Scarcella & Oxford 1992:46). 즉, 적절하게 편성된 언어활동상황(수용활동, 산출활동, 상호작용 등의 언어적 상황)에서 학습자가 주체적인 활동자가 되고, 교사가 임기응변으로 즉흥적이고 조직적인 지원을 제공하면서 구체적으로 언어활동을 전개할 때 이 활동은 언어발달 촉진활동이 된다는 것이다.

또 일본어교육에서는, 단순히 교육내용을 학습자의 요구에 접근시켜 '학습자 중심 교육'이라고 하지만, tapestry 접근법에서는 위에서 소개했던 방법으로 언어적 상황을 주의 깊게 편성하면서, 그 안에서의 학습자 중심 교육, 즉 계획된 간접적 학습자 중심 교육(planned, indirect, student-centered instruction)이 제창되고 있다. Scarcella & Oxford의 학습자 중심 교육과 동기부여 등에 관한 논문을 읽어 보면 구체적인 언급은 없지만, 역시 상황적 학습이론의 하나로 자리매김할 수 있는 레온치후(Leont'ev 1981)의 활동이론을 의식하고 있는 듯이 보인다.[4]

---

4) 본고에서 논의된 시각과 원리에 기초한 일본어교육의 실천으로는, 니시구치(西口 1998), 니시구치(출판예정1), 오카자키(岡崎 1998) 등이 있다. 니시구치(1998), 니시구치(출판예정1)에서는 대학원

6. 맺는 말

인간은 문화적 동물이다. 그렇기 때문에 각 개인의 사고방식과 행동방식은 그 개인이 살고 있는 문화(혹은 살아온 문화) 또는 문화적 실천 양상에 크게 규제받고 있다. 교사도 결코 예외는 아니다. 일본어 교사는 현재의 일본어교육이라는 문화 속에서 자라, 그 안에서 살아(혹은 실천하며)가고 있다. 우리들은 실천 양상과 배경에 있는 사고방식을 강하게 의식화하지 않으면 습관적인 실천과 사고의 포로가 되고 말 것이다. 본 논문을 계기로 학습과 커리큘럼이라는 테마에 대하여 한층 인식이 깊어지기를 기대한다.

진학자를 대상으로 한 기초일본어교육에서의 자기표현중심의 교육 실천을 소개하고 있다. 특히 후자에서는, 그 이론적 배경도 자세하게 논하고 있다. 오카자키(1998)는 본 논문에서 소개한 합법적 주변참여를 이론적 기초로 한 '일상적 인지와 일본어'라는 클래스 실천에 대해 보고하고 있다. 같은 교실에서는 사물(인공물)의 관찰이나 일상적인 경험(인지)을 기초로 하여, 공동체성을 중시한 교육 실천이 행해지고 있다. 오자와(小澤 2001)는 학습자 일지를 기초 데이터로 하여, 초급학습자의 학습을 상황론적인 시각에서 분석하고 있다.

참고문헌

L.S.ヴィゴツキー著 柴田義松（訳）（2001）『思考と言語』新読書社

L.S.ヴィゴツキー著 柴田義松（訳）（1970）『精神発達の理論』明治図書

佐伯胖、三宅なおみ（1991）「状況的教育とは何か」『現代思想―特集
　　教育に何ができるか<状況論的アプローチ>』第19巻第6号1991年
　　6月号

高木光太郎（1996）「実践の認知的所産」『認知心理学5発達と学習』
　　波多野誼余夫編（1996）東京大学出版会

J.S.ヴブラウン, A.コリンズ, P.ダグイット著 道又爾訳（1991）「状況的認
　　知と学習の文化」『現代思想―特集 教育に何ができるか<状況論
　　的アプローチ>』第19巻第6号1991年6月号

西口光一（1998）「事故表現中心の入門日本語教育」『多文化社会と留
　　学生交流』第2号大阪大学留学生センター

西口光一（出版予定1）「留学生のための日本語教育変革―共通言語の生
　　成による授業」石黒広昭編（出版予定）『社会文化的アプローチの
　　実際』北大路書房

西口光一（出版予定2）「言語とコミュニケーションを再考する―バフチ
　　ンとオングの言語論と第二言語教育への示唆」『人間主義的日本
　　語教育』凡人社

小澤伊久美（2001）「状況論的学習論から見た初級日本語教育―学習者
　　の日誌分析を通して見る『学び』の様相―」2001年度日本語教育
　　学会秋季大会口頭発表

Hanks, W. (1991) Foreword for Lave and Wenger (1991).

Lave, J. and E.Wenger (1991) Situated Learning Legitimate Peripheral

Participation. New York Cambridge University Press. 佐伯胖訳

（1993）『状況に埋め込まれた学習―正統的周辺参加』産業図書

Rogoff, B. (1990)　Apprenticeship in thinking Cognitive Development in Social
Context. New York: Oxford University Press.

Scarcella, R.C. and R.L.Oxford (1992)　The Tapestry of Language Learning
the Individual in the Communicative Classroom. Boston, Mass.: Heinle
and Heinle. 牧野髙吉訳・監修（1997）『第2言語習得の理論と実
践』松柏社

Sfard, A.（1998）"On two metaphors for learning and the danger of choosing
just one". Educational Researcher Vol.27, No.2 4-13.

Vygotsky, L.S. (1978)　Mind in Society. Cole, M.,V.J.Steiner, S.Scribner, and
E.Souberman (ed.). Cambridge, Mass. Harvard University Press.

Vygotsky, L.S. (1986)　Thinking and Speech. In Rieber, R.W. and A.S.Carton
(eds.) (1986) The Collected Works of L.S.Vygotsky. New York Plenum.

Vygotsky,L.S. (1991)　Thought and Language. Kozulin,A. (ed.). Cambridge,
Mass. MIT Press.

Leont'A.N. (1981)　"The problem of activity in psychology". In Wertsch,J.
V. (ed.) (1981) The Concept of Activity in Soviet Psychology. Aromonk,
New York M.E.Sharpe.

Wood, D., J.S.Bruner, and G Ross (1976)"The role of tutoring in problem
solving". Journal of Child Psychology and Psychiatry 17:89-100.

제4장

내용중시 일본어교육

오카자키 히토미 (岡崎 眸)

1. 내용중시의 제2언어교육(Content Based Instruction)

내용중시의 제2언어교육은 어떠한 언어 교육의 방법을 가리키는지 제2언어로서의 영어교육과 일본어교육에서 실례를 들어 생각해 보자.

(1) 내용중시의 제2 언어교육이란

사람들이 자신의 모국어가 아닌 언어, 즉 제2언어를 배우는 이유는 무엇일까? 아마도 배우는 사람의 수만큼 그 이유도 다양할 것이다. 제2언어로서의 일본어 학습자들을 예로 들어보면, 학교나 직장에서 통용되는 언어가 자신의 모어가 아닌 일본어이기 때문에, 학교의 커리큘럼에서 일본어가 제2언어로 필수 영역이니까, 학위를 받기 위해 필요하니까, 직업선택의 폭이 넓으니까, 일본과 일본 문화에 흥미가 있으니까, 일본제품을 다루고 싶으니까 등 다양하다. 이러한 이유의 구체성과 다양성은 각자가 살아가는 환경에서 보다 더 나은 삶을 영위하기 위하여 제2언어를 학습하고 있다고 할 수 있다.

이러한 학습자 측에 존재하는 차이나 다양성을 제2언어 교육의 방법에 반영시키려는 것이 내용중시의 제2언어 교육의 출발점이라고 말할 수 있다. 1960년대까지의 제2언이 교육에서는 교수법을 고려할 때, 가르치는 대상인 언어에는 주목해도 배우는 주체인 학습자에 주목한 적은 별로 없었다.

또 언어에 주목한다고 해도 문형이나 발음 등과 같은 해당언어가 가진 일반적 · 표층적인 구조에 한정되는 경향이 있었다. 그런데 특히 북미나 서유럽지역에서 영어를 모어로 하지 않는 이민자의 증가를 계기로 사회의 구조적 변화에 따른 영어 학습자의 질적 · 양적인 변화와 언어학의 영역에서 구조 언어학으로 부터 기능 언어학으로, 그리고 생성문법이론의 패러다임 전환 속에서 영어교육을 축으로 한 제2언어교육도 변혁을 맞이하게 되었다. 1970년대에 들어서 의사소통 능력의 획득을 중시하는 의사소통적 접근법이 등장한 이후로 커뮤니케이션에 있어서 중요한 언어의 기능과 의미를 기준으로 한 기능실러버스, 개념실러버스 등이 개발되었다.

말할 나위도 없이 커뮤니케이션 능력은 학교 시험에서 측정하는 일반적 · 추상적인 언어력이 아니라 개별적이고 구체적인 장면에서 현실적으로 언어를 사용하여 무엇을 할 수 있고 없는지를 간접적으로 추측하는 능력이다. 언어구조가 추상적이라 하여 구조를 문제 삼아 구조실러버스에 따른 교수법을 생각하는 한, 학습자의 다양성을 고려할 필요는 없다. 어떤 학습자든 기본적으로는 똑같이 가르칠 수 있으며 모어의 차이를 고려하기만 하면 충분하다. 그러나 언어의 기능과 의미를 다루어 기능실러버스 등을 사용하기 시작하면, 이것은 구체적이라 어떤 사람에게는 필요한 기능도 다른 사람에게는 필요 없는 상황이 생기게 된다. 그래서 학습자의 학습 목적과 학습 스타일 등 학습자에 대해서 조사하는, 말하자면 니즈조사 등의 필요성이 의사소통 접근법의 전개 속에서 강조되게 되었다.

이러한 배경으로 학습자에 대해 더욱 더 주목하게 된 형태가 내용중시의 제2언어 교육이라고 할 수 있다. 예를 들어 오카자키(岡崎 1994)는 '학습자 중심의 언어 교육을 더욱 정밀화하는 구조이다'라고 특징짓는다. 내용중시 제2언어 교육은 언어가 아닌 언어에 의해 다루어지는 '내용'이 우선시된다. 따라서 '내용'을 정한 후에 그 내용을 실현하기 위한 언어적 수단으로서의 언어 항목을 고려하자는 것이다. 그리고 중시된 '내용'은 일본어라는 언어의 필요성에서가 아니라 학습자의 자질과 요망에 의한 것이다. 언어를 만두피, '내용'을 만두소라고 했을 때, 우선 무엇으로 만두소를 만들지를 정하고 만두피의 모양을 정하는 순서를 취한다. 일본어교육에서 말하자면 '~は~です'라는 문형(언어)을 우선 목표로 설정하고 그 다음에 이 문형과 관련지을 수 있는 적절한 주제(예를 들면, 이 경우는 '자기 소개 : 나는 학생입니다(私は学生です)', '나는 미케라입니다(私はミケラです)')를 '내용'으로 채택하는 익숙한 방법이 있다. 내용중시는 간단히 말하면 이러한 방법을 뒤집은 것이라고 할 수 있다. 즉 '자기 소개'라는 '내용'을 우선 정하고, 이 '내용'을 실현하기 위해서는 언어 항목으로서 '~は~です'라는 문형이 필요해지므로 거기서 비로소 언어기 디루이지게 된다.

(2) 내용중시 제2 언어교육의 구체적인 사례

A. 유학생 영어 · 일본어교육에서의 내용중시 : ESP(학문 목적의 영어) · JSP(학문 목적의 일본어)

내용중시인 제2언어교육의 예로 자주 등장하는 것이 영어 교육에서의 '학문 목적의 영어' (ESP:English for Specific Purposes)이다. 미국이나 영국 대학 및 대학원에서 학위를 취득할 목적으로 영어를 배우는 유학생을 생각해 보자. 그들은 자신의 전공을 이미 결정하였고, 그 영역에서 학위취득을 하는데 어떤 영어가 필요한가도 어느 정도 명확하다. 이런 유학생을 대상으로 한 영어코스를 디자인 하는 데에는 그들의 일반적인 영어실력에 초점을 맞추어 그 실력의 신장을 목표로 하는 관점이 아닌, 그들 전공학습으로의 연결을 용이하게 한다는 관점에서 그들의 전공과 직결된 '내용'을 다루는 것을 중시하여 영어를 부차적인 위치에 두는 것을 추구하게 되었다. 즉 영어 코스지만 영어라는 언어가 아닌 전공과목의 '내용'에 기초한 실러버스가 결정된다는 영어교육 방법이다. 전공과목의 학습에 중점을 두는 코스에서는 언어 교사만이 담당하는 기존의 방식보다는 전공과목의 학습내용에 책임을 지는 전공과목 교사의 협력과 참여로 이루어지는 팀 티칭(Team teaching) 방식이 중시되게 되었고 다각적인 연계방법이 논의되었다(브린턴Brinton, D. et al. 1989).

이러한 ESP 사고방식은 일본어교육에서는 '학문 목적의 일본어'로 특히 자연과학 분야를 중심으로 계승되어 독자적으로 전개되고

있다(2001년도 일본어교육학회 추계대회 패널 토론 '전공 일본어 교육의 현상과 앞으로의 방향(專門日本語教育の現狀と将来の 方向'). 예를 들어, 각 학문 영역에서 전공 일본어의 특징을 언어면 (어휘 · 문법 · 문장)으로 받아들임으로써 일반 일본어와의 차별화 를 꾀하려는 경향이 보인다. 즉 내용중시의 '내용'을 학습하는 전문 내용이 아니라, 전문영역 고유의 언어형식에 착안하고 있다. 한편, 언어형식보다도 다루어지는 내용자체에 주목한 '내용'의 취급 방법 도 일부 볼 수 있다. 예를 들면, 대학에서 외국어 과목으로서의 일 본어 과목을 교양 교육의 일환에 두고 대학생에게 요구되는 교양을 '내용'으로 설정하여 일본어를 매체로서 획득하는 것을 목표로 하는 방향의 추구이다(오카자키岡崎 1994). 다루어지는 '내용'과 다루는 '언 어형식'이 상호 요구되는 것을 생각하면, 이 두 가지 방향의 추구가 전혀 별개의 것이라기보다는 역점을 두는 방식에 차이가 있다고 할 수 있다.

B. 연소자 일본어교육에서의 내용중시 : 교과와 일본어의 통합

이러한 내용중시의 제2언어교육은 학업을 목적으로 하는 유학생 만을 대상으로 하는 것은 아니다. 일본어교육을 예로 들면, 최근 에 많이 다루어지는 연소자를 대상으로 하는 일본어교육 현장에서 도 그 필요성이 인식되어 왔다. 연소자의 경우 다소의 예외는 있지 만, 일본어의 접촉과 본인의 동기가 충분하다면 커뮤니케이션 장면에서의 일본어능력은 접촉 후 1~2년에 획득할 수 있다. 한편, 교실의 학습장면에서 요구되는 일본어능력은 그 3~4배인 5년에서 7년이나 걸린다. 이것은 일본어능력이라는 하나의 능력이 아닌, 적어도 둘로 분리된 언어 능력이 존재하는 것을 의미한다. 동시에 일본어로 일상회화는 충분히 가능하나 수업을 따라가지 못하는 아이들의 문제를 성급하게 지능과 가정환경의 문제로 단정지으면 안 된다는 것을 보여준다.

부모를 따라 일본에 온 연소자를 대상으로 하는 일본어교육에서 '우선 일본어를 익히게 하여 능숙해진 단계에서 교과 학습으로 이행한다'는 방식은 인지적으로도 발달 단계에 있는 아이들에게 인지면(認知面)과 정의면(情意面)에서 크게 마이너스로 작용하는 것을 알 수 있다. 그래서 교과학습을 정면으로 다루어 교과학습을 비롯한 재적학급의 각종 활동에 참여하도록 하는 일본어교육 방법이 추구되게 되었으며, 그 중 하나가 내용중시이다. '내용'을 교과내용에서 구하고 교과와 일본어를 통합한 실천연구가 많이 보고되었다(사이토斎藤 1999). 그 구체적인 사례를 살펴보자.

〈방과 후 지원교실에서의 내용중시 국어학습〉

필리핀 출신에 타갈로그어를 모어로 하는 초등학생을 대상으로 내용중시의 일본어를 지원한 경우이다(기요다清田 2001). 이 아동은 초등학교 5학년 때 일본에 왔고, 가정에서의 언어 환경은 모친이 타갈로그어, 부친이 일본어를 구사하였다. 일본에 왔을 때는 일본어를 전혀 못했으나 운동을 좋아하고 성격도 적극적이어서 다행히 친구도 잘 사귀고 지원을 시작한 6학년 시점에서는 일상적인 일본어를 어느 정도 구사할 수 있게 되었다. 그런데 국어(일본어)를 예로 들자면, 해당 학년 교과서는 한 번도 읽은 적이 없으며, 다른 수업에서도 주체적으로 참가할 수 없는 소위 '손님'과 같은 상태였다. 그래서 지원교실에서는 국어교과와 일본어를 통합해서 가르치기로 하고, 재적 학급의 국어수업을 어느 정도 이해하고 수업에 주체적으로 참여할 수 있게 목표를 설정하였다. 그 목표를 향해 모르는 부분의 복습이 아닌, 재적학급의 수업에서 배우는 단원의 선행학습을 모어 테이프를 사용하여 모어를 활용하면서 실시하기로 했다. 구체적으로는 우선 해당단원의 개요를 이 아동의 모어인 타갈로그어로 번역해서 그것을 테이프에 녹음하여 모어 테이프를 만들었다. 지원교실에서 아동은 그 모어 테이프를 듣고 단원의 내용을 모어로 이해한 다음, 매번 지원자와 일본어로 문답을 되풀이하여 모어로 이해한 것을 바탕으로 일본어로 지원자에게 전달하거나 이해를 심화시켰다. 이러한 예습을 충분히 한 후에 재적학급의 수업에 참가하였다. 이 경우, 모어 테이프는 모친의 타갈로그어와 부친의 일본어가 병행되어 심리적인 면에서도 도움이 되었다고 보고된다.

이와 같이 모어 활용에 따른 일본어와 교과내용 학습의 동시적 촉진을 도모하는 방법은 연소자를 대상으로 하는 일본어교육이라는 측면에서 평가되는 것은 물론이지만, 연소자의 모어의 보존과 발달에도 도움이 되므로 그들의 정체성 확립에도 의의가 있다고 한다 (오카자키岡崎 1997).

⟨귀국자녀 학급에서의 내용중시 : 가산적 제2 언어 병용교육⟩

다음은 모 국립대학 부속중학교의 귀국자녀학급 수업 중에서 실시된 내용중시의 사례를 살펴보자. 사회과와 영어과의 담당교사가 팀을 이루어 일본어와 영어의 이중언어능력 양성을 목표로 한 경우이다(오카자키 외岡崎 他, 2001). 이 학급의 전형적인 학생인 '영어 실력보다 일본어 실력이 떨어지는 학생'을 주요 타켓으로 하여, 학생이 자신있어하는 영어를 학습 언어로 강화함으로써 자신이 없는 일본어의 회복·신장을 꾀하는 것을 목표로 하였다. 구체적으로는 우선 영어시간에 학생에게 자신있어하는 영어로 사회수업을 실시한다. 예를 들면, 열대지방의 주거 특색을 지리적 조건에서 생각하는 내용을 영어로 가르친다. 계속해서 사회시간에는 영어수업에서 학습한 것을 이번에는 학생에게 자신이 없는 일본어로 실시한다. 이 방법을 1년간에 걸쳐 실시했다. 결과는 먼저 일본어로 실시하는 사회수업에 적극적으로 참여할 수 있게 되었고, 두 번째로 사회과목을 비롯하여 학습장면의 영어력 강화에 효과가 있었던 점, 세 번째로 학습자 및 교사 쌍방의 적극적인 평가가 많았다고 보고되었다.

(오카자키 외岡崎 他, 상동)

이것은 귀국학생이 일본어 수업 등에서 '일본어의 회복'을 위해 노력하는 사이에 해외에서 습득한 언어(예를 들면 영어)를 급속하게 잊어버린다는 문제와 '일본어의 회복'이 순조롭지 않은데도 불구하고 해외에서 습득한 영어실력이 약해지는 문제의 대처 방법으로 제기된 방법이다. 두 개의 언어를 보충하면서 상호 성장해 나아가는 가산적 이중언어병용(가산적=언어병용)이라고 말한다. 특히 해외의 현지 학교에서 교육을 받은 경우에는 일본인이라고 해서 현지 언어보다 일본어를 잘한다고 할 수는 없다. 현지 언어는 잘하는데 일본어는 명색뿐인 경우도 있다. 그런 귀국학생을 선발하여 집중적으로 일본어를 지도하면 현지 언어를 급속히 잊어버릴 뿐만 아니라 일본어의 회복과 신장이 어려워지는 경우가 많이 관찰되고 있다. 따라서 먼저 소개한 사례처럼 잘하는 언어로 교과학습을 계속하는 경우에는 자신이 있는 언어의 힘을 빌려서 교과내용을 심화시키고, 그 이해를 기초로 자신이 없는 언어로 다시 같은 내용을 학습함으로서 자신이 없는 언어의 신장 도모를 목표로 할 필요가 있다(나카지마中島 1998 · 커민스Cummins 1996).

2. 다언어 · 다문화 사회에서의 내용중시 일본어교육

- '내용'의 질적 선환 -

앞에서 본 내용중시의 일본어 교육은 일본사회의 다언어화 · 다문화화에 따른 새로운 전개를 필요로 한다. 본 절에서는 우선 사회의 다언어화·다문화화가 일본어교육에 무엇을 요청하고 있는지를 검토하여 그것을 통해 특히 외국인 정주자를 대상으로 한 일본어교육을 예로, 내용중시의 '내용'의 질적 전환의 필요성을 살펴 보도록 하겠다.

(1) 다언어·다문화화하는 일본사회와 일본어교육

외국인 등록자수로 보면 재일 외국국적을 가진 사람들은 10년 동안에 약 70%가 증가하였으며, 현재는 전 인구의 1.2%인 180만 명에 달한다. 이 증가 속도는 여러 외국과 비교하더라도 급상승하였고, 저출산 현상 및 고령화 대책으로서 외국인 노동력의 도입을 목표로 하고 있는 점에서 앞으로도 이 추세가 강화될 것으로 예상된다. 급속도로 증가하는 외국인은 유학생과 비즈니스맨 등의 일시 체류자가 아닌, 결혼이주 여성이나 돈을 벌기 위한 목적으로 일본에 온 일본계 2세, 3세 등 새로 이주한 외국인들로, 중·장기적인 체류 혹은 영주를 바라는 이민자이다. 이들은 지역에서 살고 지역에서 직장을 다니며, 자녀들을 지역 학교에 보내는 지역주민이라고 할 수 있다.

이렇게 새로 온 외국인에 대한 일본어교육은 두 가지 점에서 중요한 의미를 가진다. 하나는 물론 그들 자신이다. 현재 일본 사회의 헌법 제25조에서 정한 것을 보면 건강하고 문화적인 생활을 영위하기 위해서는 무엇보다도 일본어능력이 반드시 필요하다. 그런데 10년 동안 약 88만 명에서 148만 명으로 약 56만 명이나 외국인 등록자수가 증가했음에도 불구하고, 일본 국내의 일본어교육시설 (일본어 학교나 대학 등)에서 배우는 일본어 학습자수의 증가는 약 6만 명에서 약 8만 명으로 약 2만 명 증가에 그친다. 이것은 새로 온 많은 외국인이 일본어 학습 기회를 얻을 수 없다는 것을 뜻한다. 또 하나는 일본어 학습 기회를 제공하는 측인 우리들 일본어교육 관련자이다. 지금까지의 일본어교육은 말하자면 유학생과 비즈니스맨 등의 일시 체류자를 대상으로 한 것에 치우쳐 있었다고 할 수 있다. 내용중시의 일본어교육도 예외는 아니다. '내용'이 학업과 비지니스를 목적으로 하는 성인의 경우에는 각각의 전문과 연소자를 대상으로 하는 경우에는 교과에 한정되어 있었다. 장기적인 체류를 지향하는 사람들을 대상으로 하는 일본어교육을 생각하면, 아래에서 상세하게 검토하듯이 내용중시의 '내용'을 전공이나 교과에서 질적으로 전환시킬 필요가 있다.

A. 언어간 공생과 언어내 공생

다언어 · 다문화사회를 언어면에서 유지하기 위해서는 일본어를 포함한 여러 개의 언어로 언어내 공생을 촉진하고, 그것을 통해서 언어간 공생을 창출해 갈 필요가 있다(오카자키岡崎 1994 · 1996). 언어내 공생이란 어떤 언어가 그 언어의 모어화자 뿐만 아니라 다른 모어를 구사하는 사람과의 사이에서도 사용되는 것을 말한다. 일본어를 예로 들면, 일본어는 현재 일본인뿐만이 아니라 중국인이나 필리핀인도 사용하게 되었다. 따라서 일본어는 언어내 공생이 추진되어 모어가 다른 사람들을 매개로 하는 커뮤니케이션 수단으로 기능하고 있다. 이처럼 언어내 공생이 추진되고 있는 언어를 공생 언어라 부른다. 일본 사회가 다언어·다문화 공생 사회가 되기 위해서는 일본어와 마찬가지로 다른 언어, 예를 들어 정주자가 많은 중국어나 포르투갈어 등도 다른 언어의 모어화자에 의해 커뮤니케이션 수단으로 사용되는 상황이 창출되어야 한다. 일본어처럼 이들 언어도 언어내 공생화가 진행되어 몇몇 언어가 시민권을 획득하여 일본 사회에서 사용되어야 한다. 그렇게 함으로써 비로소 언어간의 공생이 실현되었다고 말할 수 있다. 이런 하나의 사회에서 언어끼리 공생하는 것을 언어간 공생이라 부른다. 따라서 다언어·다문화 공생 사회는 언어면에서는 대부분의 언어가 공생 언어로 사용되므로써 언어내 공생이 진행되고, 동시에 그들 언어가 나란히 시민권을 획득하는 사회로 특징지을 수 있게 된다.

원래 언어는 자타와의 커뮤니케이션 수단임과 동시에 자타를 사이에 둔 장벽의 수단이 되는 것이다(이데井手 2001). 후자의 '자타(自他)를 사이에 둔다'는 응집성을 확보하는 수단이라고 바꾸어 말할 수도 있다. 즉 자기와 자기가 소속된 민족 집단을 타자와 타민족 집단에서 구별하는 상징이라고도 할 수 있다. 알기 쉽게 말하자면 일본인은 일본어를 사용하니까 일본인인 것이고, 일본어를 못하면 아무리 얼굴이 일본인이라고 하여도 일본인이라고 말할 수 없다.

따라서 몇 사람이 되든 그들이 가진 언어에서 이 양쪽이 보장되어야 하며, 이것은 인권의 일부를 구성하는 것이라 생각된다. 일본 사회의 모든 사람들은 자신의 모어를 보존(발달)시킴과 동시에 모어가 다른 사람들과의 커뮤니케이션을 위한 언어(이것을 공생 언어라 부른다)를 익히고 육성하는 기회가 보장되어야 한다. 이들 관계를 그림으로 나타내면 다음과 같다.

언어간 공생 : 복수의 다른 언어의 공생
포르투갈어   일본어   중국어   한국어   타갈로그어   ...

언어내 공생 :
모어화자뿐 아니라 비모어화자에게도 커뮤니케이션의 수단으로서 사용되도록 하는 것이 언어를 공생 언어라고 부른다.

연동히는 언이간 공생과 언이내 공생
언어간 공생을 위해서는 복수 언어에서의 언어내 공생이 반드시 필요

B. 두 종류의 일본어

이상의 논리를 정리하면 다언어·다문화 공생 사회는 이론적으로는 두 종류의 일본어가 일본어로서 존재한다는 것을 알 수 있다. 일본어 모어화자와 비모어화자 혹은 비모어화자간의 커뮤니케이션 수단이 되는 일본어(공생언어로서의 일본어)와 일본어 모어화자간의 커뮤니케이션 수단이 되는 일본어 두 가지가 있다. 전자는 접촉 장면에서의 일본어이고, 후자는 모국어 장면의 일본어라고 할 수 있다. 종래의 이 두 가지 일본어가 특별히 구별되지는 않았다. 그러

나 특히 정주자 대상의 일본어교육에서는 다음에 서술하는 것처럼 이 두 가지를 구별하여 생각하는 것이 중요하다.

C. 정주자(定住者)를 대상으로 하는 일본어교육

앞에서 서술한 바와 같이 내용중시의 제2언어 교육의 출발점은 제2언어를 배우고자 하는 개개인의 구체적인 터전과 보다 윤택하게 살아가기 위한 제2언어 학습을 제2언어 교육방법에 반영시키고자 한 것이다. 즉, 제2언어 학습자체가 목적이 아니라 제2언어 학습은 어디까지나 수단이며, 따라서 학습한 제2언어로 무엇을 하고 싶은지부터 거슬러 올라가서 제2언어 학습방법을 정하고자 하는 생각이다. 그래서 내용중시의 제2언어 교육에서는 제2언어를 사용해서 학습자가 실현하고 싶은 것을 '내용'으로 우선 설정하고 거기에 맞추어 언어항목을 정하는 방법이 채택되었다. 그러면 외국국적 주민이 정주자로서 지역에 뿌리를 내려 일본 국적을 가진 주민과 함께 지역 사회를 구성해 가는 힘을 창출해 가는 것을 목표로 할 경우, 내용 중시의 일본어교육은 어떻게 구체화될 수 있을까? 여기서 학습 대상이 되는 일본어의 문제가 선명해진다.

외국국적의 주민이 지역에 뿌리를 내린다는 것은, 바꾸어 말하면 다언어·다문화 공생 사회를 만드는 주체가 되는 것을 의미한다. 구체적으로는 첫째, 일본어 모어화자의 커뮤니케이션 수단이 되는 '공생 언어로서의 일본어' 창조에 비모어화자로서 주체적으로 참가하게 된다. 지금까지 내용중시의 제2언어 교육에서 다룬 '내용'은 교과내용과 전공내용에 치우쳐 왔다. 거기에는 모어 장면에서의 일본어인지, 접촉 장면에서의 '공생 언어로서의 일본어'인지가 구별되지 않았다. 그러나 '공생 언어로서의 일본어'처럼 학습대상인 일본어를 규정하면, 거기서 설정된 '내용'도 지금까지의 내용과는 다르다는 것을 터득하게 된다. 왜냐하면 '공생 언어로서의 일본어'는 모어화자의 머릿속에 내재화되어 있는 것이 아니라, 양자의 커뮤니케이션 수단으로 모어화자와 비모어화자간에 실천되는 커뮤니케이션을 통하여 장소에 따라 만들어지는 것이기 때문이다. 따라서 모어화자 주민과 비모어화자 주민의 접촉 장면에서 주고받는 대화 자체가 '내용'이라고 할 수 있을 것이다. 즉, 주고 받는 대화 속에서 지금까지 알지 못했던 자신의 견해와 생각을 깨닫거나 자기와는 다른 상대방의 견해와 생각을 알게 되거나 또한 서로의 대화를 통해서 자신의 견해와 생각이 변화하여 자기성장을 실감하기도 한다. 이러한 모어화자 · 비모어화자의 각각의 측면에서 새롭게 창출된 '깨달음'이야말로 '공생 언어로서의 일본어'교육에서 획득하고자 하는 '내용'이라고 할 수 있다(오카자키岡崎 1997). 이런 종류의 깨달음이 가능해지는 것은 첫째, 커뮤니케이션이 서로 성공리에 진행되고 있음을 의미하며, 접촉장면에서의 커뮤니케이션 도구로서의 일본어가 양자 간에 몇 개의 만족할만한 형태로 창조되는 것을 말한다. 그리고 두 번째는, 외국국적 주민이 원만한 형태로 지역에 뿌리내리는 것을 나타낸다. 여기서 알 수 있듯이 상호간의 대화를 통해서 모어

화자와 비모어화자가 서로 창조하는 '공생 언어로서의 일본어'교육에서는 구체적인 것 외에 가르쳐야 할(익혀야 할) 일반적인 '내용'을 설정할 수는 없다. '내용'은 항상 참가하는 양쪽의 구체성과 관련되어 있고 배움은 항상 쌍방향이 된다(모리森 2001).

한편, '공생 언어로서의 일본어'교육에서는 교사의 역할도 전환된다. 일반적인 내용중시의 제2언어교육에서 언어교사의 역할은 전문교사와 연계하여 언어면을 담당하는 것이다. 학습자의 전공에 해박하거나 일반적으로 교양이 풍부하고 박식한 것이 언어 교사에게 기대되는 경향도 있다. 그런데 '공생 언어로서의 일본어'교육에서는 첫째로 양자의 접촉장면을 조정해서 설정하는 일, 둘째로 양자의 교류가 원활하게 촉진되어 쌍방이 배울 수 있도록 촉매가 되는 일, 셋째로 비모어화자의 입장에서 모어화자에 대한 계몽활동을 실시하는 것이 기대된다. 다시 말하면 지금까지 일본어 교사가 가지고 있던 역할(문법 그 밖의 언어형의 설명과 연습의 지휘, 학습진도 상태의 평가, 모어모델의 제시와 학습의 동기부여 등)에서는 상당히 전환이 되는 것을 알 수 있다(오카자키岡崎 2001).

이처럼 일본어 교사의 역할 전환을 '교실 현상'으로 보면 다음과 같은 특징을 나열할 수 있다. 첫째, 학습자가 '비모어화자 뿐인 학습자'에서 '일본어 모어화자와 비모어화자로 구성된 학습자'로 변화한다. '공생 언어로서의 일본어'는 서로가 주고 받는 대화를 통해서 장소적으로 창조된다면, 모어화자의 참여는 반드시 필요한 요소이며 가장 중요한 특징이라고 할 수 있다. 둘째, 참여하는 모어화자는 학습자로서 참가하는 것이며, 모어모델의 제시자로 참가하는 것이 아니다. 셋째, 언어의 교실에서 흔히 일어나는 '오용정정(誤用訂正)'은 빈번하지 않으며 또 모어화자의 특권도 아니다. 넷째, 학습내용은 양쪽이 깨달음의 형태로 일어나는 것을 지향하여 미리 명확하게 정의된 학습항목을 세울 수는 없다. 즉 공생·공학이 단순한 제목이 아니라 구체적인 형태를 취하고 있는 것이다.

(2) '공생 언어로서의 일본어'교육(학습) 사례

모 대학원에서 실시한 일본어 교육실습을 예로 들어 '공생 언어로서의 일본어'교육은 어떤 것인지 그 특징을 살펴보자. 이 사례는 2001년도에 실시된 것이다.

A. 기간 : 1일 2교시 (2시간 반), 8일 간의 단기 집중형
B. 참가자 (대학 주변의 지역 주민을 대상으로 광고지 등을 이용해서 참가 희망자를 광범위하게 모집)
 - 모어화자 6명 (남 1명, 여 5명, 대학생부터 40대까지)
 - 비모어화자 8명 (남 3명, 여 6명, 10대부터 30대까지)
 - 실습생 12명 (모어화자 9명, 비모어화자 3명)

C. 실러버스 : 후행(後行) 토픽 실러버스
 * 실습 전 참가자 결정을 위한 개별면접에서 참가 희망자로부터 관심사를 수집한다.

＊ 교실에서 취급하는 '내용'의 원형(原型)을 정해 두고, 상세한 것은 실습의 진행에 맞추어 구체화한다.

＊ 8일 간의 주제 배열은 일상적 · 일반적인 화제에서 개인적 · 내면적인 화제로 배열한다.

＊ 참가자가 개인적으로 관계성을 가질 수 있는 주제로 한정한다.

D. 활동의 특징

1) '대화적 문제제기 학습'(오카자키岡崎 1996)을 기반으로 한다.

2) 모어화자와 비모어화자간의 쌍방향 학습의 창출을 목표로 한다.

3) 일본어 교사의 역할을 쌍방향 학습을 촉진하는 촉매로 작용한다.

4) '나의 수업'이 아니라 '우리들 모두의 수업'으로서 team teaching을 한다.

5) 전체 활동이 아닌 그룹(또는 페어) 활동을 우선시한다.

6) 모어화자와 비모어화자 쌍방의 에너지를 활용하는 것을 중시한다.

7) 다른 것을 수용하는 태도 함양을 체험을 통하여 지향한다.

8) 동료의 언어를 동료로부터 배우는 시간을 매시간 설정한다. (복수언어에서 언어내공생의 실마리만들기를 지향한다)

이 실습을 담당한 실습생이 실습 직후에 쓴 리포트를 단서로 '공생 언어로서의 일본어'교육은 담당한 실습생과 참가자, 특히 비모어화자 참가자에게 어떻게 받아들여질지를 생각해 보고자 한다.

다음 코멘트에서 이 실습생은 실습개시 시점에서 '공생 언어로서의 일본어'교육을 일반적인 일본어를 가르치는 일본어교육과는 다르게 받아들임으로써 언어를 배우고 싶다는 비모어화자 참가자의 요구와 합치하지 않는 것을 걱정하고 있다. 그런데 실습 종료 후에 자신이 담당한 비모어화자 참가자의 인터뷰 결과와 감상을 정리해 보면, 예측과 반대로 이 참가자에게 언어 학습이 있었다는 사실에 놀라고 있다.

실습생의 코멘트

실습 첫날 이 수업에 참여한 동기를 각 참가자에게 물었을 때 많은 비모어화자 참가자로부터 '일본어를 잘하고 싶어서 참여했다'는 말을 들었다. 그렇지만 이 실습은 문법과 표현을 직접적으로 가르치는 일본어 교실이 아니기 때문에, 과연 비모어화자 참가자의 요구를 충족시킬 수 있을까하는 일말의 불안이 있었다. 그런데 마지막 날, 참가자에게 실습에 대한 인터뷰를 했을 때 참가자의 반응은 극히 긍정적이었다. 참가자 L 씨의 인터뷰 내용은 다음과 같다.

비모어 화자 참가자에 의한 실습 종료 직후의 감상

이 교실은 간단한 주제와 문법을 배우는 학습이라고 생각했다. 그러나 수업이 시작되고 보니 예상과는 달리 주제중심의 교실이었으며 더욱이 학습 수준이 높아 내용도 어려웠지만 내 자신은 대단히 만족한다.

실습 학급에 참가한 목적과 실습을 마친 후의 만족도

목 적	카테고리	만족도
일본어를 잘하고 싶다	언어의 통달	100%
많은 친구를 사귀고 싶다	교류	100%
일본의 생활 습관을 알고 싶다	문화를 알다	80%

실습 학급에 참여해서 알게 된 것

* 자신과 자신의 기분을 표현할 수가 있다.

* 타수업(이분이 따로 수강하는 일본어 교실)은 문법만이며, 일반 회화(모어화자가
  사용하는 자연스러운 표현)는 알 수 없지만 일본어 모어화자와 같은 교실에 참가
  함으로서 교과서와는 다른 일반적 표현과 새로운 언어를 학습할 수 있었다.

* 여느 교실과는 다른 '진짜 사회'를 체험할 수 있었다.

* 집에 돌아가 TV를 보면 전보다 많이 알아들을 수 있게 된 듯한 기분이 들었다.

* 일본인은 말수가 많지 않다고 생각했기 때문에 처음 만났을 때는 별로 말을 걸지
  않았다. 일본인과 일본어로 말할 때는 긴장해서 능숙하게 말하지 못하고 언제나
  자신이 없었지만, 이 교실에 와서 조금 자신이 붙었다. 이것은 이 수업에서 다른
  참가자들에 대해서 차차 알게 되었기 때문일 것이다. 또한 모두 친절하게 도와주
  었기 때문에 자신있게 말할 수 있게 되었다.

이상은 '공생 언어로서의 일본어'교실에 대한 한 사람의 실습생 교사와 한 사람의 비모어화자 참가자의 인식이다. 그 밖에도 다양한 인식들이 있을 수 있다. 이들을 서로 교환하고 축척해감으로써 '공생 언어로서의 일본어'교실의 가능성을 찾아냄과 동시에 교실에 대해 시사하는 바를 찾을 수가 있다.

3. 맺는 말

내용중시의 일본어교육은 '학문 목적의 일본어'를 비롯하여 학습자에게 좀 더 가까이 다가가고, 학습자의 학습목적을 달성하는 수단으로의 일본어학습이라는 학습자 중심의 일본어교육 보급에 크게 기여했다. 즉, 일반적인 '일본어'교육이 아니라 학습자의 요구

에 맞춘 '일본어', 예를 들어 학업목적을 가진 성인이라면 각각의 전문분야에서 배우는 내용과 직결된 일본어, 혹은 연소자의 경우에는 교과내용과 직결된 일본어교육이 추구되어 왔다. 그러나 일본어 이외의 다양한 언어·문화배경을 가진 지역주민의 증가를 하나의 계기로, 앞으로는 '내용'의 질적 전환이 요구될 것이다.

지역에서 외국인 정주자의 증가는 일본에만 국한된 것이 아니다. 국경을 초월한 민족이동은 지구규모로 일어나고 있고, 단일 언어·단일 문화를 핵으로 하는 근대 국민국가의 다언어·다문화 사회로의 변질은 역사의 흐름이라고 생각한다. 이러한 가운데 한편으로는 영어의 힘이 더욱 커짐과 동시에, 다른 한편으로는 민족(혹은 개인) 고유의 언어를 갖는 것의 중요성이 인식되어, 다양한 언어와 문화의 공생이 과제가 된다. 이러한 사회 움직임과 관련해 일본어교육을 생각할 필요가 있다.

본장에서는 일본어교육을 다언어·다문화 공생을 언어면에서 유지될 수 있도록 위치를 부여했다. 즉, 이 사회의 구성원 모두가 자신의 언어를 완벽하게 구사한 후 다른 모국어를 가진 사람들과의 교류가 가능해 질 수 있도록, 제2언어로서의 다양한 언어를 배우는 것을 인권이라고 파악했다. 따라서 '일본어교육'은 그러한 다언어 사회를 유지해 가는 기본석인 성격을 가신나. 그래서 모어화자가 내재화하는 일본어를 규범으로, 비모어화자가 사용하는 일본어를 일탈로서의 '지도'와 '교정'의 대상으로 삼는 것이 아니라, '공생 언어로서의 일본어'라는 하나의 언어 변종으로 규정했다. 게다가 (1) 일본어교육을 대상으로 하는 것은 본질적으로 '공생 언어로서의 일본어'인 점 (2)'공생 언어로서의 일본어'는 모어화자와 비모어화자 (혹은 비모어화자끼리) 간의 대화 속에서 환경적 요소로 창조되는 점 (3)대화를 통해서 쌍방이 함께 자신과 상대방의 사고의 틀을 깨닫거나 대화를 촉매로 자신의 느낌과 생각이 변용되거나, 혹은 자기 성장을 실감하는 것이 이 학습의 목표라는 점 따라서 (4)내용중시 일본어교육의 '내용'은 종래의 전문분야와 교과에서 (3)의 대화에서 획득된 '깨달음'과 '변용', '자기 성장의 실감'으로 전환할 필요성을 제기했다.

제2언어교육에 관심이 있는 우리들은 좋든 싫든 일본어 사회의 다언어화 · 다문화화가 야기한 문제의 최전선에 서게 된다. 다양한 언어 · 문화배경이 존중되는 사회의 창조에 기여하고 공생을 실현하는 방법을 자신이 종사하는 구체적인 '일본어교육 · 학습'의 장에서 추구하고자 한다.

참고문헌

「文化をどう教えるか―日本語教育と文化リテラシー」―（2001）日本
　　語教育学会　秋季大会予稿集 pp.21-38

「月間社会教育」編集部編（1993）『日本語で暮らす外国人の学習権』
　　国土社

井出祥子（2001）「文化の時代と言語・コミュニケーション研究」『社
　　会言語科学』第3巻 Vol.3　No.2　pp.1-3

清田淳子（2001）「教科としての「国語」と日本語教育を統合した内容
　　重視のアプローチの試み」『日本語教育』111号　日本語教育学
　　会　pp.76-85

鎌田修・山内博之編（1996）『日本語教育・異文化間コミュニケーショ
　　ン―教室・ホームステイ・地域を結ぶもの―』北海道国際交流セ
　　ンター

森　由紀（2001）「第三分科会：三重県の事例を巡って」第二回外国人
　　児童生徒教育フォーラム配布資料　東京学芸大学海子女教育セン
　　ター

西原鈴子（1992）「バイカルチュラリズムと日本語教育」『日本語学』
　　Vol.11　pp.107-113

中島和子（1998）『バイリンガル教育の方法』アルク

野山広（2001）「日本語の国際化と日本語教育」『人文学と情報処理』
　　Vol.33　p.74-81

岡崎眸（2001）「多言語・多文化社会を切り開く日本語教員養成―2000
　　年度日本語教育実習を振り返る　総括と展望―」『多言語・多文
　　化を社会を切り開く日本語教員養成』お茶の水女子大学日本語教

育コース　pp.118-132

_____他（2001）「帰国子女学級における加算的二言語併用の試み」
『研究紀要』第30集　お茶の水女子大学付属中学校　pp.63-104

_____（1994）「内容重視の日本語教育―大学の場合―」『東京外国
語大学論集』第49号　pp.227-244

岡崎敏雄（1997）「日本語・母語相互育成学習のねらい」『平成8年度
外国人児童生徒指導資料 母語による学習のための教材』茨城県教
育庁指導科

_____（1996）「第2章日本人と外国人が学ぶ日本語・日本語・日本
文化教育をめぐる考え方」『多言語・多文化の下で日本人と外国
人が学ぶ日本語・日本文化教育』筑波大学日本語・日本文化学類

_____（1995）「年少者言語教育研究の再構成―認知・言語面の再構
成―」『日本語教育』86号　pp.1-8

_____（1994）「コミュニティにおける言語的共生化の一環としての
日本語の国際化」『日本語学』vol.13, No.13　pp.60-73

_____・西川寿美（1993）「学習者のやりとりを通じた教師の成長」
『日本語学』Vol.12, No.3　pp.31-41

大平未央子（2001）「フォーリナートーク研究の現状と課題」『言語文
化研究』第27号　pp.335-354

斉藤ひろみ（1999）「教科と日本語の統合教育の可能性―内容重視のア
プローチを年少者日本語教育へどのように応用するか」『中国帰
国孤児定着促進センター紀要』第7号　pp.70-93

加納千恵子他（2001）「専門日本語教育の現状と将来の方向」日本語教
育学会　秋季大会予稿集　pp.231-242

Brinton, D., Snow, A., and Wesche, M (1989) Content Based Second
　　Language Instruction, Newbury House Publishers
Cummins, J. (1996) Negotiating Identities, California Association for
　　Bilingual Education

제5장

몰입 프로그램 입문:
상호작용능력 습득을 위한 코스 디자인

미야자키 사토시 (宮崎 里司)

1. 들어가는 말

몰입 프로그램은 어느 일정 기간, 목표 언어에 몰입하는 코스로 알려져 있으며, 일본어 교육의 새로운 장르의 하나로 이해되고 있다. 이 프로그램은 일본어교육을 크게 진전시키는 가능성을 갖고 있는 동시에 문법능력, 사회언어능력, 그리고 사회문화능력을 통합한 상호작용 능력을 습득하기 위해 구체적인 전략을 제공하고 있다. 그래서 몰입 프로그램은 지금까지 주로 연소자를 위해 이중언어 교육 프로그램 안에서 발달해 왔지만 최근, 일본어교육 연구자 사이에서 몰입에 대한 변화가 인식되어 그 응용에 대한 관심이 높아졌다. 본 논문에서는 이러한 흐름 속에서 성인과 대학생을 위한 일본어교육에 관심이 있는 독자에게 몰입 프로그램의 응용으로 연소자 이외의 학습자를 대상으로 한 프로그램에 초점을 두고 그 설계방법에 대해서 소개하고자 한다.

2. 몰입 프로그램의 역사 · 개관

몰입 프로그램의 역사는 1965년 캐나다의 프랑스어권으로 알려진 쾌백주 몬트리올 근교에 있는 세인트 램버트(St Lambert) 초등학교의 어머니회를 중심으로 시작되었다. 프랑스어로는 이중언어 교육으로 거슬러 올라간다. 현재 이러한 K12(연장하여 고교 3년생까지)에서 도입된 몰입 프로그램은 그 시작 연령에 따라 초등학교 1~3학년생을 대상으로 한 조기 몰입(early immersion: 7~9세 아동 대상), 4~5학년생을 대상으로 한 중기 몰입(middle immersion: 10~11세 아동 대상), 그리고 6학년생부터 중학교 1학년생 레벨 (12~13세 아동)을 대상으로 한 후기 몰입(late immersion)의 세 가지로 나눈다. 또한 목표언어의 사용률에 따라 80% 이상을 목표언어로 하고, 일부는 학습자의 모국어를 사용하는 부분 몰입 교육 (partial immersion)과 100% 목표언어로 가르치는 전체 몰입 교육 (total immersion)이라고 하는 분류방법이 있다.

일본어교육에서도 K12를 대상으로 한 몰입 프로그램이 해외에서 도입되어 실적을 올리고 있다. 예를 들면 미국의 초등학교에서 일본어 몰입 프로그램을 도입하고 있는 것은 일본의 요코다(橫田)와 가데나(嘉手納)기지에서의 프로그램을 포함하여 21개의 교육기관에서 실시하고 있다는 조사결과가 있다(나카지中島 1998). 또 호주의 각 주에서 실행되고 있는 공용어(영어)이외의 언어를 대상으로 한 외국어 교육인 LOTE(Language Other Than English)교육의 일부로 디자인 되어있는 몰입 프로그램은 의무교육과정에 단계적으로 도입되어 있다. 예를 들어, 멜버른에 있는 헌팅델 초등학교와 시드니의 International Grammar School에서는 일본어 몰입 프로그램을 실시하고 있다. 참고로 헌팅델 초등학교의 일본어 이중언어 프로그램의 커리큘럼을 소개하겠다.

실습생의 코멘트

	월	화	수	목	금
9:00am	조례	라디오 체조 체육 3/4학년 음악 5/6학년	체육 2/3학년	라디오 체조 그림공작 2/3 학년 LOTE 5/6학년	라디오 체조
10:00am	LOTE 3/4학년	그림공작 3/4학년		LOTE 2/3학년	
11:00~ 11:30am	쉬는 시간				
11:30am	체육 · 음악 미취학아동	그림공작 미취 학아동	LOTE 미취학아동	SOSE 미취학아동 LOTE 5/6학년	체육 미취학아동
12:30~ 1:30am	점심				
1:30pm	LOTE 산수 미취학아동	그림공작 미취학아동 LOTE 3/4학년 SOSE 3/4학년	산수 미취학아동 LOTE 2/3학년	SOSE 미취학아동 음악 5/6학년	LOTE 미취학 아동 LOTE 3/4학년
2:30pm	LOTE 산수 미 취학아동	PMP 미취학아동 LOTE 3/4	산수 5/6	PMP 미취학아동 SOSE 미취학아동 음악 2/3학년 음악 3/4학년	산수 2/3학년

음악(Music), 체육(Physical Education : PE), 사회(Studies of society and Environment : SOSE), 이과(Science), 그림공작(Art), 영어 이외 언어로서의 일본어(Language Other Than English : LOTE), 지각 · 운동발달 프로그램(Perceptual Motor Program : PMP)

이 학교에서는 조기 몰입교육으로 미취학아동에서 일본어 이중언어 학급이 주 7.5시간 도입되어 있고, 다음 학급은 영어로 통상수업이 이루어지는 부분 몰입 교육(partial immersion)이라고 할 수 있다. 이런 프로그램은 일반 연소자를 위한 일본어 프로그램과 같으며 다문화·다언어사회에서 주목되기 시작했다. 단 본고에서는 주로 성인을 위한 몰입 프로그램 디자인에 대해 소개하고, 연소자의 몰입 프로그램에 대해서는 별도의 기회에 상세하게 소개하고자 한다.

3. 몰입 프로그램의 코스 디자인

여기서는 대학 수준의 학습자나 성인을 대상으로 몰입 프로그램을 어떻게 설계해야 하는지에 대해 기능, 내용, 준비, 참가자, 조정행동, 프레임 그리고 학습 전략이라는 대표적인 항목에 주목하면서 생각해 보기로 한다.

프로그램의 기능

몰입 프로그램을 설계하는 코디네이터는 학습자에 대해 단순한 이해와 연습을 중심으로 한 어학 교육이 아니라 일본의 사회문화에 관한 정보처리를 실제의 상호작용 장면에서 어떻게 이루어지는지에 관련된 활동이라고 인식해야 한다. 그러기 위해서는 학습자가 접촉장면에서 어떤 상호작용 문제(문법, 의사소통 및 사회문화)

를 갖는가 하는 '문제탐구 및 처리 디자인'(네우스토프니 1991)을 염두에 둔 코스 디자인을 설계할 필요가 있다. 구체적으로는 일본인과의 상호작용 장면에서 어떤 문제가 일어나고, 문제가 생겼을 경우에는 어떻게 처리해야 하는지에 관한 구체적인 전략을 배우는 과정을 제공한다. 또 그 과정에서 하는 활동은 목표언어인 일본어로만 정보를 처리하는 것이 좋지만, 한편으로는 일본어를 배운다는 의식을 될 수 있는 한 저하시키는 활동이 되도록 연구하는 것이 좋다.

내용

내용이란 프로그램에서 다루는 주제를 말한다. 주제 선정에 있어서는 어느 사회문화정보를 가지고 있지 않다면, 접촉장면에서 문제가 일어날 가능성이 높은 것을 선택하여 그 문제처리 과정에서 일본인과의 상호작용이 불가결한 주제를 선택해야 한다. 여기서 내용에 대해 유의해야 할 사항을 덧붙이자면 몰입 프로그램은 프로젝트 워크의 별칭이 아닌가하는 의심을 갖는 일본어교육 관계자가 있다. 확실히 어느 활동에는 유사성을 볼 수 있지만 크게 다른 점은 일본어 원어민 화자와의 상호작용을 강하게 의식하고 있는 것이다. 그 점에서 프로젝트 워크의 실러버스에는 코디네이터로부터 강한 메시지가 전달되지 않는 경우가 있다. 반대로 말하면 몰입 프로그램은 접촉장면에서 원어민 화자와의 상호작용을 충분히 고려한 디자인을 해야만 한다.

내용에 대해서 조금 더 덧붙이자면, 학습자에게 주제에 대해 알고 싶다는 강한 동기를 부여함과 동시에 주제 자체의 화제성도 중요하다. 선정된 주제의 정보처리를 할 경우 학생 자신이 혼자서 디자인하기 어렵기 때문에 자율적인 관리가 어려운 활동을 넣으면 좋다. 예를 들면, 초청강연자의 강연을 듣거나 일본인 가정에서의 인터뷰 조사 등은 코디네이터가 충분히 조정하지 않으면 실현되지 않는 활동이다.

세팅(setting)

장면으로는 교실장면에서 강의, 연습 등을 하기 위한 강연 이외에 교실 밖의 접촉장면에서 상호작용할 수 있는 기회도 많이 도입하도록 한다. 더욱이 교실장면에서도 일방적으로 강의를 듣는 전통적인 교실장면이 아닌, 교사와 학생과의 상호작용이 가능한 장면을 디자인하는 것이 좋다.

참가자

몰입 프로그램 중에서 원어민 화자와의 상호작용을 얼마만큼 기대할 수 있는가는 프로그램 자체의 성공 여부와 관련된다. 특히 해외의 경우 이것이 원어민 화자와 상호작용할 수 있는 유일한 기회인 경우도 있다. 그렇기 때문에 일본어 교사가 얼마나 일본인 네트워크 정보에 밝은가가 프로그램에 크게 영향을 끼친다. 단 일본인의 코디네이터에 의한 사회로 어느 주제에 대해 토론을 할 경우, 일본어로 화제를 제공할 수 있는 고급 학습자가 있다면 적극적으로 참가시켜도 관계없으며 오히려 자연스러운 접촉장면이 구성된다.

조정행동

언어습득은 언어 관리과정의 한 형태로 그 과정에서 일어나는 문제를 어떻게 조정하는지가 큰 문제가 된다. 문제처리 활동으로서 이해, 연습, 실제사용이라는 기본적인 조정행동을 들 수 있다(네우스토프니 1995). 이해 (또는 해석) 활동은 문제를 인식하고 그 대응을 설계하는 과정이고, 연습활동에서는 실제사용 장면을 상정하여 그러한 장면에서의 상호작용 행동을 연습하는 것이다. 더욱이 평가도 설계를 하는데 있어서 중요한 의미를 갖는다. 상호작용 능력의 습득을 목표로 한 프로그램 평가 때문에 좁은 의미의 언어(문법)능력만을 평가하는 것은 적절하지 않다. 몰입 프로그램에서 생각할 수 있는 평가는 3종류의 조정행동 활동 과정에서 정보를 어떻게 처리했는가라는 양(정보를 어느 정도 처리할 수 있는가)과 질(수집의 과정에서 일어난 문제를 어떻게 처리했는가)의 면을 생각할 수 있다. 현 시점에서는 구체적인 항목이 디자인되어 있지 않지만 앞으로는 더욱 검토를 필요로 하는 과제이다.

조직(frame)

조직은 앞에서 서술한 조정행동 배치에 대해 어떻게 구성할 것인가하는 형태의 문제를 고찰한다. 3가지 활동의 연속된 조정이 효과적인 정보처리로 연결되어 있고, 실제사용의 활동만으로는 효과적이지 않기 때문에 연쇄적인 활동의 디자인이 요구된다. 예를 들면 원어민 화자를 수업에 초대하여 일본어로 정보를 처리하는 실제 사용장면을 설계한 경우(예를 들면 방문자와 함께 하는 활동 등과 같은), 그 장면에서 어떻게 상호작용 문제가 일어나는지에 대해 인식하는 이해 활동, 방문자에게 사용하는 경어표현 연습 활동, 그리고 연습이 아닌 실제 상황에서 실제로 사용하는 활동 등을 생각할 수 있다. 몰입 프로그램의 활동을 생각하는 경우, 실제 사용장면만을 디자인해야 하지만 이해와 연습 활동도 중요한 조정행동이다.

학습 전략(strategy)

몰입 프로그램에서 코디네이터가 학습전략 습득을 고려하지 않은 과정을 디자인한다면 학습자 자신이 상호작용 능력을 어떻게 습득해야 하는지에 대한 관점이 약해진다. 학습전략은 학습자의 자율학습에 있어서 불가결한 키워드이다. 특히 습득과정에서 일어난 문제를 원어민 화자와 다른 학습자와의 상호작용에 따라 조정하고, 습득에 필요한 정보기억(input)에 크게 영향을 미치는 사회적 전략은 우선순위로 습득해야만 한다. 반면 몇 개의 보상전략은 습득 대상 항목을 파악할 때에는 약간 의심스런 점이 있으므로 유의할 필요가 있다.

코디네이터의 역할

몰입 프로그램은 다른 프로그램과 마찬가지로 코디네이터의 역할이 결코 적지 않다. 실러버스 작성, 교원 배치, 프로그램 참가자의 조정, 평가항목 선정, 교재 준비, 코스 평가의 정리 등 관리할 내용이 상당히 많다. 그러나 코디네이터로서의 역할을 가장 기대할 수 있는 것은 몰입 프로그램의 콘셉트에 따른 코스 디자인에 대해 충분한 이해와 실천력이다. 그러면 구체적으로 몰입 프로그램은 어떻게 디자인되는 것일까. 아래에서 해외 및 국내에서 필자가 직접 설계한 3종류의 프로그램을 소개하겠다. 소개되는 순서에 따라서 우선순위가 설정되어 있는 것은 아니다. 필자가 몰입 프로그램에 참여한 역사적인 경위를 반영했을 뿐이다. 일본어교육을 학습 환경에서 분류했을 때, 제2언어로서의 일본어교육(Teaching Japanese as a Second Language : TJSL)과 외국어로서의 일본어교육(Teaching Japanese as a Foreign Language : TJFL) 2가지로 분류한다. 전자는 주로 일본에서 행하는 일본어교육을 가리키고 후자는 물론 해외에서의 교육을 의미한다. 여기서는 호주와 미국에서 도입한 TJFL형 몰입 프로그램과 일본에서의 TJSL형 몰입 프로그램을 소개하고자 한다.

4. 해외 일본어 몰입 프로그램

해외에서 디자인된 일본어 몰입 프로그램을 소개하자면, 일반적으로 몰입 프로그램은 제2언어로서 목표언어를 학습하지 않는 나라나 지역에서 도입되는 경우가 많다. 일본어교육의 경우 TJFL로서 일본어를 배우는 학습자가 그 대상이 된다. 필자는 해외에서 처음으로 몰입 프로그램을 접했기 때문에 매우 자연스럽게 소개하고 있지만, 본 논문은 해외에서 일본어교육에 종사하고 있거나 또는 앞으로 종사할 분들이 우선적으로 읽어주었으면 하는 메시지도 담고 있다.

(1) 모내시(Monash)대학교 일본연구과의 코스디자인

대학 수준에서 처음으로 일본어 몰입 프로그램을 디자인한 것은 모내시대학교의 일본연구과이다. 일본연구과에서 지금까지 재적했던 여러 연구자에 의해 상호작용을 위한 일본어교육 연구가 소개되었다. 몰입 프로그램도 그 하나이다. 몰입은 1983년부터 준비에 들어가 실제로는 94년부터 중급 전반(레벨 B)과 후반(레벨 C)에 도입되었다. 이 프로그램을 디자인하는 준비단계에서는 일본연구과의 거의 모든 스탭이 관련되었지만, 80년대에는 오자키 아키토(尾崎明人), 90년대에 들어 필자와 남바 코지(難波康治)가 중심이 되어 코디네이터가 되었다. 여기에서 구체적으로 1991년 후기 레벨 B로 2주간(총 10시간)의 코스 중에 도입된 '일본인의 식생활'이라는 프로그램을 소개하겠다. 멜버른에는 일본식 레스토랑이 많아 일본어 학습자도 일본인의 식생활에 대해 구체적인 이미지를 갖고 있다. 또한 지역에 사는 일본인과 상호작용을 할 경우, 이러한 주제는 화제에 오르기 쉽고, 수기 메뉴판을 읽는 것으로 요리에 관한 정보나 문어체의 변화도 습득가능하다고 여겨졌다. 표2는 학생에게 배포한 커리큘럼의 스케줄이다.

＊표2

1991년 모내시대학 일본연구과 레벨B 일본어 몰입 프로그램
Japanese Diet and Cuisine(일본인 식생활)

Week 1	내용
TUTORIAL 4 April 22,23	일본요리의 기초 Introduction to Japanese Cuisine 「쌀과 일본인」의 준비 Preparation for Week 2 Lecture
TUTORIAL 4 April 22,23	일본인과 외식 1 The Japanese and eating out 1 「생활 속의 외식」 Eating out as a part of daily life
TUTORIAL 4 April 22,23	일본인과 가정요리 1 Japanese home cooking 1 「가정요리입문」 Common Japanese home cooking
Week 2	**내용**
TUTORIAL 4 April 29,30	방문 준비 1 Preparation for Visitor Session 1

TUTORIAL 4 ~~April 29~~	「쌀과 일본인」 Rice and the Japanese 강사 : 伊藤修 Guest Speaker : Mr. Osamu Itoo Sushi chef
TUTORIAL 1 April 29,30	일본인과 외식 2 The Japanese and eating out 2 「일본요리점에서 먹기」 Eating at Japanese restaurants
TUTORIAL 2 April 29,30	일본인과 가정요리 2 Japanese home cooking 2 「일본요리와 가정요리」 Japanese cuisine and home cooking
TUTORIAL 3 May 1,2	방문 준비 2 Preparation for Visitor Session 2
TUTORIAL 3 May 6,7	방문

Extra Sushi party Mon. May 6, 1:00pm 413, $5
Japanese Sushi Night WHEN: Mon. 6 May, 6:30pm-10:00pm
PLACE: Sports & Recreation Centre Common Room
WHAT'S INCLUDED: All the sushi you can eat., made before your very eyes
by a Professional sushi chef. Drinks free.
COST: $10 tickets on sale Tue 23 April lunchtimes, 4th Floor

모내시의 몰입 프로그램에 대해서는 오자키&네우스토프니(尾崎·Neustupn'y 1986), 미야자키(宮崎 1992), 네우스토프니(1995)를 참조하기 바란다.

(2) 1998년도 와세다 · 오리건 프로그램(Oregon portion)에서의 코스 디자인

다음에 소개하는 것은 1998년도에 미국 오리건 주 포틀랜드에서 실시된 와세다 · 오리건 여름학기 일본어 프로그램에 설계된 몰입 프로그램이다. 이 몰입 프로그램에서는 현지 일본인 사회를 이해하고 그곳에서 생활하는 일본인과의 상호작용을 통해서 그 지역에 사는 일본인과 접촉장면에서 자주 화제가 되었던 '오리건에서의 일본인 사회 (Japanese Society in Oregon)' 라는 주제에 관한 정보처리를 했다(미야자키宮崎 1999). 이런 주제에 대해 정보를 갖고 있지 않으면 현지에서의 일본인과 상호작용 장면에서 야기되는 문제를 잘 처리할 수 없는 우려가 있다(미야자키宮崎 2000). 가령 일본인이 어떠한 목적(영주자, 주재원, 유학생, 관광객 등)으로 체류하고 어떤 단체(회사, 학교, 일본인회 등)에 소속되어 있으며, 어떤 경로로 현지 사람들과 접촉하고 있는지, 또 학습자가 사는 지역에는 어떤 일본인이 거주하고 있고 네트워크를 형성하고 있는지, 일본기업에는 어떠한 진출경향(상사, 금융, 제조회사, 유통 등)이 있는지 등의 정보가 부족할 경우 그 지역에 사는 일본인과 상호작용 장면에서 문제가 일어나고, 또 네트워크의 형성에도 지장을 초래할 가능성이 있다. 결과적으로 이러한 문제는 교실 외 장면에서의 자율학습 기회가 제한된다. 오리건주는 몰입 프로그램을 도입하기에 여러 조건을 갖춘 지역이다. 통계에 따르면 1996년 10월 현재 오리건 주에 살고 있는 일본인 수는 5000명이 넘고, 포틀랜드 일본인 상공회에 가맹되어 있는 일본계 기업은 회원과 찬조회원사를 포함하면 100개의 회사에 가깝고, 또 진출한 일본계 기업은 전체 약 180개 회사에 달하는 지역이다. 일본인 사회의 정보와 프로그램에 참가할 일본인 리

스트, 포틀랜드에서 입수할 수 있는 일본어 자료 수집을 오리건 측 관련부서에 의뢰하여 수집했다. 해외에서 몰입 프로그램을 디자인 하기 위해서는 학습자 주변의 일본사회와 문화를 이해하고 학습환 경과 지역특성을 살린 프로그램을 만들 필요가 있다(톰슨 기노시타トムソン木下 1997). 일본어 여름방학 프로그램으로서 미들버리의 일본 어 프로그램(Mlddlebury Summer Language Program)이 알려져 있 지만,지역 주재의 일본인과의 상호작용을 중심적인 활동으로 한 와 세다의 프로그램과는 다른 몰입 프로그램이다.

여기서는 아래에 열거한 7개의 실제사용 활동을 디자인했다. 물 론 이런 활동은 사전조정으로 충분한 이해 · 연습 활동을 설계한 것 은 두말할 나위도 없다.

❶ Guest speaker session 1

재 포틀랜드 일본국 총영사관의 부영사에게서 오리건의 일본인 사회에 대한 강의를 듣는다.

❷ Guest speaker session 2

「포틀랜드의 초등학교의 일본어 몰입 프로그램」

시내 공립초등학교인 리치몬드 초등학교의 이중 언어 프로그램 일본어 담당교사에 의한 일본어 몰입 프로그램의 소개

❸ Guest speaker section 3

「오리건 일본 미국 협회 활동」

지역 주재일본인 활동의 실천예로 오리건 일본 미국 협회(JASO)의 일본인 회원에 의한 협회 활동과 일본어 문식성을 위한 봉사 활동에 대해 설명을 듣는다.

❹ 일본인 인터뷰

프로그램에서 학습한 내용을 확인하기 위해 지역 일본인 집을 방문하여 일본인의 생활에 대해 인터뷰 형식으로 정보수집을 한다.

❺ 일본 식료품점 방문

현지 일본인이 어떤 식생활을 하고 있는지를 알기 위해 현장조사로써 아시아 식품재료전문점에 가서 그곳에서 일하는 종업원에게 일본어로 설명을 듣는다.

❻ 미국에 있는 일본계 기업방문

해외에 있는 일본계 기업 활동을 알아보기 위해 현지 일본계 기업을 방문하여 일본인 스태프(매니저, 지점장)에게서 설명을 듣고, 아메리카 스태프에게서도 비즈니스 일본어에 대한 의견과 조언 등을 듣는다.

❼ 재 포틀랜드 총영사관 총영사의 초대로 현지에 살고 있는 일본인과의 친목회에 참가해서 지역의 일본인 사회와 네트워크에 대한 정보를 수집한다. 또한 이상의 몇 가지 활농은 1992년노의 프로그램에서도 이미 도입되었다(가와구치川口 1993).

5. 국내의 일본어 몰입 프로그램

일본어 몰입 프로그램은 해외에서의 일본어교육에만 적용되는 개념이 아니라, 일본에서도 충분히 이용할 수 있는 장르이다. 여기서는 앞에서 언급한 1998년 와세다 · 오리건 프로그램을 실시한 다음 해에 일본에서 실시한 동일한 프로그램인 와세다 여름학기 일본어 프로그램에 도입된 주말 몰입 프로그램(Weekend immersion program)을 소개하겠다. 주말 몰입 프로그램이라는 개념은 연소자 이중언어교육 안에서도 다루고 있지만, 현지 학교에 다니는 자제가 주말에 보습학교(또는 토요학교)에서 일본어로 교과학습을 받는 것을 가리키는 경우가 많다(나카지마中島 1998). 여기에서는 프로그램 기간 중에 어느 주말을 이용한 체류형 지방체험 프로그램의 디자인을 소개하겠다. 이 프로그램은 시즈오카현(静岡縣) 가케가와시(掛川市)의 현장조사로 도입되어 동경에서는 디자인하기 어려운 지방에서의 일상생활영역과 가정영역에서 언어 행동에 대한 지식을 얻을 기회를 부여하기 위하여 고안되었다(미야자키宮崎 · 사이죠西條 · 나카야마中山 2000). 코디네이터를 비롯하여 관계자에 의한 사전준비로서 가케가와(掛川)시청 및 각 방문처와 협의를 하고, 시청직원 봉사 단체에 협력을 의뢰하였다. 홈스테이, 가케가와 시청, 가케가와 제일초등학교, 야마하 피아노 조립공장, 전통공예인 구주후 직물(葛布織元), 가케가와성, 차밭 방문, 송별회와 같은 실제사용 활동이 계획되었다. 그리고 가케가와 제일초등학교에서는 '오리건 대학생 학교 방문'이라는 커리큘럼이 짜여져, 가정과, 음악, 컴퓨터, 서예 등의 수업에 참가해서 게임이나 노래, 댄스 등을 배우는 교류학습이 계획되었다. 이러한 활동의 사전조정이 되는 이해 · 연습 활동으로써 접촉장면에서 예상되는 상호작용에 대해 '문제 탐구'와 '처리의 디자인'에 대해 의식화를 꾀하는 활동으로서 학습자에게 예상되는 상호작용 문제를 나열시키고, 자기 모니터(메타인지전략) 활동을 통해 교실에서 발표하게 했다. 그 결과 가케가와시에 대한 사회문화정보(특히 각 방문지에 관한 정보)의 처리와 호스트훼밀리와의 상호작용(경어 사용, 회화, 주제) 등에 문제가 있는 학생이 많았기 때문에 문제처리를 어떻게 설계하는지에 대해서도 고려하게 하였다. 이런 문제의식을 학습자가 강하게 느끼지 않으면 교사에 의해 준비된 사전준비 활동도 효과적이지 못할 가능성이 있다. 또한 가케가와시를 소개하는 비디오 시청, 각 방문처의 팜플렛 독해, 초등학교에서 사용하는 교과서 복사, 인터넷을 이용한 정보수집 등을 실시했다. 일본어 수준이 중급 · 중상급 레벨에 대해서는 현지에서 실시하는 조사내용에 대해 리스트를 만들어 인터뷰 시트를 작성하게 했다. 또한 초청 강연자로서 도몽카이(稻門会:와세다 대학 OB회)의 엔슈(遠州)지구(가케가와掛川, 하마마쓰浜松 지방) 회장인 와세다대학 교원을 수업에 초정하여 엔슈에 대한 성보 세공을 의뢰했다.

6. 맺는 말

이상으로 몰입 프로그램에 대한 개관에서 디자인 방법, 그리고 해외 및 국내에서 설계된 몰입 프로그램에 대해서 구체적으로 소개하였다. 몰입 프로그램은 상호작용 능력 습득에 관심이 있는 일부 일본어 교사와 일본어교육 연구자의 전유물이 아니다. 상호작용을 위한 일본어교육이 현재보다 더욱 널리 실시된다면 몰입 프로그램은 통상적인 코스 안에서도 활용되게 될 것이다.

참고문헌

川口義一（1993）「海外キャンパスにおけるプロジェクトワーク：その
　　可能性と問題点」『講座日本語教育』第28分冊　pp.1-19　早稲田
　　大学日本語研究教育センター

宮崎里司（1992）「日本語教育におけるイマーションプログラム2：中
　　級レベルのデザイン」『月刊日本語』　pp.89-96　アルク

宮崎里司（1999）「インターアクション能力の習得を目指したイマーシ
　　ョンプログラム：98年度早稲田・オレゴンプログラムでの試み」
　　『講座 日本語教育』第34分冊　pp.197-211　早稲田大学日本語
　　研究教育センター

宮崎里司（2000）「もうひとつの日本事情：海外でのインターアクショ
　　ンのための日本語教育」『21世紀の日本事情』2号　pp.42-51

宮崎里司・西條美紀・中山由佳（2000）「インターアクションと日本語イマージョンプログラム：99年度早稲田・オレゴン夏季日本語プログラム」『紀要』　pp.113-128　早稲田大学日本語研究教育センター

中島和子（1998）『バイリンガル教育の方法』　アルク

ネウストプニー、J.V.（1995）『新しい日本語教育のために』（とくに第4章「イマーションプログラムについて」）大修館書店

尾崎明人、ネウストプニー、J.V.（1986）「インターアクションのための日本語教育：イマーションプログラムの試み」『日本語教育』59号　pp.126-143　日本語教育学会

トムソン木下千尋（1997）「海外の日本語教育におけるリソースの活用」『世界の日本語教育』7　pp.17-29　国際交流基金日本語国際センター

제6장

연소자를 위한 일본어교육

가와카미 이쿠오 (川上 郁雄)

1. '연소자'와 일본어교육

여기서 '연소자'란 초 · 중등학교에서 교육을 받는 아동 학습자를 일컬으며 '연소자를 대상으로 하는 일본어교육'은 어른이나 대학생을 대상으로 하는 '일본어교육'과는 크게 다르다. 그 이유는 일본어 학습자인 아동 학습자의 언어 발달과 인격이 형성되는 시기에 있기 때문이다.

최근 일본에서는 '일본어교육이 필요한 외국인 아동 학습자' 수가 증가함에 따라 일본어교육 영역에서도 이 테마에 대해 높은 관심을 갖고 있으나 '연소자'에 대한 일본어교육 그 자체가 일본의 근래 현상이라고 할 수는 없다. 제2차 세계대전 이전의 일본 식민지 시대의 초 · 중등 교육에서 이루어진 '국어 교육'이 바로 그 원조이다. 이 '국어 교육'의 역사성과 권력성, 폭력성을 검증하는 것도 중요한 테마일 것이다.

한편, 현재 해외 일본어 학습자 수는 약 210만 명으로 이 중에 초 · 중등 교육 학습자가 약 70%를 차지하고 있다는 것도 주목해야 한다.[1] 각국의 교육정책 중에서 일본어가 외국어교육 영역에서 활발하게 이루어지고 있는 상황은 앞으로 일본어교육이 확대되어 간다는 의미에서도 중요하다. 이와 같이 '연소자를 위한 일본어교육'은 지금까지 그리고 앞으로도 일본어교육에서 중요한 위치를 차지

---

1) 국제교류기금 「해외의 일본어 교육 현황 - 일본어 교육 기관 조사 1998년」 (http://www.jpf.go.jo/j/urawa/)에 따름.

할 것으로 생각된다.

본 장에서는 '연소자를 위한 일본어교육'이라는 테마를 '언어와 문화를 잇다'라는 이 책의 시점에서 논의해 보고자 한다. 서론에서 (1)일본 국내의 '일본어교육이 필요한 외국인 아동 학습자'를 위한 일본어교육, 다음으로 (2)해외의 초·중등 교육 수준의 일본어교육에 초점을 맞춘다. 일반적으로 전자는 제2언어교육으로서의 일본어교육이며, 후자는 외국어교육으로서의 일본어교육으로 따로 논의되는 경향이 있지만 여기서는 두 가지를 관통하는 테마로 아이들에게 언어란 무엇인가, 언어를 배운다는 것은 어떤 것인가, 언어를 배우는 교육은 무엇을 목표로 하는 교육인가에 대한 문제에 대해 논하고자 한다.

2. '일본어 교육을 필요로 하는 외국인 아동 학습자'를 위한 일본 어교육의 과제

먼저 일본에서의 '일본어교육이 필요한 외국인 아동 학습자'를 위한 일본어교육은 일본어를 가르치는 것뿐만 아니라 적응 지도, 모어 유지, 언어생활, 교과지도, 커리큘럼, 친구 사귀기, 학교 문화, 지원 네트워크, 교육행정, 진학 문제 등 여러 가지 관련 분야 및 요소가 포함되어 아동 학습자가 사회에 진출할 때까지의 인간교육이라는 측면도 있다.

최근 '일본어교육이 필요한 외국인 아동 학습자'의 일본어교육은

'캄보디아 난민'과 '중국 귀국자' 자녀가 일본 공립학교로 다수 입학한 1980년대부터 일본계 자녀가 증가한 1990년대로 이들 아동 학습자의 모어가 65개 언어에 달할 정도로 다양해진 지금까지 교육과제, 연구 테마도 서서히 변화되어 왔다. 간단히 말하자면 일본어를 모르고 입학한 아동 학습자의 초기 지도, 적응지도 방법, 교재와 커리큘럼 개발, 외국인 아동 학습자를 위한 일본어 지도의 이념화와 체계화, 일본어 습득 과정의 실증적 조사와 지도 방법, 평가 문제뿐만 아니라 교과 학습을 어떻게 보조할 것인가, 그러기 위해 일본어 지도와 교과 지도를 어떻게 통합할 것인가하는 방향으로 발전해 왔다고 할 수 있다. 물론 이 모든 문제가 해결된 것이 아니고 과제도 여전히 많이 남아있다.

(1) 학습언어능력을 어떻게 육성할 것인가

가장 주목받고 있는 테마는 '일본어 지도와 교과 지도를 어떻게 통합할 것인가'이다. 왜냐하면 학교현장에서는 "일상회화는 가능하지만 교과내용을 이해할 수 없다"고 하는 외국인 아동 학습자가 가끔 있어서 이러한 아이들을 지도하기 위해 노력하는 교사와 자원봉사자들이 많아지고 있기 때문이다. 이 문제는 생활언어능력(Basic Interpersonal Communicative Skills : BICS)과 학습언어능력(Cognitive/Academic Language Proficiency : CALP)을 어떻게 육성할 것인가하는 테마로 연결된다. 전자가 1~2년에 습득되는 것에 비해 후자는 5~7년 걸리는 것을 볼 수 있는데 이것은 습득 시간이 긴 학습언어능력 육성으로 초점이 옮겨졌기 때문이다. 구체적으로 말하면 일본어 지도가 필요한 외국인 아동 학습자에 대해 초기에는 '선별 지도' 방법으로 일본어를 가르쳤으나 교실에서 이루어지고 있는 교과내용에 대한 이해가 부족하고, 테스트를 해도 결과가 충분하지 않았다는 사례이다. 이렇게 되면 '선별 지도' 방법으로 초기에 일본어를 지도하는 것이 정말로 효과적인지에 대한 의문이 생기게 된다.

그래서 생각해낸 것이 교과내용을 가르치면서 일본어를 습득하도록 하는 접근법이다. 교과내용의 '문맥'으로 언어를 도입하고, 그 언어를 사용함으로써 새로운 개념과 사고방식을 학습자가 익히고 교사와 아이, 또는 아이들끼리의 상호작용 안에서 그 언어의 의미와 교과학습의 내용을 이해해 간다는 접근법이다. 이러한 접근법은 일반적으로 '내용중시 접근법에 의한 일본어교육'이라고 하는데(예를 들면 오카자키岡崎 1994), 연소자의 경우 이케가미(池上)와 사이토(斉藤)가 중국 귀국자 정착촉진센터에서 했던 일련의 실천에서 그 사례를 볼 수 있다(이케가미池上 1998a, 사이토斉藤 1998,1999).

한편, 여기에서 논의를 진행함에 있어서 확인해 두고 싶은 것이 있다. 그것은 어째서 '내용중시'인가, '무엇이 내용인가'하는 것이다. 오카자키(岡崎)는 이 접근법이 '교사 중심에서 학습자 중심으로 어학교육을 전환'시키는 가운데 생겨난 새로운 교수법으로 '학습자의 일상적인 생활과 관련이 있고, 또한 흥미와 관심을 가질 수 있는 학습내용'을 우선시하며, 언어는 그 내용을 이해하기 위한 수단으로 설정하는 접근법이라고 기술하고 있다(이상, 요약. 오카자키岡崎 1994: 231). 즉 학습자의 언어습득에는 학습자가 흥미와 관심이 있는 '내용'을 학습할 때에 '언어'를 의욕적으로 학습하고 동시에 언어를 이해해 간다는 것이다. 이것은 언어가 학습이라는 '문맥' 속에서 의미를 갖게 되고(개념화), 기억되고 습득된다(정착화)는 것을 의미한다. 따라서 여기서 말하는 '내용'은 단순히 '습득해야 하는 일본어'가 아니라 '학습자가 배우고 싶어하는 것'이다. 이렇게 '내용중시 접근법'은 교육의 근간과 관련된 테마라는 의미에서도 중요한 교수법이라고 할 수 있다.

(2) '내용중시 접근법'에 의한 일본어와 교과 통합학습이란?

'내용중시 접근법'에 의한 일본어와 교과 통합학습에 대해 생각하는 경우, 우선 일본어 운용능력이 부족한 아동 학습자가 교과내용을 학습할 때 어떤 문제에 부딪치는가, 또한 교과내용을 학습하기 위해서는 어떤 언어능력이 필요한가에 대해 생각해 볼 필요가 있다.

오카자키(岡崎 1995)는 이 분제에 대해 J . Cummins의 이론을 소개하면서 인지능력의 필요성이 높은지 낮은지(세로축)와 문맥의 의존도가 높은지 낮은지(가로축)에 따라 구분되는 4상한 모델로 설명하고 있다. 즉, 이 모델을 사용하여 일반적으로 일본어 운용능력이 부족한 학습자는 학습내용이 문맥 의존도가 낮고 동시에 높은 인지 능력이 요구되는 경우, 교과내용에 대한 학습이 어려워진다고 설명할 수 있다.

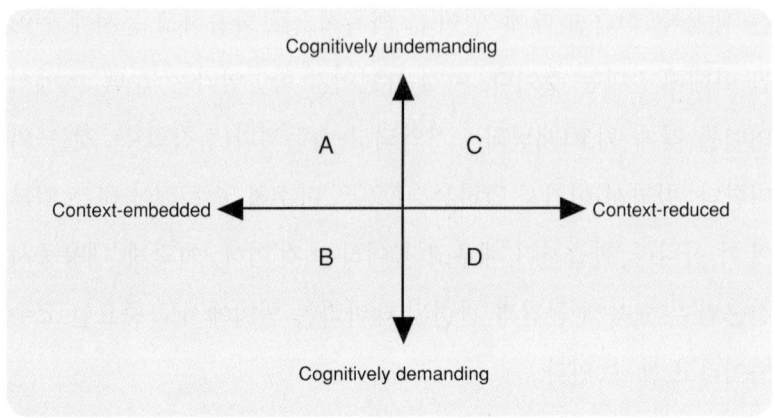

Cummins, J. & M.Swain (1986)

그림 1 Range of contextual support and degree of cognitive involvement in communicative activities

이러한 J .Cummins의 이론을 바탕으로 사이토(斉藤 2001)는 구체적인 사물을 사용하면서 눈에 보이는 형태로 이해하는 학습(문맥 의존도가 높고 인지능력의 필요성이 낮은 A 상한 학습)에서 구체적인 사물을 사용하면서도 보다 높은 인지적 이해를 진행하는 학습(문맥 의존도는 높지만 인지능력의 필요성이 높은 B 상한 학습)으로, 혹은 구체적인 사물을 사용하지 않고 되풀이 하면서 어떤 학습 내용을 정착시키려는 학습(문맥 의존도가 낮고 인지능력의 필요성도 낮은 C 상한 학습)을 거쳐 최종적으로는 문맥 의존도가 낮고, 인지능력의 필요성이 높은 D 상한 학습으로 이동한다는 학습지도 방향성을 제시하고 있다.

사이토(斉藤 2001)는 더 나아가 학습내용을 이해하기 위해 필요한 학습언어능력에 대해, 채모트 & 오말리(Chamot & O' Malle 1994) 이론을 바탕으로 설명하고 있다. 채모트 & 오말리의 생각은 학습언어는 내용 학습에 필요한 언어기능으로 이루어지며 거기에는 정보 수집, 비교, 분류, 분석, 추론, 문제해결, 통합 등의 기능이 따른다는 것으로, 이것을 기초로 사이토(斉藤 2001)는 교사가 수업을 할 때 그 학습에 어떠한 학습언어 기능이 필요한지를 충분히 고려해야 한다고 주장하고 있다. 다시 말하면, 이러한 언어기능을 가진 학습언어의 육성을 교과내용의 학습을 통해서 육성하는 것, 반대로 말하면 학습내용의 학습을 통해서 이러한 언어기능을 가진 학습언어를 육성함으로써, 다른 학습내용을 이해하거나 생각할 때 응용할 수 있는 언어능력을 신장시킬 수 있다고 보는 것이다.

이러한 생각에서 사이토는 중국 귀국자 정착촉진센터(이하 귀국자 센터)에서 스스로 전개했던 '일본어와 교과의 통합학습'의 실천을 분석하고 있다. 귀국자 센터에서는 4개월간의 학습기간 중 기본적인 일본어 지도(문자, 이휘, 기본적인 문법항목, 작문 등) 시간 외에 교과지도(음악, 체육 등을 포함한 8과목)를 했는데(**사이토 斉藤 1998, 이케가미池上 1998a**), 이 중에서도 3과목 즉, 산수, 사회, 이과(과

학)에서 '일본어와 교과의 통합학습'을 실행하여 그 성과로 (1) 학습자의 주체적인 학습참여 (2)일본어 능력 향상 (3)학습내용의 정착 등을 들고 있다(사이토 斉藤 2001).

그러면 그 구체적인 방법은 어떤 것일까? 사이토가 개발한 '물'이라는 실천을 살펴보자.[2] 이 실천은 교원 수가 추가배치된 가나가와현(神奈川県)에 있는 초등학교에서 실험적으로 이루어졌다. '일상적인 회화를 할 수 있는 정도의 일본어 능력을 가진' 초등학교 고학년을 대상으로 하였다. 이 수업은 물의 근원인 강과 자신들의 생활에 대해 조사하는 활동을 통해 강을 자원과 환경문제로 생각하는 것(내용에 관한 목표)과 깨달은 것과 생각한 것, 조사한 것을 발표하거나 필요한 정보를 읽거나 자신의 감상 또는 알게 된 것을 간단한 문장으로 정리하는 것(일본어의 목표)을 겨냥하였다. 수업 주제로서는 '언제 물을 사용하는가', '수돗물은 어디에서 오는가', '강물은 어디로 가는가', 'ㅇㅇ강은 어떠한가', '물과 우리들의 생활'로 서서히 발전시킨다. 구체적으로는 목욕탕 그림이나 이를 닦고 있는 그림, 설거지하는 그림을 보여주면서 물에 대해 생각하게 하고, 그리고 나서 강물, 더 나아가 환경과 자신들의 생활주변으로 눈을 돌리게 한다. 이러한 수업 전개는 주제와 관련하여 사회과(社会科)적인 견해와 사고, 과학적인 관찰력과 분석력 등을 키운다는 '교과 횡

---

2) 이 실천 예는 2001년 12월 국제기독교대학에서 열린 「실천 share의 장」주최의 「보고회」에서 사이토가 보고한 「특정 교실에서의 일본어 지도 실천 사례-활동을 기초로 한 주제 학습의 시도-」에서 소개됨.

단적인 학습'이라는 점에 특징이 있고, 이 수업을 통해서 일본어와 학습내용을 이해함과 동시에, 앞에서 언급한 학습언어능력 육성을 도모하는 데 있다.

사이토가 주장하는 '일본어와 교과 통합 학습'은 아이들의 '배움의 맥락'에서 '언어와 교과내용'을 획득해 간다는 의미에서 중요한 접근법이라고 할 수 있다.

(3) 언어와 살아가는 힘을 육성하는 교육을 위해

'일본어와 교과 통합학습'의 중요성에 대해서는 이해했지만 앞으로의 과제는 무엇일까? 여기서 사이토의 실천을 통해서 몇 가지 생각해 보기로 한다.

우선, 첫 번째로 이러한 것을 일반 교육현장에서 실천하는 경우의 문제이다. 사이토의 실천은 귀국자센터라는 일반 학교에는 없는 조건에서 이루어진 실천이거나 외국인 아동이 다수 재적하고 있어 교원 수가 추가배치된 학교에서 이루어진 실험적인 단계의 실천이다. 교원 수가 추가로 배치된 학교가 아니거나 외부로부터 지원을 받을 수 없는 학교에서는 이 실천 방법을 어떻게 실행하느냐가 문제이다. 물론 이러한 과제가 있다고 해서 사이토의 실천 방법이 의미가 없다는 것은 아니다. 중요한 것은 이를 일반 교육현장에서 널리 적용할 실천방법을 생각하고, 그 의미를 고찰하는 것이다. 나아

가 그 실천을 지원하는 교재와 방법을 개발해야 한다는 것이다.[3]

두 번째로 교과내용 학습이라는 '문맥'에서 일본어를 습득하고, 교과내용을 이해하여 학력을 신장시키는 것이 중요하다 하더라도 언어는 교과내용을 가르치는(또는 배우는) 문맥에서만 습득되어 학력이 신장될지가 의문이다. 이것은 '배움'이란 무엇인가, '언어'란 무엇인가라는 테마와 연결된다. '배움'과 '언어 습득'은 좀 더 넓은 문맥, 즉, 교실 안에서의 학습 집단이나 그것을 넘어 사람들과의 상호작용이라는 사회적 실천에서 만들어지는 것이 아닐까하는 점이다.

세 번째로 '연소자를 위한 일본어교육'이 지향하는 목표이다. 지금까지 논의한대로 '선별 지도'나 귀국자센터에서 하는 실천은 일본어 운용능력이 부족한 아이들을 대상으로 한 교육으로 실천되고 고찰된 것이지만 앞으로 생각해야 할 점은 그런 아이들과 다른 아이들과의 교육이다. 이것은 일본어 운용능력이 낮은 아이들과 높은 아이들(일본인이든, 일본에서 오래 체류하고 있는 외국 국적 아이들이든) 사이에서 어떠한 '배움'의 교류와 '배움'의 집단을 만드는가이다. 즉, 말을 잘 못하는 아이들과 어떻게 사귀면 좋을까, 혹은 이런 아이들과 어떻게 관계를 맺으면서 함께 배워갈지를 아이들과 교사가 함께 생각한다는 테마이다.

---

3) 문부과학성은 2003년도에 실시할 것을 목표로 하여 '학교 교육에서의 JSL 커리큘럼'이라는 '일본어 교육이 필요한 아동 학습자'를 위한 교과학습지원 방법을 개발했는데 그 성과가 기대된다.

이 세 번째는 언뜻 보면 '연소자를 위한 일본어교육'의 과제가 아닌 것처럼 보일지도 모른다. 혹은 이것을 국제이해교육 과제(사이토 斉藤 2001)라고 하는 사람이 있을지도 모른다. 과연 그럴까? 이 점에 대해서는 시부야구립(渋谷区立) 진난초등학교(神南小学校)의 야자키 미쓰오(矢崎満夫)의 실천이 참고가 된다. 야자키(矢崎 2001)는 일본어를 모어로 하지 않는 외국인 아동이 일본어를 학습하고 자기가 소속되어 있는 학급에서 학습을 계속하기 위해서는 소속 학급의 일본인 아동들 사이에서 양호한 교우관계(교실 내 네트워크)를 구축하고, 둘 사이에서 상호작용을 만들어내는 것이 중요하다고 생각하여 일본인 아동과의 상호작용이 이루어지도록 외국인 아동에게 사회적 기능(social skill)을 가르치려고 했다. 구체적으로 ① 인사 ②자기소개 ③잘 듣는 방법 ④질문하기 ⑤친구에게 권유하기 ⑥친구 사귀기 등의 '사회기술 항목(social skill)'에 따른 '일본어 표현항목'을 가르치고 그것을 바탕으로 '친구에게 연하장 보내기'라는 수업을 하는 것이다. 그 중에서 외국인 아동은 편지부치는 것을 이해하거나 같은 반 친구에게 '주소 묻기' 라는 상호작용을 경험하기도 한다. 야자키의 목표는 이러한 상호작용을 통해서 학급 친구들과의 관계를 만들어가는 것이다. 이 실천을 통해서 야자키는 "우선 무엇보다도 즐거운 '장'이 있어야 학습에 집중할 수 있지 않겠는가"라고 주장한다.

야자키의 실천의 특징은 교실에서의 친구 사귀기를 도와주는 일본어 지도라는 것이다. 이 목표는 '선별 지도'라는 짧은 시간에 사회성이 결여된 배경과 공간에서의 학습을 '교실(의 친구)'이라는, 보다 항상적이면서 동시에 사회성이 있는 배경과 공간에서의 학습으로 열어간다는 점이다. 이것은 '배움의 관계 만들기'로 연결되는 일본어 지도로서 중요한 관점이라고 할 수 있다.

단, 야자키의 실천은 소속 학급 안에서 '인간관계 만들기', 그리고 그 안에서 일본어 사용이라는 점에 초점을 두고 있지만, 앞에서 서술한 사이토의 실천이 추구하는 것과 같은 의미에서의 학습언어능력 신장이나 '일본어와 교과 통합'이라는 시점은 약하다고 할 수 있다. 현재 '일본어 지도가 필요한 외국인 아동 학습자'가 재적하고 있는 전국 공립 초·중·고등학교에서 이런 아동 학습자의 재적수가 '1~5명'인 학교가 전체의 약 80%를 차지하고 있는 상황에서는 '선별 지도'의 실천만이 아닌, 소속 학급에서 '학습집단 만들기' 안에서 일본어 운용능력이 낮은 아이들의 학력을 보장하는 것이 중요한 테마가 될 것이다. 이것은 일본어 운용능력이 낮은 아이들과 높은 아이들 사이에서 말을 사용한 배움의 교류, 다시 말하면 사람과 사람을 연결하여 함께 말을 실감하고 고통을 이해하면서 서로 배우는 것을 생각하는 실천이라고 할 수 있다. 여기에서 넓은 사회적인 실천을 통해 말의 의미와 살아가는데 필요한 힘과 학력을 함께 배운다고 하는 중요한 테마가 시작되는 것이다.

3. 해외의 초 · 중등교육 수준에서 일본어교육의 과제

다음으로 또 하나, 초 · 중등교육 수준의 일본어교육으로서 해외에서 학습하고 있는 아이들의 일본어교육에 대해 생각해 보자.

현재, 세계 58개국에서 초 · 중등교육 수준에서 일본어를 가르치고 있으며, 그 학습자 수는 100만 명을 넘고 있다.[4] 그 배경에는 일본의 경제적 발전과 각국의 교육정책, 특히 언어교육 정책의 영향이 있다고 생각되지만, 1980년대 이후 학습자 수의 증가, 교원 수의 증가, 다양한 교과서와 교재 개발 등으로 해외의 초 · 중등교육 수준에서의 일본어교육은 크게 '확대'되었다고 할 수 있다. 물론 교재, 교수법, 교사의 자질 등은 아직도 과제로 남아 있다. 여기에서는 교재와 새로운 가능성에 초점을 두고 '언어와 문화를 연결하는' 관점에서 해외의 초 · 중등교육 수준에서의 일본어교육에 대해 생각해 보고자 한다.

(1) 호주의 교재개발 : 새로운 동향

2001년 6월 시드니에서 열린 호주일본연구학회에서 캐시 조낙(Cathy Jonak)은 자신이 소속되어 있는 국제교류기금 시드니 일본어센터에서 개발한 일본어 교재를 발표했다.[5] 그것은 'Water(水)'라

---

4) 국제교류기금의 조사에 따름(주1 참고).

5) 학회명은 호주일본학회(JSAA : Japanese Studies Association of Australia, Biennial Conference 2001). 발표제명은 이하의 표기. Cathy Jonak, 'Developing resources for integrating Japanese with the primary curriculum, Integrated module Water'.

는 모듈(module)교재이다. 이것은 일본어와 초등학교의 교과내용을 통합한 교재로, 내용은 '물로 무엇을 합니까?'라는 질문으로 시작된다. 학습자는 여러 그림을 보면서 물을 사용하는 일상생활을 일본어로 표현하고, 다음 주제인 '매일 사용되는 물'에서는 일본 정부의 홈페이지에서 일본인이 물을 사용하는 장면(예를 들면, '세차' '목욕' '아침의 샤워' 등)의 그래프를 보고 '물 절약'에 대해 생각하고, 또 '물의 순환'에서는 산에 내린 비와 눈이 강이 되고 바다로 흘러 그 물이 바다에서 '수증기'가 되어 하늘로 올라가 다시 구름이 되고, 또 비와 눈이 되어 산에 내린다는 물의 순환 그림을 보면서 자연의 사이클을 이해하면서, "水はたいようであたたかくなります(물은 태양으로 따뜻해집니다)" "水はすいじょうきになります(물은 수증기가 됩니다)" "すいじょうきは、上にあがります(수증기는 위로 올라갑니다)" "すいじょうきは、つめたくなります(수증기는 차가워집니다)" 등의 일본어에 의한 표현도 함께 배우며 마지막에는 '세계의 날씨'로 발전한다는 내용이다.

이 내용에는 '일본인이 물을 사용하는 장면'이외에 일본에 관한 요소가 거의 없다. 오히려 초등학교에서 배우는 과학과 사회의 내용이다. 즉, 일본어를 배우는 것이 아니라, 일본어로 교재내용을 배운다는 발상이다. 이것은 앞에서 언급한 '내용중시(content-based)'의 접근법으로, 최근 호주에서는 '교과내용이 포함된 실러버스'(Embedded syllabus)라고도 하며(호주의 퀸즈랜드주), 왕성하게 논

의되고 있다. 그 배경에는 교과 틀을 넘어선 '통합학습' '종합학습'의 흐름이 있다. 그것은 교과내용을 배우는 아이들의 '배움의 문맥'으로 외국어를 학습한다는 의미이다. 또한 동시에 문화적 학습내용을 축소시키는 경향도 있다. 그 이유는 '히나마쓰리(ひなまつり)'나 '다나바타(七夕)' '종이접기(折り紙)' 등의 전통적인 문화내용에 대한 비판과 문화는 변하기 쉽고 다루기 어렵다는 현장의 의견도 있기 때문이다. 이러한 이유로 문화적 요소가 적은 '내용중시'의 접근법이 생겼다고 말할 수 있다.

그러나 한편, 호주에서는 초·중등교육 수준에서도 이문화 이해와 이문화 접촉을 중시하고 다른 문화에 대한 태도와 의식의 육성 및 자문화(自文化)에 대한 회고, 더 나아가 자신들의 문화도 아니고 상대방의 문화도 아닌 '제3의 장소'를 찾아내는 것과 같은 언어교육도 왕성하게 논의되었다(Lo Bianco, J. et al eds. : 1999). 그러면 다음은 '문화'를 다루는 것에 대해 구체적으로 생각해 보자.

(2) '문화'를 되묻다 : '새로운 문화'를 창조하는 언어교육

MIRAI 시리즈(stage 1-6)는 필자가 공동집필한 호주의 중등교육 수준의 일본어 학습용 교과서이다. 이 교과서를 제작할 때 유의했던 점은 ①학습자 생활에 초점을 두면서 학습자의 흥미와 관심을 살리는 것 ②실제 커뮤니케이션 장면, 상호작용 장면을 가능한한 염두에 둘 것 ③'언어 교육'과 '문화 교육'을 통합하는 것이었다. 이렇게 생각한 배경에는 다음과 같은 것이 있다.

우선 언어교육은 일반적으로 언어를 가르치는 것에 중점을 두고, 문화는 그 언어의 배경설명으로 가르치는 경향이 있는 것이 아닌가하는 것이다. 이 경우, 문화는 '지식'이고 교사는 그 '지식'을 학습자에게 전달하게 된다. 학습자가 초급 수준일 때는 이러한 '지식'은 학습자의 언어(예를 들면, 영어)로 전달되는 경우도 있다. 그러나 그럴 경우 '지식'은 고정적인 정보이며, 정태적(靜態的)인 이미지인 경우가 대부분이다. 여기에서 문화는 '옛날부터 있었던 것'이라고 하는 언어를 가르치는 교사의 문화관(文化観)이 반영되어 있다.

이러한 문화관에 대해 최근 여러 가지 의문이 일고 있다. 가령 문화는 고정적, 균질적, 정태적인 것이 아니라 오히려 변화하고, 다양하며, 동태적(動態的)인 것이 아닌가하는 것이다. 문화를 이런 식으로 받아들이게 되면 지금까지 있었던 언어교육, 즉 문화는 언어의 배경설명이라는 생각을 재고하지 않으면 안 되게 된다. 언어교육에서 중요한 것은 항상 변화하고, 다양하고 동태적인 문화와 언어교육을 어떻게 통합하는가하는 것이다. 이것은 일본어교육에서 어떠한 방법으로 어떠한 힘을 육성하는가하는 과제와 직결된다.

이 점을 구체적인 사례를 통해서 생각해 보자. 이 시리즈에서 처음 출판된 Stage 5의 제 1과는 교환학생이 테마이다. 등장인물은 두 사람의 젊은이다. 한 사람은 호주로 가는 야마구치 사치코라는 일본 고교생이고, 다른 한 사람은 일본의 고등학교로 가는 존 모리스라는 호주 고교생이다. 이 두 사람이 각각 호주와 일본에서 홈스테이를 하면서 학교에 다닌다는 설정이다. 이 시리즈에서는 여러 가지 '접촉장면'을 '일본어 만화'를 사용하여 제시하였다. 예를 들면 존은 일본의 홈스테이 가정을 처음 방문했을 때, 일본 가정집에 슬리퍼가 여러 개 있는 것(가령, 화장실 슬리퍼, 베란다 슬리퍼)과 슬리퍼를 신고 들어가도 되는 방과 안 되는 방(다다미방 和室)이 있다는 것을 알고 당황하고 놀란다. 이 만화는 단순히 일본 가정에 들어갈 때는 신을 벗어야 한다는 '지식'과 일본의 '슬리퍼 문화'를 가르치는 것이 아니라 학습자에게 일본어를 배우면서 '접촉장면'을 통해 당혹함과 놀람을 유사체험하게 하는 것이다.

이것은 학습자에게 외국어를 배운다는 것이 '다른 세계'와 '접촉'하는 것임을 나타내며, 또 이런 장면에서는 당황하거나 오해하거나 놀라는 그 자체가 당연하다는 것을 가르친다. 또한 교사는 학습자에게 그런 당혹함과 오해와 놀람을 어떻게 받아들이고, 혹은 어떻게 극복할지를 묻는 것으로, 그 때문에 학습자는 어떤 언어표현이 필요한지, 필요한 정보는 무엇인지를 스스로 찾아서 발견해 간다. 또한 이 만화에서 학습자는 과연 일본에는 '슬리퍼 문화'라는 것이 있는지를 가까운 일본인에게 일본어로 묻는 것으로 일본어를 배우면서 '일본사회'를 상대화하는 것도 기대할 수 있다.

이렇게 ①학습자의 흥미와 관심을 중심에 놓고 ②다양한 상황에 '접촉'하여 그 다양성을 배우면서 ③당혹함과 오해를 풀어가는 이문화 대응능력을 키우는 것이 바로 다가올 시대의 언어교육에 중요한 테마가 된다.

문화는 사람과 사람 사이의 관계 안에서 일어나는 사회인식이다. 따라서 문화는 늘 변용되고 다양하게 발전한다. 그렇다고 해서 언어교육을 소위 '전통적인 내용'보다도 현대적인 대중문화를 가르치는 방법이 좋다는 것은 아니다. 또한 일본 '문화'와 '사회'의 다양성을 나타내기 위해 여러 사진과 통계자료를 보여주는 것만으로는 충분하지 않다. 왜냐하면 그것은 '일본에 있는 다양성'이라는 고정적인 이미지만을 전달하게 되는 것인지도 모르기 때문이다.

앞으로의 언어교육에서 중요한 것은 다양한 문화에 대한 정보를 아는 것이 아니라 학습자가 문화를 받아들이는 힘과 문화에 대응해 가는 힘을 육성하는 것이다. 사람은 사람과 '접촉'하는 것으로 사회인식이 깊어지고 그 속에서 무엇이, 왜, 어떻게 라고 생각함으로써 '살아가는 힘'을 획득해 간다. 사진과 통계자료를 통해서 거기에 있는 사람의 생활을 '해독'함으로써 외국어를 배우면서 '다른 세계'의 다양한 장면을 통해 '문화'와 '사회'를 생각하는 것은 '생각하는 힘'과 '살아가는 힘'을 육성하는 것이 된다.

초·중등교육 수준의 일본어교육의 목적은 바로 여기에 있는 것이 아닐까? 이 경우 '다른 세계'와의 '접촉장면'은 일본에만 있는 것은 아니다. 앞에서 언급한 사치코가 그 예이다. 사치코는 호주의 학교에 대해 잘 몰라서 당황해하기만 한다. 호주 학교에서는 Morning

Tea시간이 있는데 그 시간에 학생이 간식 먹는 것에 놀라기도 하고 그 간식을 교실에서 먹으면 안 되기 때문에 교실 밖에서 먹는 것을 보고 당황해하기도 했다. 이 에피소드를 통해서 일본어 학습자는 영어를 유창하게 할 수 없는 일본인 유학생과 커뮤니케이션하는 방법 그리고 일본인 유학생의 당혹함과 놀람에 대한 이해를 심화시킬 수 있다.

이렇게 '접촉장면'에서 볼 수 있는 당혹함과 오해를 이해하는 능력, 문제를 해결해 가는 능력, 혹은 사람과 사람과의 관계를 창조해 가는 능력의 육성은 학습자가 '문화'를 어떻게 이해하고, 어떻게 받아들이며, 어떻게 '새로운 문화'를 창조해 가는지를 생각하는 기초적인 힘을 육성하는 것과 연결된다. 이것은 사람도, 사물도, 문화도 손쉽게 국경을 넘나드는 시대의 교육에서 점점 더 중요한 테마가 될 것이다. 사치코와 존에 이어서 아이들이 국경을 넘어 친구들을 만나고, 함께 만들어가는 것도 역시 '새로운 문화'라고 할 수 있을 것이다. 우리들은 그러한 '미래'를 예감하고 있다.

(3) 뉴욕의 시도: 개인의 정체성을 찾아서

해외에서 일본어를 배우고 있는 초·중등교육 수준의 일본어 학습자가 일본의 젊은이와 실제로 '접촉'한다는 것은 어려운 일이다. 그래서 개발된 것이 재단법인 국제문화포럼의 사진교재 '만남: 7명의 고교생의 본모습'(이하 'であい(만남)'교재)이다.

이것은 '실존하고 있는 일본 고교생 7명의 인물상과 일상생활 모습을 사진과 문장으로 전하는' 교재로, 해외에서 일본어를 배우는 같은 세대의 중·고교생이 교재를 통해서 '7명의 주인공을 가상으로 만나, 한 사람 한 사람을 이해하면서 각각의 사고방식이나 행동, 생활 장면에서 나타나는 문화를 파악하는 과정에서 일본어를 배운다'(http://www.tjf.or.jp/인용)는 것을 목표로 하고 있다.

물론 사진이라는 매체를 사용한 '가상적인 만남'에는 한계가 있지만, 이 교재는 학습자가 '이름과 얼굴이 있는 실제 개인 생활'과 접촉하는 것으로 '인간의 이해'와 '문화의 이해'를 심화할 수 있다(야베 矢部 2001)는 점에서 의미있는 교재라고 할 수 있다.

그런데 현재 국제문화포럼은 해외 초·중등교육 수준에서 사용하고 있는 일본어 교재 집필자에게 'であい'라는 교재를 각각의 교과서와 병행할 경우 어떤 수업이 가능한지, 수업안을 인터넷을 통해서 세계적으로 공개할 계획이다. 앞에서 언급한 'MIRAI'를 포함해서 호주, 미국 등에서 사용되고 있는 다양한 교재가 'であい'라는 사이트를 통해서 이루어질 것이다.

그 중에서 뉴욕의 유엔인터내셔널스쿨(United Nations International School)의 쓰다 카즈오(津田和男)는 독자적으로 개발한 일본어 교재 'KISETSU'와 'であい'라는 교재를 병용할 경우의 수업안을 제시하고 있다. 쓰다는 먼저 지금까지의 어학교육은 '문법 축적의 암기 과목'이라고 비판하면서, 앞으로는 '교육으로서의 일본어교육'을 지향해야 한다고 주장한다. 그러기 위해서는 사람과 사람과의 만남, 문화와의 만남, 또한 자신과 타자의 문화에 대한 깨달음에 초점을 맞추어야 한다고 한다. 그래서 'であい'라는 교재에 게재되어 있는 고교생의 시점에서 촬영한 사진이나 그들 자신에 대한 이야기라는 대량의 '생교재'와 접촉시킨다는 만남의 가상현실을 체험시키는 것이다. 또한 7명의 주인공에 대한 문장을 통해서 그 사람이 하고 있는 일과 생각을 이해시키고, 일본어 학습자에게 "만약 그들이 찾아온다면 어떤 파티를 하고 싶은가"라든가, 그 주인공이 된 다른 사람에게 전화 인터뷰를 한다는 아이디어를 제시하고 있다. 즉 사진이라는 정지화면 매체에서 말을 사용하는 상호작용으로 구축하려는 것이다.

쓰다는 또한 단순한 문화이해라는 틀을 넘어 개인의 정체성에 대해서도 언급하고 있다. 쓰다는 'であい'라는 교재의 주인공들이 국가의식을 수렴하는 것으로 자기 정체성을 형성하려는 것이 아니라, 타인과의 만남과 타인을 포함한 사회와 문화와의 만남 속에서 자기를 발견하고 정체성을 구축하려고 하는 점에 주목했다. 그 과정에는 여러 가지 모순된 정체성이 있고, 그 성장의 자취는 결코 직선적이 아니며 그 때마다 대응하여 하나의 정체성을 선택하고 이야기하는 것이다.

'であい'라는 교재의 주인공들을 이렇게 파악한 쓰다는 학습자에게 7명의 주인공과 서로 마주볼 것을 요구한다. 7명의 주인공과 똑

같은 체험이 있었는지 없었는지를 묻기도 하고, 그 중에서 학습자의 시점을 자기 정체성으로 향하게 하고, 자기 자신 안에 있는 여러 개의 정체성도 깨닫게 한다. 이 학습의 마지막에는 자기사(自己史)를 작성하는 과제가 있다. 이 'であい'라는 교재는 모르는 타인(일본어, 일본문화)과의 만남을 통해서 학습자가 타인의 여러 정체성을 깨달음과 동시에 자기의 여러 정체성을 깨닫는 것, 그리고 이 탐구는 개인의 존재방식을 파악하는 것으로 연결된다고 보고 있다. 여기에 쓰다가 말하는 '교육으로서의 일본어교육'이라는 시점이 존재한다.

이것은 일본이나 일본에 살고 있는 젊은이들을 고정적이고 정태적인 스테레오타입적으로 보는 것이 아니라 다양하게 보는 동태적인 시점이라고 할 수 있다. 그 의미에서 쓰다의 실천은 향후 해외에서의 초 · 중등교육 수준의 일본어교육에 시사하는 바가 크다고 할 수 있다.[6]

4. 언어와 문화의 의미를 생각하는 교육을 목표로

이상, 일본에서의 '일본어교육이 필요한 아동 학습자'를 위한 일본어교육과 최근에 이루어지고 있는 해외에서의 초 · 중등교육 수

---

6) 해외의 초 · 중등교육의 일본어교육을 '인간교육'의 일환으로 파악하고, '문화이해'를 중요한 테마로 하는 논고가 최근 눈에 띈다.

준의 일본어교육을 보면서 앞으로의 과제가 무엇인가에 대해서 생각해 보았다. 물론, 여기서 다 논할 수 없는 과제도 많이 있다는 것도 알고 있다. 또한 전자는 제2언어교육으로서, 후자는 외국어교육으로서 별개로 다루어져야 한다는 의견이 있다는 것도 알고 있지만 여기서 고려하고 싶었던 점은 다음과 같은 것이다.

(1)우선, 초등교육의 일본어교육에 대해 일본에서는 학습언어능력의 육성을 위한 시도로서 '내용중시 일본어교육'이 주목되는 점, 또한 해외에서도 지금까지의 일본의 전통 행사나 사물을 축으로 하는 '문화 학습'에 대해 다시 평가하여 교과 내용을 함께하는 통합형 어학교육이 시도되고 있다는 점에서 둘 다 '배움의 문맥'에서 언어의 습득을 목표로 한다는 점(content-based approach,내용중시접근법)은 공통적이다. 이것은 아이들의 학력 보장이라는 점에서 중요하다. 그러나 이런 것과는 별개로 언어가 교과 내용, 지식이해와 연결되어 언어의 본래의 의미, 즉 사람과 사람을 바로 연결하는 측면이 점점 축소되는 것이 아닌가하는 염려가 있다. 좀 더 사람과 접촉하거나 관계하는 속에서 언어의 의미와 힘을 실감하는 것이 중요하지 않을까 싶다.

(2)다음으로 고려하고 싶었던 것은 방법론이나. 일본에서는 '선별지도'의 실천에서 소속학급을 포함한 '학습 집단 만들기'로 바꾸고 인간관계 만들기를 통해서 같은 학급 친구가 일본어 실력이 부족한

친구에게 적극적으로 대응하여 함께 배우는 고통과 기쁨을 체험하는 것이 중요하다. 한편, 해외에서 초등교육 수준의 일본어교육에 있어서도 다른 언어를 배우는 것이 '다른 세계'를 체험하는 일이며, 그 결과 자기 마음에 여러 가지 파문을 던지게 되는 것을 반성하여 자기와 자문화(自文化)를 상대화하는 실천이 필요할 것이다. 이 관점은 로비앙코(J. LoBianco)가 주장하는 '제3의 장소'를 발견하는 이문화적 대응능력(Intercultural Competence)의 육성을 목표로 하는 외국어교육의 논의와 연결된다(Lo Bianco, J. et al eds. 1999).

(3)마지막으로 개인의 정체성과 관련된 과제이다. 이것은 특히, 중등 교육에서 추구하는 과제일지도 모른다. 쓰다의 실천은 그 가능성을 나타내고 있다고 할 수 있다. 즉, 다른 언어를 배움으로서 다른 언어를 말하는 사람과 교류하고, 교류를 통해 자기를 발견한다는 것이다. 여기서 중요한 것은 타인의 존재방식의 다양성과 동태성이다. 이것은 자기 정체성의 다양성과 동태성을 깨닫게 되는 것이기도 하다. 단적으로 말하면, 다른 언어를 배움으로서 인간을 보다 깊이 이해하는 것과 연결된다는 것이다. 유감스럽게도 일본에서 '일본어교육이 필요한 아동 학습자'의 교육에서는 언어 습득의 과제에 초점이 지나치게 집중되어서 중등교육 수준의 학습자들의 자기 정체성에 관한 연구는 아직도 부족하다.[7]

---

7) 가와카미(川上 2000)의 비디오 교재는 재일베트남계 청년의 자기 정체성에 관한 중요한 증언을 하고 있다.

이렇게 '연소자를 위한 일본어교육'은 일본에서나 해외에서나 초등교육에서 중등교육에 이르기까지 그 학습자의 연령층에 맞는 다양한 과제가 있다. 단, 여기서 확인하고 싶은 것은 이러한 일본어교육에서 일관하고 있는 테마는, 언어는 사람과 사람을 연결하는 활동이고 그 활동 속에서 상호 간에 서로 영향을 끼치고 있다는 것, 그 과정에서 보이는 당혹함과 마찰이나 갈등이 바로 언어를 이해하고 습득하기 위해 필요하다는 것, 그리고 그것을 가능하게 하는 언어교육이 앞으로 '살아가는 힘'을 키우는 교육이 된다는 것이다.

마지막으로 센다이 시립 다이하쿠(仙台市立太白) 초등학교의 사토 마사코(佐藤昌子)의 '일시 체류형' 외국국적 아동을 지도한 실천을 소개하고자 한다. 이란에서 온 학생이 사회과의 '조사학습'에서 '일본에 대해 배우고 싶은 것'을 테마로 학생 스스로가 찾아낸 10개 정도의 의문(예를 들어, 일본에 오기 전에는 기모노와 칼을 몸에 지닌 무사가 있다고 생각했는데 어째서 양복을 입는가 등)을 하나 하나 조사하면서 학습해 가는 실천, 또 학생 자신이 이란에서 배운 자기 교과서에 게재된 시를 일본어로 번역한 것을 계기로 사토는 번역시를 교실과 학교에 전시하고, 그 다음에는 일본의 시를 모국어인 페르시아어로 번역해서 모국에 가지고 돌아갈 것을 제안하여, 학생 스스로가 선택한 다니카와 순타로(谷川俊太浪)의 '길(道)'이라는 시를 번역하도록 한 실천, 학생 어머니의 이란의 대나무 펜으로 쓴 서도 작품 전시와 명예교사로서 특별수업을 하는 실천으로 발전했다.

본 장의 논의는 비교적 장기적으로 일본에 체재하는 아동 학습자와 해외에서 생활하는 아동 학습자를 염두에 두고 '연소자를 위한 일본어교육'을 생각한 것이라고 할 수 있지만, 사토의 실천은 비교적 단기간에 '이동하는 아동 학습자'를 대상으로 한 실천이라고 할 수 있다. 이러한 아동 학습자도 포함한 '연소자를 위한 일본어교육'을 구상하는 것 또한 21세기의 '일본어교육'을 생각하는데 중요하지 않을까 싶다.

참고문헌

池上摩希子（1994）「「中国帰国生徒」に対する日本語教育の役割と課題―第二言語教育としての日本語教育の視点から―」『日本語教育』83号　日本語教育学会

池上摩希子（1998a）「教科に結びつく初期日本語指導の試み―教材『文型算数』を用いた実践例報告」『日本語教育』97号　日本語教育学会.

池上摩希子（1998b）「児童生徒に対する日本語教育の課題・再検討―研究ノート」『中国帰国者定着促進センター紀要』第6号　中国帰国者定着促進センター

伊藤祐郎（1999）「外国人児童生徒に対する日本語教育の現状と課題」『日本語教育』100号.　日本語教育学会

岡崎敏雄（1995）「年少者言語教育研究の再構成―年少者日本語教育の

視点から─」『日本語教育』86号　日本語教育学会

岡崎眸（1994）「内容重視の日本語教育─大学の場合─」『東京外国語大学論集』第49号　東京外国語大学

川上郁雄（1991）「在日ベトナム人子弟の言語教育と言語生活」『日本語教育』73号　日本語教育学会

川上郁雄（1995）「日本語教育の必要な子供たちの教育とは何か─宮城県・仙台市での日本語教育の現状を踏まえて─」『宮城教育大学国語国文』Vol.23　宮城教育大学国語国文学会

川上郁雄（2000）「異文化間コミュニケーションとネットワーク」、江渕一公・酒井豊子・森谷正規編『共生の時代を生きる─転換期の人間と生活』放送大学教育振興会

斉藤ひろみ（1998）「内容重視の日本語教育の試み─小学校中高学年の子どもクラスにおける実践報告─」『中国帰国者定着促進センター紀要』第6号　中国帰国者定着促進センター

斉藤ひろみ（1999）「教科と日本語の統合教育の可能性─内容重視のアプローチを年少者の日本語教育へどのように応用するか─」『中国帰国者定着促進センター紀要』第7号　中国帰国者定着促進センター

斉藤ひろみ（2001）「「学習」を支える日本語能力の育成に向けて」『世界をひらく教育』Vol.23　全国海外子女教育・国際理解教育研究協議会　創友社

斉藤ひろみ・池上摩希子・田中義栄・小川珠子・大沢操子（2000）「子どもクラス授業実践記録─内容重視のアプローチによる「日本語と教科の統合教育」の例─」『中国帰国者定着促進センター紀

要』第8号　中国帰国者定着促進センター

佐藤郡衛（2001）『国際理解教育─多文化共生社会の学校づくり─』明石書店

西原鈴子（1996）「外国人児童生徒のための日本語教育のあり方」『日本語学』Vol.15　明治書院

野間広（2000）「地域社会における年少者への日本語教育の現状と課題」山本雅代編『日本のバイリンガル教育』明石書店

矢崎満夫（2001）「外国人児童と日本人児童とのインターアクションに関する一考察─ネットワーク作りのためのソーシャルスキルトレーニングの試み─」『2001年・日本語教育学会秋季大会予稿集』日本語教育学会

矢部まゆみ（2001）「海外の初中等教育における日本語教育と<文化リテラシー>」「21世紀の『日本事情』」編集委員会編『21世紀の「日本事情」』第3号　くろしお出版

Chamot, A.U. & J.M.O'Malley, (1994)　The CALLA Handbook, Implementing the Cognitive Academic Language Learning Approach, Addison Wesley Publishing Company.

Cummins, J. & M.Swain (1986)　Bilingualism in Education, Longman Group UK Ltd.

Cummins, j. (2000)　Language, Power and Pedagogy Bilingual Children in the Crossfire, (Bilingual Education & Bilingualism ser. 23.)Multilingual Matters Ltd.

Evans, M., I. Kawakami, Y. Masano, & S. Taniguchi, (1995, 1996)　MIRAI-Japanese for Senior Students Stage 5 & 6. Addison Wesley Longman

Australia.

Lo Bianco, J., A. J. Liddicoat & C. Crozet, eds. (1999) Striving for the Third
Place-Intercultural Competence through Language Education.
The National Languages and Literacy Institute of Australia.

The Japan Foundation Sydney Language Centre (2001) Activity
Resources-Integrating with the whole Curriculum, Topic Water. The
Japan Foundation.

Tsuda, K. & M.Shimano (2000) KISETSU 1 : HARUICHIBAN, Kisetsu
Educational Group, New York.

제7장

체험형 학습의 의미와 방법

이케가미 마키코 (池上 摩希子)

1. 체험형 학습

체험형 학습이라고 하면, 먼저 떠오르는 것이 '직접체험'을 중심으로 한 학습, 즉 강의 등으로 대표되는 수용형 학습과 짝이 되는 의미에서의 학습 활동이다. 본 장에서 서술하는 '체험형 학습'도 직접체험을 중요시하지만 더 나아가 두 가지를 강조하고 있다. 하나는 본래 학습이 개인의 체험과 밀접하게 관련된 행위라는 생각이다. 예를 들면 예기치 않은 문제가 생겼을 때 사람은 '무엇이 원인인가'를 생각하며 주위를 관찰하여 자신의 행동을 반성한다. 그리고 '이렇게 생각해 보면 어떨까'하고 자기 나름대로 정리하고 가설을 세워 '이번에는 어떨까'하고 검증을 하고 거기서 다시 한 번 체험을 하게 된다. 우리들은 이러한 행위를 거듭하면서 체험을 개념화할 수 있다. 이 과정이 바로 '학습'이고 학습은 개인의 체험과 깊은 관련이 있다. 또 하나는 개인이 주체적으로 배우고 싶은 것을 배울 때에 가장 효율적으로 학습이 일어난다는 점이다. 학습자가 무엇을 어떻게 학습하는지를 결정하는 것은 교사만의 일이 아니다. '학습'의 주체인 학습자가 보다 적극적으로 결정 과정에 참여해야 한다. 이것은 그렇게 간단하지는 않지만, 학습자도 결정에 관여할 수 있는 환경을 교사가 만들고 또 관여하는 방법을 학습자 자신이 배움으로써 실현 가능성이 높아질 것이다.

현재 언어교육에 국한되지 않고 '교육' 자체가 새로운 전개를 보이기 시작했다. 교육은 위에서 아래로 지식을 전수하는 행위라고 하는 것이 기존의 발상이었다. 이 경우의 지식은 그 영역 전체를 커버하는 구조화된 체계로, 언어교육 입장에서 말하자면 언어요소가 관심의 중심이 되었다. 새로운 교육관에서 중요시되는 것은 학습자가 흥미를 가질 수 있는 것, 학습자가 필요하다고 판단하는 것이다. 이것을 내용으로 채택하여 학습을 진행해 가는 것이 학습자 중심의 교육방법이고, 체험에 의해 학습자가 깨닫게 됨으로써 학습이 진행된다.

우선 이 '체험형 학습'이 어떤 학습자를 염두에 두고 전개되는 것인지에 대해 서술하고자 한다. 이 접근법은 특히 일본이라는 이문화 환경 속에서 생활하면서 제2언어로서의 일본어를 배우는 사람들에게 유용한 접근법이지만, 한편으로 다른 제2언어 학습자에게도 적용될 수 있을 것이다.

다음에는 구체적인 사례를 소개하면서 '체험형 학습' 방법과 유의점을 정리하겠다. '체험형 학습' 방법이 학습 과정에 따른 것임을 제시하고, 교사는 어떤 역할로 이 과정에 참여할 수 있는지를 생각해 보기로 한다.

2. 왜 '체험형 학습'인가?

필자가 교육실천에 종사하고 있는 현장은 중국귀국자[1]를 연수 대상으로 하는 기관이고, '체험형 학습'은 학습자로서의 중국귀국 자와 수업하는 과정에서 조금씩 형태를 만들어 갔다. '체험형 학습' 시도는 이 기관, 중국귀국자 정착촉진센터(이하, 귀국자 센터)[2]에 서 귀국자가 일본사회에서 직면하는 여러 문제가 계기가 되어 시 작되었다. '체험형 학습' 자체가 개념의 틀에서 시작된 것이 아니라 체험에서 출발된 것이기 때문이다.

중국귀국자는 '일본인 고아'라고 달리 표현할 수도 있지만, 실제 는 '이민'과 같은 존재이다. 그들의 대부분은 중국어를 모어로 하고 있으며 생활습관, 행동양식, 가치관 등의 기반은 '중국'에 있다. 귀 국자 본인은 물론 배우자와 2세, 3세도 '중국'이 기반인 것은 말할

---

1) 제2차 세계대전 후, 중국 대륙에 남겨진 일본인 중에서 당시 나이 13세 이상인 여성을 '중국잔류부 인', 그 이하인 사람을 '중국잔류고아', 그 밖의 일본인 잔류자를 포함하여 '중국잔류동포'라고 통칭 하고 있다. 귀국원호정책에 따라 일본에 영주귀국을 한 중국잔류동포와 그의 동반 가족은 공적으로 지원하는 현장에서는 '중국귀국자'라고 불리며, 잔류부인과 잔류고아 및 그의 배우자, 2세, 3세가 포함된다. 또한 귀국 시, 동반하지 못하고 일본에 정착한 후에 불러들인 가족도 상당수가 일본에 거 주하고 있다. 일반적으로 '불러들인 가족'도 '중국귀국자'라고 부르고 있다.

2) 중국귀국자 정착촉진센터는 국비로 귀국한 중국 등 잔류동포와 그의 동반 가족을 대상으로 인 예비 집중교육기관으로 후생노동성의 외곽단체인 (재)중국잔류고아 원호기금이 위탁을 받아서 운영되 고 있다. 1984년에 개설되어, 1998년 10월부터는 사할린 등의 잔류동포와 그의 동반가족도 연수대 상이 되었다. 본 장에서 언급하는 것은 '중국'으로 대표되어 있지만, '중국어', '중국 문화'라고 하면 사할린 등지에서 온 귀국자일 경우에는 '러시아어' '러시아 문화'로 대체될 수 있다. 당연히 '중국'이 라는 다른 곳도 있지만 지도의 큰 목표나 기본적인 개념은 대략 중국귀국자와 같은 모습으로 생각 된다. 여기에서는 일부러 그 차이를 강조하지 않겠다.

나위도 없다. 귀국자와 그 가족에게 '귀국'이라 해도 실질적으로는 외국에서 건너온 것과 마찬가지라서 언어와 문화가 다른 일본이라는 낯선 곳에서 인생을 보내는 것에 지나지 않는다. 학습자 그룹으로서의 특성을 공유하기는 하지만, 중국귀국자 개개인의 배경은 실로 다양하다. 세대로 말하자면 1세대에서 3세대까지 있으며, 4세대도 태어날 시대가 되어 연령층 또한 다양하다. 대학, 대학원을 나온 사람도 있는가 하면 학교에 다닌 적이 없는 사람도 있다. 다시 말해 이는 중국어의 읽기·쓰기 능력이 충분하지 않은 사람도 있다는 것을 의미한다. 중국에서의 직업 경력을 보면 의사, 예술가, 농업 종사자, 기술자, 공장 노동자 등으로 다양하다. 익숙해져 있는 생활양식도 도시에 살았는지 지방에 살았는지에 따라 다르다. 이런 개개인의 차이가 중국과 일본과의 차이보다 더 큰 것이 아닌가라는 생각이 들 정도이다.

또한 귀국자의 일본어 학습은 학습기간을 한정할 수 있는 것이 아니다. 일본에 정주하는 것으로 일본어는 생애에 걸친 장기간의 학습이 되며, 주위로부터 요구되는 일본어, 그리고 자기 자신이 필요로 하는 일본어 모두 '제2의 모어'라고 할 수 있다. 그리고 일본어를 잘 구사하지 못하면 제구실을 하는 사람으로 인정받지 못하는 것은 아닌가하는 의식은 알게 모르게 압력이 되고, "이것으로 부족하지 않은가?" 하는 불안감을 느끼면서 학습 기간만 길어지게 된다.

귀국자 센터에서는 이러한 학습자에 대해 초기 집중지도로 4개월간 연수를 실시하지만, 겨우 4개월만으로는 어떤 방법과 학습자의 어떠한 노력이 있어도 일본에서 실생활에 적응할 수 있을 만큼의 일본어 능력을 기를 수가 없다. 또한 다양한 배경을 가진 학습자 그룹에 대해서는 '일본어 능력이 여기까지만 되면 일본사회에서 문제없이 생활할 수 있다'고 하는 일련의 기준을 설정하는 것도 불가능하다. 무엇보다 그런 생각에 따라 일본사회에서 배척당하는 사람, 또 스스로를 배척해 버리는 사람이 생기는 것을 피해야 한다. 그래서 연수의 목표는 한정된 기간에 충분한 언어 능력을 얻는 것이 아니라, 다양한 타입의 학습자가 각각 '일본에서 생활할 수 있을 것 같다'고 하는 자신감과 '일본에서 생활하고 싶다'라는 의욕을 갖게 하는 것이다. 그리고 그것을 달성할 수 있도록 지식과 기능을 익히는 것이 연수의 목표인 것이다.

연수 종료 후에도 일본어 학습을 계속해 가는 것도 중요하다. 학교든 지역에 개설된 일본어 교실이든 연수 기관에서 지도자가 가르치는 것만으로는 다양한 귀국자 한 사람 한 사람의 상황을 양적, 질적으로 모든 것을 지원할 수 없다. 지식을 얻는 트레이닝을 반복해 학습자의 능력을 키우는 지원보다도 자신의 능력을 스스로 신장시킬 수 있는 공부 방법을 터득할 수 있도록 지원해야 한다.

제2언어교육으로서의 일본어교육이 '언어' 습득만을 목표로 할 수 없다는 사실은 이미 일본어교육에 종사하고 있는 교사라면 공통적으로 이해하고 있을 것이다. 외국어교육 전체의 흐름을 보아도 구두 교수법(Oral approach)이 왕성했던 60년대부터 언어능력(linguistic competence)과 전달능력(communicative competence)이라는 개념이 제시되면서 커뮤니케이션 능력 양성이라는 말이 언급되게 되었다. 70년대부터 80년대에 걸쳐 외국어교육의 이론적 기반이 사회언어학과 더불어 심리학의 영역에도 놓이게 되었다. 전통적인 교육관이나 교육방법을 대신하는 것으로, 가령 '장면중심' 실러버스, '기능중심' 실러버스 등이 일본어교육 현장에서도 받아들여지게 되었다. 또한 커뮤니케이션의 의미를 재정의하여, 언어교육은 교재를 가르치는 것이 아니라 교재를 매개로 하여 교사와 학습자가 상호작용을 하는 것이라는 생각, 또 가르치는 것과 배우는 것과 같은 상하관계가 아니라 대등하게 '함께 배우는' 존재라는 것도 빈번하게 언급되고 있다.

제2언어교육은 커뮤니케이션 능력 획득을 목표로 하지만, 이 경우의 의사소통 능력이란, 사회적 환경과 상호작용하는 능력을 가리킨다. 특히, 중국 귀국자와 같은 정착형 학습자에게 중요한 것은 외부 세계와 의사소통하려고 하는 의욕이며 의사소통을 통해 커뮤니케이션 능력이 신장될 수 있다고 실감하여 자신감을 갖고 더욱 커뮤니케이션하려고 하는 의욕이다. 그리고 이것들을 고리처럼 연결하는 학습 사이클을 체험하는 것이 중요하다. 자신이 체험한 것을 관찰하고 반추하는, 이런 체험을 나름대로 정리하고 재시도해 보는 이 학습 사이클을 자기 자신이 만들어야 한다. 여기서 말하는 '학습'이란 결코 종래의 형태인 교사가 학습자에게 지식과 기능을 전달하는 행위나 특정한 지식과 기능을 획득하는 과정을 가리키는 것이 아니다. 여기서는 환경과의 상호작용에 실제로 관여함으로써 필요하다면 스스로도 변용하는 것을 '학습'이라고 한다.

그림 1   〈학습 사이클〉

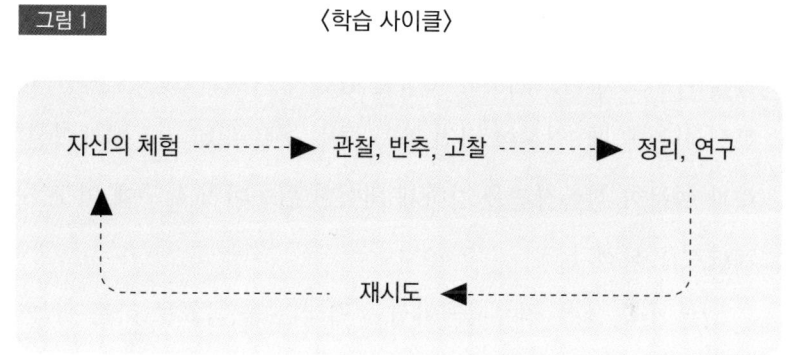

이런 흐름에서도 알 수 있듯이 '체험형 학습'은 중국귀국자를 비롯한 정착형 학습자를 위한 방법만이 아니라 일본어교육이라는 영역에서도 학습관과 교육관의 전환을 도모하는 새로운 대안을 제시하는 방법이 될 수 있을 것이다.

3. 실천 사례 소개

앞에서 언급한 '자신감과 의욕'이라는 이념적인 목표를 기초로 귀국자 센터에서는 다양한 지도활동을 하고 있지만, 여기서는 '체험형 학습'의 실천 사례로서 '일본어 면접'과 '교류실습'이라는 활동에 대해 살펴보겠다. 교실에서 날마다 이루어지는 학습활동도 물론 체험형 학습이 될 수 있으며, 그렇게 활성화할 필요가 있다는 것은 말할 나위도 없다. 그러나 다양한 활동이 각각의 코스 전체 목표를 향해 가는 중에 '일본어 면접'과 '교류실습'은 특히 커뮤니케이션 능력과 이문화 접촉장면을 강하게 의식한 활동이기 때문에 이것을 소개하기로 하겠다.

'일본어 면접'은 커뮤니케이션 능력 신장을 목표로 하는 활동 전체의 일부분으로, 시간수로 말하면 인터뷰 1시간, 피드백 1시간을 과정 중에 2회 실시하여, 총 4시간 정도가 되는 활동이다. '교류실습'은 학습자와 지역에서의 참가자가 교류하면서 커뮤니케이션하는 봉사 참가형 학습활동으로, 4개월 과정 중에 2시간을 기본으로 3회 실시하여 총 6시간 정도가 되는 활동이다. 양쪽 모두, 아래와 같은 물음이 출발점이 되어 시작되었고, 수정이 거듭되면서 반복되는 활동이 되었다.

· 학습자가 환경에서 배울 수 있도록 하기 위해서는 어떻게 해야 하는가?

· 커뮤니케이션하는 것으로 학습자의 커뮤니케이션 능력을 신장시키려면 어떻게 해야 하는가?

· 능력이 신장되었다는 것을 학습자가 자기평가할 수 있게 하려면 어떻게 해야 하는가?

(1) 일본어 면접

커뮤니케이션 능력을 규정하는 것은 쉬운 일이 아니지만, 귀국자 센터에서는 이 능력을 '매개로 하는 것이 언어든 비언어든 일본 생활에서 주위 사람들과 환경이 되는 공동체와 상호작용을 하여 그것을 유지하고 확대해가기 위한 기초적인 능력'이라고 정의한다. 더욱 어려운 것은 이 능력을 평가하는 일이다. 과정 전체에서 커뮤니케이션 능력 신장을 목표로 해도 그 능력이 신장되었는지를 어떻게 평가하면 좋을까? 우리들이 규정한 능력은 필기시험과 기존의 수행 평가로는 판단하기 어렵기 때문에 '일본어 면접'을 고안하여 시행하였다. 이 활동을 실시함으로써 학습자에게 과정의 방침을 보여주고 자기 과제와 학습목표를 파악하도록 한다. 또 개강 때의 모습과 수료할 때의 모습을 비교하여 자기 자신의 '능력 신장'을 실감하게 하고 평가하도록 한다. 가르치는 입장에서는 '일본어 면접'은 지도 항목이나 목표로 하는 능력을 파악하고, 지도 목표의 달성도를 확인하고 과정 중에 피드백이라는 시노 활농을 조정하는 기능을 한다.

학습자의 90%는 일본어가 미숙한 상태로 일본에 오게 되는데 이

'일본어 면접'은 귀국자 센터의 학습자 전체(학령기의 아동 학습자 제외)가 참여한다. 개강과 수료 시의 사전평가와 사후평가처럼 담당 강사와 1대 1로 일본어 인터뷰를 실시한다. 그림 2와 같이 '동기유발' 후 3분을 기준으로 일본어로 인터뷰하고 이것을 비디오로 촬영하여 피드백을 한다.[3] '동기유발'과 '피드백'에는 학습자의 모어를 매개어로 사용한다.

그림 2

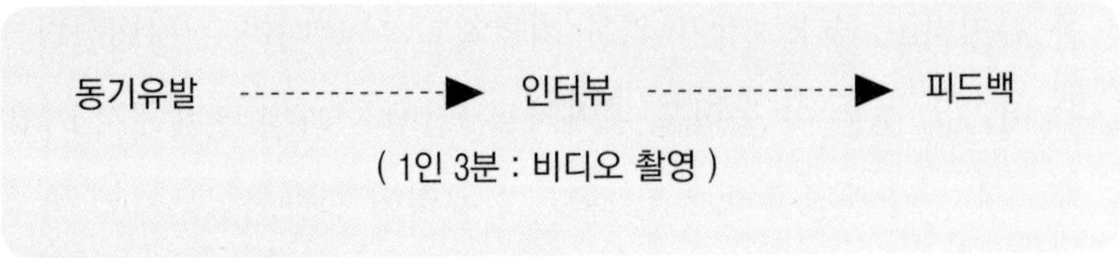

동기유발 --------------▶ 인터뷰 --------------▶ 피드백
(1인 3분 : 비디오 촬영)

[동기유발과 인터뷰]

개강 직후에 실시하는 인터뷰 전의 '동기유발'에서는 우선 "여러분은 일본인과 이야기를 한 적이 있습니까?"라고 묻는다. 대체로 "없다"고 대답을 하기 때문에 "그러면 오늘은 일본인 선생님과 이야기를 해 보세요. 지금까지 일본어를 배운 적이 없는 사람이 많기 때문에 일본어를 못하는 것은 당연합니다. 그래도 다양한 방법을

---

3) 비디오 녹화한 것을 보고 장면마다 사고의 흐름을 떠올리거나 인터뷰에 따라 생각해낸 방법을 '자극 재생법', '자극 회상법(recollection)'이라고 한다. 이 방법은 교사 트레이닝에서 강의스킬(skill) 훈련법으로 사용되거나 학습자의 프로토콜(protocol) 정보 수집에 사용되기도 한다.

생각해서 이야기해 봅시다. 코스의 성적과는 관계가 없기 때문에 신경쓰지 말고 말해 보세요."라고 하면 긍정적인 분위기가 만들어진다. 또한 "비디오로 촬영해 놓고 졸업 때 보면서 4개월 동안의 공부로 어느 정도의 성과를 얻었는지 스스로 판단해 봅시다."하고 비디오를 촬영하는 이유와 타인에게 보여주지 않는다는 사실도 전달하여 편안하게 인터뷰를 받게 한다.

인터뷰의 구체적인 항목은 표1과 같다. 표1은 개강 때에 실시하는 인터뷰 항목과 인터뷰 진행자의 진행방법으로 수료할 때의 항목은 다소 증가한다. 개강 때에는 6항목뿐이지만, 인터뷰는 3분이 기본이기 때문에 일본어를 전혀 배우지 않은 학습자의 경우에는 특히 4번째 항목인 '일본에 온 날짜' 정도에서 시간이 종료되는 경우가 많다. 종료가 될 때까지 3분 동안 교사는 제스처와 소도구를 이용하거나 그림을 그리든지 해서 학습자와 의사소통을 도모한다. "お名前は?(성함은?)"라고 물어도 "何?(뭐?)"라는 반응이면, "名前は?(이름은?)", "なまえ(이름)"라고 말을 바꾼다. 그래도 안 되면 자신의 이름표를 가리키며 "私は××です(나는 ××입니다)"라고 하고나서 학습자를 가리키며 다시 한 번 "お名前は?(성함은?)"라고 묻는다. 그래도 통하지 않으면 "なまえ(이름)"라고 써서 보여준다. 즉, 면접을 담당하는 인터뷰 진행자는 나음과 같은 섬에 유의해 인터뷰를 진행할 필요가 있다.

· 다양한 방법을 강구하여 학습자에게 의도를 전하고, 같은 방법으로 학습자로부터 반응을 이끌어 낸다.
· 학습자에 따라 대응이 다르지 않도록 강구할 수단과 그 순서를 미리 정해 둔다.

그리고 무엇보다도 '학습자가 편안하게 면접을 받을 수 있도록 신경을 써야한다'는 점을 잊지 말고 인터뷰를 정리해야 한다.

[피드백]

인터뷰 이상으로 중요한 것이 의식화를 위한 피드백 활동이다. 이 활동은 '일본어 면접' 후에 가능한 한 시간을 두지 않고 바로 실시한다. 학습자 타입에 맞춰 피드백 활동도 다양한 타입을 만든다. 학급 전체가 비디오를 보고 회상하는 경우와 개개인이 자신의 비디오만을 보고 회상하는 경우도 있다. 교실에서 담당 교사와 함께 '면접'을 재연하여 서로 의견을 나누기도 하고, 비디오를 보면서 설문지나 체크 리스트에 학습자가 기입하는 활동을 하기도 한다.

어떠한 방법으로 피드백을 하더라도 반드시 유의해야 할 점은 다음과 같다.

① 면접 때의 인상 : 면접 때 긴장했는지, 어떤 느낌이었는지, 그 때의 인상을 회상하고 반성한다.
② 이해 확인 : 반성하면서 인터뷰 진행자가 전달하고자 한 것을 이해했는지, 어떤 항목을 이해했고 또 이해할 수 없었는지를 확인한다.
③ 이해의 의식화 : 이해할 수 없었던 항목은 다음 학습항목으로 의식한다. 인

터뷰 진행자의 일본어나 다양한 활동을 이해하는 장면을 비디오로 지적하고, 이해하고 있는 말은 물론 비언어적인 활동에도 주목하도록 한다.

④ 이해의 이유 : "일본어를 모르는데 어떻게 교사가 질문한 내용을 알았는가" 하고 물어보면 "이름표를 가리키고 나서 자신을 가리켰기 때문에 이름을 물어본 것이라고 생각했다" "선생님이 낚시하는 그림을 그렸고 자신이 낚시를 좋아했기 때문에 납득했다" 등의 대답이 돌아오므로 학습자에게 커뮤니케이션 전략에 대해 새삼 언급하고 의식하게 한다.

＊표1

'일본어 면접' 항목

0. 인사 · どうぞ （손으로 의자를 가리키며 좌석을 권한다.) · はじめまして(목인사)		
제1단계 언어에 의한 통제	제2단계 제스처나 소도구에 이한 통제	제3단계 필기, 그림 등에 의한 통제
1. 이름 ①「お名前は」 ②「名前」 ③「なまえ」	④ 교사는 자신의 이름표를 가리키면서「私は××です」, 학생을 가리키면서「お名前は？」	⑤ 필기「姓名」 ⑥ 체크표의 L의 이름을 가리키며「××さん?」
2. 연령 ①「××さんは今おいくつですか」 ②「何才ですか」 ③「私はN才です、××さんは？」	④ 교사, 자신의 연령을 손가락으로 보이면서「私はN才です、××さんは?」	필기 ⑤「N才」 ⑥「N歳」 ⑦「年齢N」
3. 취미 ①「××さんの趣味は何ですか」 ②「好きなこととか得意なこととかありますか」 ③「例えば、ピンポンとか釣りとか」	제스처 ④ 탁구(독서/낚시)를 동작으로 표현하면서「ピンポン、しますか」	그림을 그려서 나타낸다. ⑤ 라켓(책, 낚시) 그림

4. 일본에 온 날짜 ①「××さん、日本に 来たのはいつです か」 ②「いつ日本に来ま したか」 ③「何月何日、日本に 来ましたか」	④ 발화「日本」+손가락 으로 여기를 나타내 는 동작+발화「来ま した」, 저쪽에서 자기 앞으로 손을 움직이는 동작을 보이면서 발화 「いつ日本に来まし たか」 ⑤ 달력을 가리키면서 발 화「何月何日、日本 に来ましたか」	그림을 그려서 나타낸다. ⑤ 라켓(책, 낚시) 그림
5. 처음에 ①「今回が初めてです か」 ②「以前、日本に来ま したか」 ③「以前、来ません?」	④「以前」라고 하고 「来ません?」하고 부 정의 의미로 손을 흔든 다.	필기 ⑤「初」 ⑥「第一次」
6. 인상 ①「日本に初めて来た ときの印象はいか がでしたか」 ②「○月○日,来ました ね、そのとき、ど う思いましたか」	③「思いましたか」라는 의미로 자신의 머리에 가볍게 손을 댄다.	필기 ④「印象」

그림 1 '학습 사이클'을 다시 한번 보자. 의식화는 각 단계에서 일어날 수 있다. 이상적인 학습자는 외부로부터의 개입이 없어도 이 사이클에 맞추어 '학습'을 진행할 수 있지만, 현실에서는 종종 교사 쪽에서 의식화를 촉진시킬 필요가 있다. 그러나 의식화는 '자발적으로 이루어진다'는 원칙이 있고 이 점에서 모순이 생기게 된다. 실제로 체험하고 무언가 문제가 있으면 자각하고 대처법을 생각하는

과정을 학습자가 주체적으로 행동하고 교사들은 그 과정에 관여하여 지원하는 것이 중요하다.

'일본어 면접'과 그 일련의 활동을 통해 학습자에게 비언어적인 요소도 포함된 커뮤니케이션 능력을 알게 하는 것, 학습은 앉아서 하는 게 아니라 '체험'을 통해서 이루어지는 것임을 학습자가 실제 '체험'을 통해서 이해할 수 있도록 하는 것이 활동의 목표이자 코스 전체의 목표이기도 하다.

(2) '교류실습'

귀국자 센터의 학습자는 가족단위로 숙사에서 생활하면서 연수를 받고 있다. 이 상황은 일본에 있으면서도 일본에서 생활하지 않는 '소중국(小中国)'공동체에 사는 것과 같다. 실제 사회로부터 떨어져 있다고도 할 수 있는 환경에서 어떻게 하면 일본사회에 들어가 '자신감과 의욕'을 양성해 갈 수 있는지, 이러한 요구에 대해 학습 환경을 개선하고 이문화 접촉 장면을 계획적으로 교실에 가져 옴으로써 '교류실습'이 제 역할을 할 수 있게 된다.

학습 환경을 교실 밖으로 넓혀 학습 소재를 사회에 요구하는 활동에 대해 귀국자 센터에서는 '실습'이라고 총칭한다. 실습에는 두 가지가 있는데, 하나는 주로 행동달성을 목표로 하는 것, 가령 상섬에서 쇼핑하기, 교통기관을 이용해서 목적지에 가기와 같은 실습이다. 또 하나는 '교류실습'으로 자원 봉사 참가자와 학습자가 같은 장소에서 쌍방이 서로 배우는 것을 목표로 한다. 교사 이외의 일본인과의 접촉을 통해서 이문화 커뮤니케이션을 도모하는 것이 목적이지만, 특히 '교류실습'에서는 다음과 같은 목적이 있다.

- 사회적 문화적 배경이 다른 사람과의 커뮤니케이션으로 친해질 것
- 서로 갖고 있는 문화적 사회적인 배경과 실정을 알 것
- 현재 자기의 힘으로 커뮤니케이션을 할 자신감과 의욕, 그리고 '이문화'에 대처할 자신감과 의욕을 가질 것

귀국자 센터에서는 '적응'[4]이란 '환경과 조화적인 관계를 맺을 수 있도록 자신을 환경에 맞추어 변화해가는 것과 자신의 욕구를 만족시켜야 할 환경에 맞추어 가는 것과의 상호작용을 바탕으로 자신의 가능성의 현실화를 목표로 하는 과정'으로 규정하고 있다. 이 '자신의 가능성의 현실화'는 자기실현'과 바꾸어 말할 수 있을 것이다. 물론 무엇을 가지고 자기실현이라고 하는지, 그 방법은 사람마다 각각 다르다. 사람 수만큼 자기실현 방법이 존재하고, 같은 한 사람의 자기실현 방법이어도 환경과 상호작용하는 과정에서 변화해 가는 것은 당연하다. '적응'은 '자기실현 과정'에도 있다.

---

4) '적응'(adjustment)에 근접한 말로는 '순응', '적합', '동화'등이 있다. 이것은 환경조건에 맞도록 환경에 잠입한 개체를 변화시킨다는 의미가 있지만, '적응'은 자신을 환경에 맞추는 동시에 자신의 욕구도 대충 만족되어 가능성도 현실이 되는 것을 강조한다. 또한 자문화를 유지하면서 상대방과 '조정'(accomodation)하는 개념도 있으며, 여기서 말하는 적응은 다소 조정에 가깝다고 할 수 있다.

'적응'은 어떤 기준과 조건이 있어서 그것이 충족된 결과가 아니라 과정이라는 점이 중요하다.

'이문화 적응' 규정은 기본적으로는 '적응'과 다르지 않지만 다른 환경에 대해 환경과 상호작용하여 자기실현을 목표로 하는 과정이라고 할 수 있을 것이다.

[교류실습의 활동 타입]

'이문화'와 '적응'을 의식한 '교류실습'에는 몇 가지 활동 타입이 있다. 활동목적을 관점으로 하여 활동 타입을 분류하면 다음과 같다.

① 취미나 가족 등이 화제로 커뮤니케이션하는 환담형식의 활동
② 요리나 노래를 가르치고 배우는 문화 소개적인 기능을 전달하는 활동
③ 게임이나 스포츠 등의 레크리에이션을 통해서 함께 즐기는 활동
④ 통역을 매개로 한 좌담회(테마에 관련된 쌍방의 입장으로 의견교환을 한다)를 통해서 서로의 이문화에 대해 깊이 이해하는 활동
⑤ 상대방의 모어를 서로 주고받는 환담형식의 활동

기본적으로 코스 중에 3회의 실습을 기획하였다. 첫 번째는 ①의 환담형식의 실습을 짜고 두 번째는 ②에서 중국과 일본의 노래를 서로 배우고, 세 번째는 ④의 좌담회에서 '더치페이(割り勘)'에 대해 서로 이야기하고 일본과 중국의 교제 형태에 대해서 생각하는

것이다. 자원 봉사 참가자에게는 가능한 정해진 3회를 모두 참가하게 한다. 만나서 서로 알고, 그리고 좀 더 서로 알려고 하는 과정을 의식하고, 학습자와 참가자가 서로 깨닫게 된 점을 피드백하고, 만나면서 생기는 서로의 변화를 알게 하기 위해서이다.

[교류실습의 기획과 실시]

그림 3은 '교류실습' 기획에서 학습 활동에 이르기까지와 커리큘럼과의 관련성을 나타낸 것이다. 학급 담당 교사가 활동을 기획하지만, 어떤 학습자인지, 어떤 참가자인지 그리고 그 밖에 물리적 경제적인 조건을 고려하여 활동내용을 결정한다. 자원봉사인 참가자에게 참가를 의뢰하고 학습활동 중에 동기유발이나 교류에 필요한 언어 학습을 포함해서 준비를 하지만, 각 단계에서 평가와 피드백을 실시하여 프로그램과 커리큘럼에 검토와 수정이 가해진다.

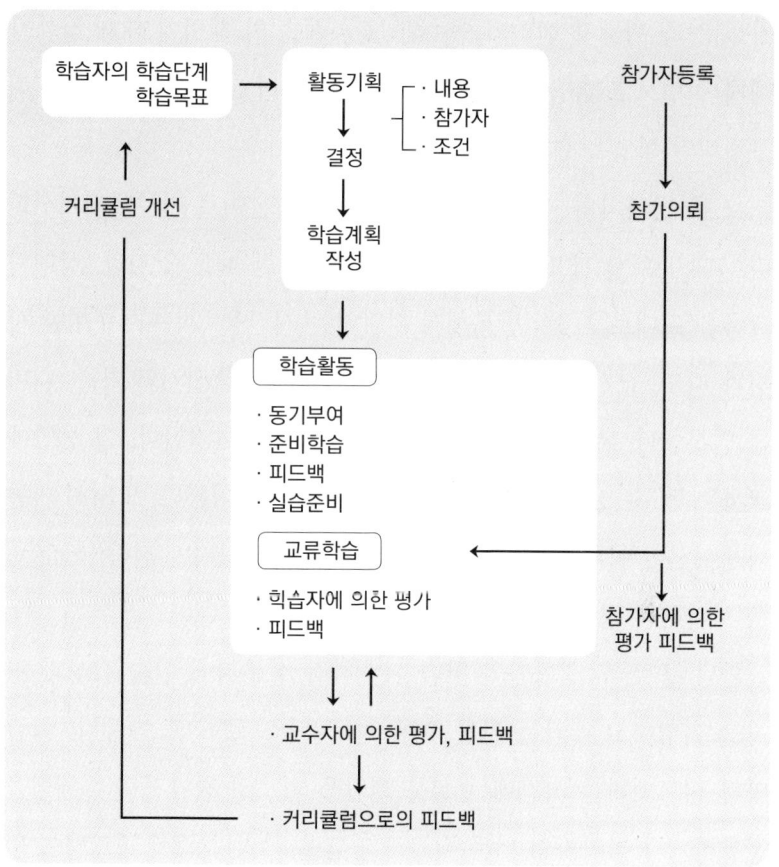

그림 3

그림 3   '교류실습'의 위치

학습자의 학습단계
학습목표

활동기획
　・내용
　・참가자
　・조건

참가자등록

커리큘럼 개선

결정

참가의뢰

학습계획
작성

학습활동

・동기부여
・준비학습
・피드백
・실습준비

교류학습

・학습자에 의한 평가
・피드백

참가자에 의한
평가 피드백

・교수자에 의한 평가, 피드백

・커리큘럼으로의 피드백

　　연수가 시작되고 3~4 주째에 첫 번째의 '교류실습'을 편성하는
데, 이때는 자기소개를 중심으로 커뮤니케이션을 실시하는 ①타입
의 활동이 많기 때문에 이것을 예로 구체적인 '교류실습'의 흐름을
살펴보기로 한다. 참가자에게는 가족이나 취미 등 자기 자신에 대
해서 이야기할 때 도움이 될 수 있는 것(사진 등)을 사전에 지참하

도록 의뢰하고 학습자도 같은 준비를 하게 한다. 실습 당일은 귀국자 배경과 귀국자 센터의 연수와 '교류실습'의 의미에 대해 참가자에게 설명하고 다음에 각 학급의 교사로부터 그 날의 활동에 대해 구체적인 설명을 한다.

그 후 참가자와 학습자가 자기소개를 일본어로 커뮤니케이션한다. 1대 1로 할 때도 있고 그룹으로 이야기할 때도 있지만, 상대와 그룹을 교대로 2~3회 반복해서 환담하는 시간을 갖는다. 준비한 사진과 지도, 잡지의 사진 인쇄물 등을 이용해서 출신지와 가족, 취미를 일본어나 그 밖의 수단을 사용하여 서로 이야기한다. 그 동안에 교사는 될 수 있는 한 환담에 개입하지 않고 지켜본다. 도저히 커뮤니케이션이 이루어지지 않을 때는 도와 줄 수 있지만 전략(strategy)을 시사하는 정도로만 한다.

환담 종료 후 참가자와 학습자는 각각 설문지에 실습 감상과 평가를 기입하고 결과는 활동 후에 지도활동으로 피드백된다. 학급마다 피드백하는 시간에는 설문 회답을 기초로 참가자끼리 체험을 공유하거나 참가자의 의문에 교사가 답을 하거나 즉시 피드백이 필요할 때는 학습자와 참가자가 서로의 감상과 체험을 교환할 수 있도록 한다. 전체 모임은 교실에서 취급하는 것보다 큰 문제를 들어 지도목표나 귀국자 문제에 대해서 질문을 한다. 별도의 교실에 참여한 참가자끼리 의견을 교환할 수도 있다. 이 흐름을 간단히 표시하면 그림 4와 같다.

| 그림 4 | '교류실습'의 흐름 |

사전 설명 → 실습 → 사후 설문 → 학급별 피드백 → 전체 회의

[요구되는 쌍방향성]

학습자는 이 '교류실습'에서 일상 학습활동과는 다른 상대와 커뮤니케이션을 하게 된다. 일본어를 사용하는 빈도와 동기도 높아지고 무엇보다 '교실'에서 이야기되지 않는 실제 사회에서의 사용에, 보다 가까운 언어사용 장면을 접할 수가 있다. 그러나 참가자에게 요구되는 것은 교사가 지정한 역할을 연기해 교사 대신 말 연습을 하는 것이 아니다. 한 사람의 생활지로서 자신과는 다른 언어와 문화를 가진 사람과 만나 놀라거나 당황해 하면서 커뮤니케이션을 달성해 가는 것이다. 가령 서로가 '일본어와 일본문화를 이미 익힌 사람' 대 '그것을 지금 학습 중인 사람'이라는 틀에 억지로 밀어 넣게 되면 '교류실습'의 목적은 달성할 수 없다. 학습자가 참가자를 통해 이문화 커뮤니케이션을 한다고 하면 참가자도 학습자를 통해서 그것을 체험했으면 하는, 이 쌍방향성이야말로 바로 '교류실습'의 목적이 되는 것이다.

4. 체험형 학습 방법과 교사의 역할

학습자의 다양성을 좀 더 엄밀히 보면 무엇을 어떻게 배우면 좋을까는 학습자 개개인에 따라 다르다. 일본어의 숙련도, 학습내용, 적합한 방법 등이 다양하며 학습 스타일과 출신국에서의 생활 배경, 학습 경험, 학습동기 등 여러 요인이 있다. 이러한 전체 요인을 고려하다보면 수업에 무리가 따른다. 그렇다고 해서 학습자 개개인에게 완벽하게 적합한 개별적 대응수업을 실시하는 것은 현실적이지 않다. 그렇다면 결국에는 개개인의 학습자가 자신에 맞는 학습을 스스로 진행해 갈 수 있도록 지원하는 것이 중요할 것이다.

이것은 학습자에게 지도는 하지 않고 체험을 시키면 된다는 그런 의미가 아니다. 학습자에게 수동적이 아닌 학습 자세를 요구한다는 것이다. 체험을 체험으로서 도움되게 하기 위해서는 사전 설명과 연습이 좋을 수도 있으며, 학습자의 지식과 체험이 그다지 풍부하지 않은 경우에는 특히 효율적인 도움을 줄 필요가 있다. 기존의 지식과 체험이 너무 부족하면 자기 과제를 발견할 수 없어 학습이 순조롭게 진행되지 않기 때문이다. 이러한 학습자에게 실제 체험을 통해서 관찰을 하여 과제에 주체적으로 참여하는 자세가 몸에 배도록 지원할 필요가 있다.

무엇을 과제로 하고 무엇을 평가할지를 학습자가 이해하고 받아들이지 못하면 학습은 일어나지 않지만, "무엇을 어떻게 학습할지는 스스로 결정하자"라고 학습자에게 갑자기 요구해도 방법에 익숙하지 않으면 곧 바로 실행할 수 없다. '일본어 면접'에서 보았듯이 교사 측에서 묻는다거나 서로 이야기를 하는 것도 하나의 방법이다. 모델을 제시하거나 모의체험을 도입하거나 해서 학습자의 깨우침을 재촉하는 것으로 학습자가 결정하기 쉬운 환경을 만들 수 있을 것이다. 또한 '교류실습'에서 보았듯이 교실상황을 외부로 설정해 교류 활동을 기획하고 외부로부터의 참가자에게 활동에 대해 설명하는 등의 중개자로서의 역할도 교사에게 요구되는 중요한 역할이다.

지금까지 '커뮤니케이션도 문화도 체험을 통해서 배운다'는 것을 서술해 왔다. 그러기 위해서는 학습자에게 '가르쳐 주면 습득할 수 있다'는 신념을 갖게 할 필요가 있다. 그러나 그것으로 인해 학습자가 소외감이나 불안을 느낀다면 역효과가 나며 또한 학습자에게 북돋아 왔던 '학교·교사관' '교육·학습관'에 따라서는 가치를 두는 관점이 다르기 때문에 일률적으로 대처할 수 없다는 단점도 있다. 여기서 우리는 학습자를 알아야 하는 것에 대한 중요성, 상상력을 발휘하게 할 필요성이 생기는 것이다. 학습자가 생각하거나 시도할 때에는 함께 생각하거나 시도해서 함께 과제를 탐구하는 자세가 교사에게 요구된다.

'체험형 학습'을 실시하는데 있어 유의점은 다음과 같다.

· 커뮤니케이션이나 문화에 착안한 지도는 학습자에게 그것을 체험할 기회를
  제공하면서 실시할 것
· 주체적인 학습이 이루어지도록 과제의 의식화를 시도할 것
· 학습과 실생활을 연결하여 생활 속에서 스스로 학습할 수 있도록 유도할 것

이러한 활동에서 교사의 역할은 다음과 같다.

· 학습자 스스로가 학습에 주체적으로 관여해 갈 수 있는 시스템을 구축할 것
· 학습을 실생활과 구분하지 않고 학습자에게 필요한 체험의 기회를 만들어 그
  체험에서 배울 수 있도록 할 것

　다양화된 학습자를 생각하면 이것은 중국귀국자에 대한 일본어
교육만의 과제가 아니다. 또한 환경과의 상호작용으로 스스로도 변
용되는 것을 '학습'이라고 보는 입장에서는, 학습은 학습자에게만
기대되는 것이 아니다. 다른 것을 어떻게 받아들이고 그것에 대해
어떻게 자기를 주장하고, 필요하다면 자기를 어떻게 바꿔갈 것인지
는 우리들 일본어 교사를 포함한 일본인에게도 큰 과제가 될 것이
다. 정착형 학습자를 받아들이는 것으로 일본 사회의 새로운 변용
이 촉구되는 현 상태를 보면 일본어교육 영역에서야말로 이 변화를
실현시켜가야 한다고 생각한다.

참고문헌

佐伯胖（1995）『「学ぶ」ということの意味』岩波書店

中国帰国者定着促進センター（1995）『中国帰国者に対する日本語教育
のカリキュラム開発に関する調査研究』

波多野誼余夫（1980）『自己学習能力を育てる』東京大学出版会

安場淳・池上摩希子・佐藤恵美子（1991）『体験学習方の試み』凡人社

Arnold, J. (ed.) (1999) Affect in Language Learning. Cambride University
Press.

Oxford, R.L. (ed.) (1996) Language learning strategies around the world: Cross-
cultural perspectives. Manoa, HI University of Hawaii Press.

※実践事例の詳細や帰国者センターの指導については以下を参照のこと

中国帰国者定着促進センター『中国帰国者定着促進センター紀要』

1993年1号発行～2001年9号発行

中国帰国者定着促進センターホームページ

http://www.kikokusha-center.or.jp

제8장

지역사회와 일본어교육[*]

야마다 이즈미 (山田 泉)

---

[*] 본고는 야마다 이즈미(山田 泉)「「지역 일본어교육」의 두 가지 방법과 교수자 네트워크」2000년도 문화청 일본어교육연구위촉 『일본어교육에서의 교수자 행동네트워크에 관한 조사 연구-최종보고-』2000년 3월 사단법인 일본어교육학회 수록)를 토대로 첨가 및 수정한 것이다. 또한 지역사회에서 실시하고 있는 '외국인'주민의 일본어 학습에 호스트 사회 측 주민이 관련된 활동에 대한 호칭에 대해 여러 논의가 있지만 여기에서는 다루지 않겠다.

1. 들어가는 말

전후, 일본 국내에서의 일본어교육 대상자는 선교사나 외교관, 비즈니스 관계자, 유학생, 기술연수생 등이 중심이 되었다. 그러나 1980년을 전후로 하여 베트남, 라오스, 캄보디아에서 '난민'이라고 불리는 사람들과 '중국귀국자'가 추가되었다. 또한 일본인과 결혼해서 일본으로 이주한 사람 등 새로운 카테고리에 속하는 '외국인'[1] 도 증가하였다. 특히 1990년 '개정입국관리법'의 시행을 전후로 '일본계' 남미 사람이 급증하여 학습자로서 큰 비중을 차지하였다. 전자(선교사나 외교관, 비즈니스 관계자, 유학생, 기술연수생 등)의 대부분은 일본어를 배우는 것으로 스스로 '부가가치'를 두는 한편, 후자(난민, 중국귀국자, 새로운 카테고리의 외국인 등)의 대부분은 배우고 있는 일본어의 운용능력이 부족한 만큼 사회적인 핸디캡을 갖는 일이 적지 않은 것이 현실이다. 물론 전자에 속한 사람들도 일본 사회에서 생활하기에는 핸디캡으로 작용한다.

게다가 '난민'이나 국비(国費) '중국 귀국자'(사할린에서 온 귀국자 포함) 등, 일부는 지원이 충분한지는 별개 문제로, 정부 지원으

---

1) 일반적으로 사용되는 「외국인」이라는 표현에는 다양한 문제가 제기되고 있다. 세계 대전 전부터 전후에 이르기까지 자신의 의지여하에 관계없이 한반도에서 온 사람들과 그의 자손을 어떻게 불러야 하는지, 당사자는 어떻게 불려지기를 원하는지, 비교적 최근에 외국에서 온 사람들이 "저는 ○○ (국적) 사람이라고 불리는 것에는 저항감이 없지만, 외국에서 온 사람들을 일본인이 일률적으로 '외국인'이라고 부르는 것에는 저항감이 있다"라는 의견까지 다양하다. 본고에서는 따옴표를 사용하여 '외국인' '일본인'과 같이 표시하겠다.

로 집중적으로 일본어를 학습할 수 있는 기회가 제공되었으나 학습 기간이 지난 사람들과 후자에 속한 대부분의 사람들은 학습의 기회가 공식적으로 보장되어 있지는 않다. 이러한 현상을 반영해서 인지, 각 지역사회에서 개인과 단체 등이 후자에 속한 사람들 또는 '생활자'로서의 전자에 속한 사람들의 일본어 학습에 어떤 형태로든 참여하는 활동이 급속히 확대되었다. 이 활동의 대부분은 1990년대 초기에 들어선 것으로 지역행정의 관여가 있는 경우라도 그 교사는 이른바 지역주민인 경우가 적지 않다. 또한 학습자의 니즈의 다양성이나 관련된 활동에 대한 의의를 인지하는 다양성에 있어서도 활동의 목적과 방법에 대해 다양한 논의를 끊임없이 진행하고 있다. 필자는 이 활동의 대부분이 지금까지 실행되어 왔던 일본어교육 방법 그대로 전자에 속한 사람들에게 적용시켜서는 안된다고 생각한다. 이러한 논의를 통해 거꾸로 지금까지의 일본어교육 방법에 대해 되돌아보고 반성하기 위한 힌트를 얻을 수 있으며, 깊이 있는 논의는 의의가 있을 것이다.

따라서 본 논문에서는 전자를 포함한 일본어교육 당사자인 학습자와 '교사'와의 관계에 대한 입장도 포함하여 지역에서 시행되고 있는 일본어 학습활동에 대해 필자의 사견을 기술하고자 한다.

2. 인간의 생활기반으로서의 지역사회

지역사회에서의 일본어 학습과 그 지원활동에 대한 방법을 생각하는 것은 외국에서 온 사람들을 포함한 모든 주민의 생활기반으로서의 지역사회가 어떻게 존재해야 좋을지를 다양한 시점에서 생각할 수밖에 없다. 그리고 그 교육실천은 여러 입장의 주민이 대등하고 평등하게 자신만의 방법으로 살아가는데 방해요인이 되는 지역사회의 문제를 발견하고 극복해 나가는 방법을 논의하고 행동으로 옮겨야 한다. 즉, 본래 지역사회에서의 일본어 학습 · 지원활동은 외국인 등이 일본어를 습득하여 기존사회 적응을 목표로 하는 방식이 아닌 모든 주민에게 변함없이 '공생'할 수 있도록 사회를 개혁하는 데 기여해야 할 것이다.

우리들은 매일 지역사회를 기반으로 생활하고 있다. 지역사회의 다양한 사회적 지지가 없다면 생활의 유지는 불가능할 것이다. '사회적 지지'란 주거 및 광열, 수도에서부터 교통, 보건의료, 경찰, 소방, 교육에 이르기까지 바로 생명줄(life line)이라고 부를 수 있는 것이다. 이것은 도시뿐만 아니라 농 · 어촌이나 자급자족형 지역 공동체형에서 공공 서비스형[2]의 생활형태로 바뀌어 있는 현실을 생

---

2) '공공 서비스'란 용어는 주민이 세금이나 요금 등을 지불하는 한편으로 이러한 생명선의 공급을 계약하고 있기 때문에 행정 및 공공기관이 일방적으로 '서비스'를 제공해 주는 것이 아니다. 그러나 다른 알맞은 용어를 찾지 못하였으므로 이렇게 부르기로 한다.

각해 보면 아마도 대다수의 주민에게 필수 불가결한 것이다.

또한 각각의 지역사회에는 제각기 정책이 있으며, 그에 따라 행정정책이나 공공 서비스가 실행된다. 그 지역의 자연환경이나 사회환경을 어떻게 가꿔 나갈지에 대해 지역사회로서의 판단이 제시되는 것이다. 하천 관리와 자연보호와의 관계를 어떻게 할지, 저출산 및 고령화 문제에 어떻게 대처해야 할지, 외국인 자녀들을 학교에서 어떻게 수용할지, 크고 작은 여러 문제에 각각의 지역사회는 그 이념을 근거로 결단을 내리게 된다.

물론 이러한 지역사회의 이념은 원래 지역주민의 합의에 따라 결정된다는 것은 말할 나위도 없다. 따라서 이념에 의해 실행된 행정정책이나 공공 서비스의 실상도 지역주민의 의사에 따라 결정된다. 여기서 문제가 되는 것은 이러한 이념은 어떤 사람에 의해 만들어지느냐하는 점이다. 만약, 각각의 지역사회의 이념이 그 사회의 주류파 주민[3]에 의해서만 결정된다면 소수파 주민의 의사는 무시되어 버린다. 그럼 '여러 입장의 주민이 대등하고 평등하게 자신만의 방법으로 살아가는 것'은 실현 불가능해진다. 우선 '다양한 입장의 주민이 대등하고 평등하게 자신만의 방법으로 살아갈 수 있는 지역사회를 실현한다'는 것을 대전제로 하고 그 위에 '외국인'을 포함하여 '여러 입장의 주민이 대등·평등하게' 이념 만들기에 참가할 수

---

3) 여기서 말하는 '주류파'에 대립하는 개념은 '소수파'가 된다. 그러나 '주류파'라는 개념에는 '다수파'라는 수적인 면뿐만 아니라 권력 면에서의 의미도 포함된다.

있도록 하는 것이 무엇보다 중요하다.

3. 지역사회에서의 '공생'

대다수의 사람들은 각각의 사회단위(커뮤니티)[4]에서 어떠한 면에
서는 소수파가 될 수도 있을 것이다. 성별, 연령, 직업, 학력, 신체기
능 및 그 밖의 능력, 계층, 종교, 거주년수, 재직년수, 질병, 출신국,
가족의 유무 등 인간 사회에는 다양한 카테고리에서 권력관계가 존
재하며 소수파(사회적 약자)가 생겨나는 경우가 많기 때문이다. 모
든 점에서 자칭 주류파라는 주민이라 하더라도 어렸을 때에는 소수
파라서 자기의 의사를 충분히 전달하지 못한 경험이 있을 것이다.
또한 고령자가 되거나 장애[5]를 가지고 있거나 임산부가 되거나 '외
국인'이 되거나 하면, 마찬가지로 소수파가 되는 것에 대해 생각하
게 될 것이다. 따라서 어지간한 사람이 아닌 이상, 기본적으로 '다양
한 입장의 주민이 대등·평등하게 자신만의 방법으로 살아갈 수 있
는 지역사회를 실현하는 것'에 반대할 이유가 없다. 그것을 실현하

---

4) 예를 들면, 한 학교나 직장, 조직 등도 어떤 의미에서는 사회를 형성하고 있다고 생각하여 이 용어
를 사용하였다.

5) 원래 사람이 가지고 있는 여러 가지 능력에는 개인차가 있지만 어떤 능력이 보통 이하인 사람들을
'장애인'이라고 하는 것은 사회 측에 문제가 있기 때문이라는 의식이 있다. 예를 들면 휠체어로 이
동을 하는 사람들이 역의 계단 등에서 뭔가 '장애'를 느낀다면 휠체어로의 이동을 고려하여 역을 만
들지 않았기 때문이다. 여기에서는 이러한 사회의 문제를 고려하여 괄호로 묶어 '장애'라는 표현을
사용했다.

기 위해 '다양한 입장의 주민이 대등·평등'이라는 이념 만들기에 참가할 수 있도록 하는 일에 찬성하는 사람이 많을 것이다.

게다가 여기에서 문제삼고 있는 '외국인'이라는 소수파에 대해서는 다행스럽게도 일본은 국제연합의 '국제인권규약'[6]을 비준하고 있으며, 이 규약에는 "국민적 혹은 사회적 출신…에 따른 어떠한 차별도 없이 이 규약에 규정된 권리"가 보장된다고 하여, 인간으로서 필요한 '경제적, 사회적, 문화적 권리'와 '시민적, 정치적 권리'를 각각의 국가가 보장하도록 규정되어 있다. 또한 일본이 비준한 국제연합의 '아동권리조약'[7]에서도 '외국인'의 자녀라도 같은 권리가 인

---

6) 1966년 국제연합에서 채택한 「인권에 관한 국제규약」(「국제인권규약」)을 일본은 1979년에 비준, 시행하였다. 본 규약은 「경제적, 사회적, 문화적 권리에 관한 국제규약」(「사회권규약」, 「A규약」)과 「시민적, 정치적 권리에 관한 국제규약」(「자유권 규약」, 「B규약」)으로 쌍방의 규약 모두 제2조 '체약국의 규약실시의무'에 체약국은 「국민적 혹은 사회적 출신…에 따라 어떠한 차별도 없이」 이 규약에 규정된 권리」가 행사되는 것을 보장하고 있다. 게다가 사회권 규약의 제13조 '교육의 권리'에서도 「체약국은 교육이 모든 사람에게 자유로운 사회에 효과적으로 참가하는 것…을 가능하게 해야만 하는 것에 동의한다」로 제시되어 있다. 또한 자유권 규약 제 27조 '종족적, 종교적 또는 언어적인 소수자의 권리'에서 소수자에 대해 「자기 문화를 향유하고 자신의 종교를 믿고 실천하고 또한 자기의 언어를 사용할 권리를 부정할 수 없다」라고 명시되어 있다. 그 밖에 본 규약에는 노동이나 사회 보장, 생활의 질, 참정권 등 사람이 살아가는데 필요한 권리를 체약국이 책임지고 보장해야 한다고 되어있다. 일본사회에서 '외국인'의 권리를 어떻게 보장해야 할지는 본 규약에 비추어 결정되어야 한다. 본 규약은 미야자키 시게키(宮崎繁樹) 편집자(참고문헌1)에 의한 것이다.

7) 「아동의 권리조약」(「어린이 권리조약」)은 1989년 국제연합에서 채택되었고, 일본은 1994년에 비준, 시행했다. 본 조약에서도 국제연합인권규약과 같이 그 전문에 체약국은 「국민적 혹은 사회적 출신…에 의한 어떠한 차별도 없이」협정한 것이 명시되어있다. 대상이 어린이이라는 점을 감안해서 국제인권규약 이상으로 구체적인 권리 보호가 담겨져 있다. 직접교육에 관련된 부분에 대해서는 제28조에서 교육을 받을 권리를, 제29조에서 그 목적에 대해 구체적으로 언급하고 있다. 후자는 「어린이의 부모, 어린이 자신의 문화적 정체성, 언어 및 가치의 존중, 어린이가 거주하고 있는 나라 및 어린이의 출신국의 국민적 가치의 존중 그리고 자기자신의 문명과 다른 문명의 존중을 발전시킬 것」을 요구하고 있다. 본 규약은 나가이 켄이치(永井憲一)·데라와키 타카오(寺脇隆夫)편(참고문헌2)에 의한 것이다.

정되어야 한다고 되어 있다. 그러나 현실적으로는 '외국인'에게 참정권이 부여되지 않는 것을 비롯하여 대부분의 경우, 적절한 교육을 받을 권리조차 충분하게 부여되지 않고 있다. 그래서 성인의 경우, 자신에게 적합한 노동에 종사하고자 해도, 가족의 인간다운 생활을 유지해 나가려고 해도 여러 장벽에 부딪힐 수밖에 없다. 또한 어린이의 경우에는 건전한 발달과 성장을 방해하는 보다 심각하고 많은 장벽이 존재한다.

그 원인의 근본에는 지금까지 일본 정부와 공공단체 등이 '일본인' 이외의 주민을 사회의 정식 구성원으로서 인정하지 못한 역사적 경위가 있다고 생각된다. 그래서 오늘날조차도 '외국인'에게는 스스로 자신의 의사를 나라나 지역사회에 표명하는 수단을 빼앗기는 현실이라 생각된다. 일본어가 부자연스러운 '외국인'의 경우는 더 말할 것도 없다. 이러한 공적인 의식은 다양한 공적 제도에 반영되어 있기 때문에 당사자인 '외국인' 생활자에게 일본 사회에서 자신답게 살아가는 데에 큰 장벽이 된다고 할 수 있다.

하지만 현재 개인으로서의 '일본인' 중에는 결론적으로 '외국인'이라는 소수파를 배척해서는 안된다고 생각하는 사람들이 서서히 증가하고 있다. 이것은 직접적 혹은 간접적으로 '외국인'과 접하는 사람들이 증가하거나 자신도 해외에서 '외국인'으로서 생활을 체험한 사람이 많아진 것과도 관계가 있다. 이러한 개인의 의식은 '외국인'과 직접적인 접촉이 증가하여 특정 상대와 서로 자신의 의사를 전달할 수 있는 관계가 되면 급속하게 변화되지 않을까? 바야흐로 지역 사회가 '외국인'도 정식 구성원으로 인정하는 공생 사회로 변해야 할 때를 맞이하고 있다고 할 수 있을 것이다.

그리고 그렇게 하기 위해서는 공적인 기구 안의 제도로서 '외국인'을 대등·평등한 주민으로서 인정하는 것이 반드시 필요하다. 이것은 최소한 앞에서 언급한 국제규약이나 조약을 비준한 시점에서 이미 시작된 것이라 할 수 있다. 이러한 대처가 늦다고 생각되면 일본사회의 구성원이 목소리를 높여 공공기관에서 빠른 대처를 하도록 호소해야 한다. 그것도 가능한 많은 사람이 목소리를 높이지 않으면 안된다.

목소리를 높이는 것은 그것이 필요하다고 생각하는 모든 사람의 몫이라고 생각한다. 또한 그들은 많은 '외국인'과 직접 대화하고 필요성도 함께 이해하고 함께 목소리를 높여줄 '외국인'이나 '일본인' 찬동자를 늘려가야 하는 것도 명심할 필요가 있다. 필요성을 이해하고 있는 사람은 공공기관 안에도 많다고는 할 수 없지만 반드시 있다. 지역에서 '외국인'과 관련된 사람은 '외국인'과 가장 가까운 거리에 있는 사람으로서 이러한 것을 호소하는 하나의 주체가 되어야 한다.

4. 지역사회에서의 '일본어교육'

이미 앞에서도 언급했지만 외국인은 지역사회에서 일본문화에 맞추어 일본어로 의사소통하는 것이 '당연'한 것일까?

이러한 것을 생각해 볼 때 필자 자신이 '외국인' 체험에서 느꼈던 것을 소개하고자 한다. 나는 대학을 졸업하고 계속 중국에서 일본어 교사를 하고 싶었으나, 1982년 졸업 후 7년이 지나고서야 바라고 바랐던 중국의 어문대학 일본어학부에서 가르칠 수 있게 되었다. 아내를 설득하여 첫돌이 지난 아들과 함께 중국으로 건너갔다. 부임하고 몇 달이 지나 가을이 깊어질 무렵이었다. 대학 교내방송에서 쉬는 시간이 되면 중국어로 무언가 같은 말을 반복하여 알리는 것을 깨달았다. 그 일이 며칠 계속 되었다. 나는 중국에 가기 전에 1년 반 정도 주 3일 2시간씩 중국어학원에 다녔지만, 그 정도의 중국어 실력으로는 일상회화에서 겨우 의사를 표현하는 정도여서 복잡한 내용을 알아듣기가 어려운 수준이었다. '보건소'나 '14세 이하(13세였을지도 모른다.)'라든가 '뇌염'과 같은 단어를 알아들을 수 있는 정도에 지나지 않았지만 같은 말을 반복하고 있다는 것은 알았다. 그래서 동료인 중국인 일본어 교사에게 교내방송에서 뭐라고 말하는지 물었더니 그 선생님은 "겨울에 많이 발생하는 뇌염이 올해에는 크게 유행할 염려가 있으므로 ○○세 이하 어린이는 반드시 예방접종을 받도록 하세요."라고 이야기해 주면서 "발병하면 너무 위험한 뇌염이에요. 야마다(山田)씨 아이는 이미 예방접종 하셨지요?" 라고 했다. 그러나 얘기는 처음 들었기 때문에 당연히 예방주사를 맞히지 못했다. 당황해서 나 이외에 아이를 데리고 온 다른 '외국인' 교수에게 전달했지만 아무도 그 사실을 몰랐다. 또한 대학의 '외국인' 교수 사무실에 가서 교사에게 "왜 이런 중요한 것을 가르쳐 주지 않는가" 라고 따졌더니 "잊어버렸다"는 것이었다. 그 후에는 열심히 대처해 줘서 '외국인' 교수의 자녀 전원이 보건소에서 예방주사를 접종할 수 있었다. 그리고 그 아이들은 모두 무사히 그 겨울을 보낼 수 있었다.

그 때 느낀 일이지만, 만약 내가 교내 방송을 이상하게 여기지 않아서 내 아이가 뇌염에 걸려 죽거나 후유증이 남았다면 나 자신을 책망했을 것이다. "내 가족을 지킬만한 중국어 실력조차 없는 주제에 중국에서 일본어 교사를 하고 싶다고 가족까지 중국에 데리고 온 거야"라고 말이다.

이 일은 그 후 우리 가족이 무사히 일본에 돌아와서 내가 일본에서 생활하는 '외국인' 주민과 깊이 관여하게 되면서 보다 깊이 느끼고 있다. 즉, 일본 사회에서 생활하는 '외국인'은 어떠한 형태로든 일본 사회의 니즈(요구)가 있어서 생활하고 있다는 것이다. 어떤 형태로 생활하고 있는 '외국인'이든 납세의 의무를 비롯하여 많은 의무에 따라 생활하고 있으며, 그 사람의 일본어 실력이 불충분하다는 것만으로 자신과 가족이 생활하는 데 신체의 위험을 느끼

거나 불평등을 느껴서는 안 된다. 이렇게 말하면 적지 않은 사람들
이 '로마에 가면 로마법을 따르라'며 일본사회에서는 '외국인'이더라
도 일본어를 사용하여 일본의 사회습관에 따라 생활하는 것이 당연
하다는 말을 들은 적이 있다. 깊이 잘 생각해 보고 결과적으로 '외국
인'이 '일본어를 사용하고 일본 사회습관에 따라 생활'을 하고 있다
고 하더라도, 그리고 실제 그러한 경우가 많다고 해도 '당연하다'고
말할 수는 없지 않을까? 그것은 식민지 등의 상황을 생각해 보면 알
수 있을 것이다. 종주국이 식민지 국가에게 원래의 언어나 사회 시
스템, 문화, 종교를 대신하여 종주국의 것을 강요하였다. 이는 힘이
강한 자가 약한 자에게 언어든 뭐든 강요하는 것과 같다. 일본 사회
에 살고 있는 '외국인'에게 무조건 일본어를 강요한다면 그것은 완
전히 그와 같은 힘의 관계가 작용하는 것이며, 바로 '내적 식민지'화
를 행하고 있는 것과 다를 바가 없다. 우선 '당연하다'고 하는 선입
관에서 벗어나 일본 사회에서 생활하는 '외국인'의 언어에 대한 문
제를 생각해 볼 필요가 있다. 그렇기 때문에 앞에서 언급한 것과 같
이 세계인권규약과 아동의 권리 조약을 비준한 것이라고 생각한다.

　다시 말하면, '외국인'주민도 지역사회에서 '국민적 또는 사회적
인 출신…에 의한 어떠한 차별도 없이' 자기실현을 할 수 있도록 보
장받아야 한다. 이런 일을 대응하기 위해 지역에서의 일본어학습·
지원활동은 이러한 규약이나 조약을 비준한 행정책임 하에 이루어
지는 것이 필수조건이라고 생각한다. 그런데 현 상태에서는 적어도

어른에 대한 것은 행정 부서의 관여가 있다고는 하지만, 대부분의 경우 지역사회 주민의 자유의지(자원봉사활동)적인 관여에 맡겨져 있는 것이 실상이다. 내용면으로는 행정의 과도한 관여를 배제하고 주민 학습자와 주민 지원자에 의한 자유로운 활동형태를 방해하지 않는다는 의미에서는 이점이라고 할 수 있으나 일본어 학습·지원이라는 항상적인 활동을 유지하기 위한 제도의 확립과 유지, 발전이라는 면에서 보면 행정의 책임있는 대응이 강하게 요구된다. 지역행정이 교육의 기회를 제공하고 학습자와 교수자에 따라 개개인의 요구가 잘 반영된 형태로 결정되는 것이 좋을 것이다. 반복되는 말이지만, 필자는 지역에서의 일본어 학습·지원활동은 '외국인'이 일본어를 익혀서 기존사회에 적응해 가는 것을 목표로 하는 것이 아니라 모든 주민이 있는 그대로 '공생'할 수 있도록 사회를 변혁시키는 쪽으로 기여해야 한다. 지역사회에는 다양한 입장과 신조가 있는 사람들이 같은 주민으로서 살아가고 있다. 지역에서의 일본어 학습·지원활동에 관여하는 교사는 학습자에게 대응하는 것과 거기에 맞춰서 모든 주민에게 지역사회를 '공생사회'로 변화시켜 갈 필요성에 대해 호소해야 한다고 생각한다.

5. 두 가지의 '지역에서의 일본어 학습과 지원활동'

지금까지 '지역에서 일본어 학습·지원활동'이라고 언급해 왔는데, 필자는 여기에는 두 가지 다른 목적이 있으며 두 가지 다른 형태·기능이 필요하다고 생각한다. 그 하나는 소위 '사회 교육'[8]으로서의 '사회 변혁을 목표로 한 상호학습'이다. 다시 말해, '외국인' 주민과 '일본인' 주민이 진실한 대화를 통해 양자의 관계를 구축하며 함께 생활하기 위해 지역사회의 문제, 넓게는 지구 규모로의 문제까지를 다양한 시점에서 그 해결방법을 모색하여 행동하고 피드백을 위해 '상대와 함께' 배운다는 것이다. 그 때 일본어를 매개 언어로 한다면 대다수의 '외국인'이나 '일본인'도 서로 매개어로서의 일본어 커뮤니케이션 능력이 요구된다. 자기 자신들의 커뮤니케이션을 위해 필요한 일본어 능력을 서로가 연구하면서 고양시키는 것이다. 그러므로 여기에서 필요한 '일본어'는 '일본인'의 '일본어'가 아니라 서로 의사를 주고받는 노력 하에 자연히 생겨나는 '외국인'과 '일본인'이 서로 '원활하게 의사소통할 수 있는 형태를 가진 일본어'가 된다. 그러므로 '일본인'도 이 '일본어'의 운용능력을 익힐 필요가 있다. 물론 매개 언어를 일본어로 할 필요는 없다. 이 학습의 취지에서 볼 때, 어떤 언어를 매개 언어로 해도 상관없다. 그것을 일본어로 한다고 하면 왜 일본어로 하는지, 일본어로 하면 어떤 부조리가 있는지, 그것을 극복하기 위해서는 어떻게 해야 하는지, 그럼

---

8) 지금까지 「사회교육」이라는 말과 「평생교육(평생학습)」이라는 말이 경우에 따라서는 같은 의미로 사용되거나 구별되어 사용하기도 했다. 여기에서는 「학교교육」과 구별하여 주로 성인을 대상으로 한 교육의 의미를 포함하여 「사회교육」이라는 말을 사용한다. 또한 사회적인 문제에 대해 배우는 의미도 포함되어 있다.

에도 불구하고 극복할 수 없다면 어떻게 할 것인지도 함께 고려해 보는 것은 '외국인'과 '일본인' 쌍방에게 중요한 일이다. 이 문제를 생각하는 자체가 일본인 사회에서 '외국인'과 '일본인'이 어떠한 권력관계에 있는지 생각하게 되며, '외국인'을 사회적 약자로 보지 않기 위해서는 지역사회에서 무엇이 필요한지를 이해하는 것과 연결된다.

또 다른 하나는 소위 '보상교육'[9]으로서의 '사회참여를 목표로 한 언어습득'이다. 이것은 위에서 언급하였듯이, 일본사회에서 '외국인' 어른이든 어린이든 충분한 자기실현을 가능하게 하기 위해서는 사회가 다언어에 대응하고 있지 않은 현실에서는 일본어 습득이 불가결하다는 것과 관계가 있다. 본래대로라면 사회를 다언어화해야 하지만, 현실에서는 그렇지 못한 부조리를 일본 측이 사과하고 그 대신 자기실현이 가능하도록 일정 정도 이상의 일본어 능력을 습득할 수 있는 기회를 '보상'으로서 보장하는 것이다. '외국인'이 현재의 일본사회에서 충분히 사회참여를 하기 위해 필요한 일본어 능력을 양성하는 것은 간단한 일이 아니다. 현재 국비로 실시하고 있는 중국귀국자 등에 대한 교육은 종종 부족함을 지적받고 있으며, 그 기간이나 방법이 개선되어 왔지만 적어도 그 이상의 질과 양을 갖

---

9) 「보상교육(Compensatory Education)」이라는 용어는 학교교육을 받을 기회를 가질 수 없었던 사회적 약자에게 추가교육을 시행하는 의미를 강조하며, 학교교육을 받을 수 없는 상태를 만들었던 사회의 문제를 불문에 부치는 부정적으로 파악되는 입장이 있다. 여기에서는 뒤에 서술하고 있는 것과 같이 「보상」의 의미를 강조하여 일부러 이 용어를 사용하였다.

춘 교육을 필요로 한다. 물론 그것은 행정 등의 책임이 있는 기관에 의해 시행되어야 할 것이다. 잊지 말아야 할 것은 이 '보상교육' 과 병행하여 다언어에 대응한 사회 조성이다. 과실과 보상을 반복하면 그 누구도 행복해질 수 없다. 본 논문에서 논하는 대상은 아니지만, 특히 어린이들의 교육에 대해서는 발달을 고려하여 모어 대응, 즉 다언어 대응이 무엇보다 필요하다.

이상, '지역에서의 일본어 학습·지원활동'에는 '사회의 변혁을 목표로 한 상호학습(사회교육)'과 '사회 참여를 목표로 한 언어습득 (보상교육)'이 있다는 것을 언급하였다. 이 중 후자는 행정 등에 책임을 가지고 임할 수 있는 기관에 의한, 일정 정도 이상의 질과 양을 갖춘 교육이 필요하다는 것을 다시 한 번 확인해 두고자 한다.

그런데 이 중에 후자는 전혀 없다고 할 정도로 준비가 되어 있지 않으며 앞에서 언급한 국비에 의한 중국귀국자 등의 프로그램이나 일부 야간 중학교가 있는 정도이다. 그래서 후자의 니즈를 가진 '외국인'이 전자의 기능을 가진 '교실'이나 '학급'에 후자의 기능을 찾아 쇄도하게 된다. 다만, 전자의 '일본인'주민은 원래 스스로도 배우는 쪽이며, '외국인'의 일본어 학습니즈에 대응하는 것 자체가 걸맞지 않는다. 그러나 현 상태에서는 대부분의 경우 '일본인'주민이 '외국인'에게 일본어를 어찔 수 없이 가르치고 있다. 그것도 대부분 주 1회 2시간 정도이다. 이러한 대처에 대해 일부 행정은 '조성'등의 형태로 지원하고 있는데 본말전도라 아니 할 수 없다.

필자는 이 두 가지 교육의 장을 나누어야 한다고 강력하게 주장한다. 그러기 위해서는 행정은 이 '조성' 등으로 끝낼 것이 아니라, 교육의 주체가 되어 대처해야 할 것이다. 물론 재정 면에서 부담이 따르겠지만 그것은 '외국인'과의 '공생사회'를 선택한 일본의 책임이라고 생각한다. 우선 행정 등의 공공기관이 주체가 되어 대응 방안을 결단하고 그 위에 필자는 소극적이지만 자원봉사활동(무급에 가까운 것) 교사를 채용할 것인가에 대해 논의해 보는 것도 좋다고 생각한다.

본 절에서 마지막으로 언급해 둘 것이 있다. 행정 등의 공공기관에 의한 보상교육이 시행되더라도 진정 요구되는 것은 일본 사회의 다언어 대응에 대한 충실한 태도라고 생각한다. 일본어를 학습하지 않는 혹은 일본어를 할 수 없는 사람까지 포함하여 '외국인'에게 일본어를 익히게 하고, 일본어가 불충분하다는 이유로 불이익을 당하는 것을 당사자 탓으로 돌려서는 안 되기 때문이다.

6. 현실적인 대응의 필요성

위에서 '두 가지 교육의 장을 구별해야한다'고 언급하였다. 그러나 필자 자신은 주로 어린이들을 대상으로 하지만 자원봉사로서 지역사회에서의 '외국인' 일본어학습에 관여해 왔다. 그것은 행정적인 측면에서 '사회 참여를 목표로 한 언어습득'을 위한 보상교육이 불충분하다고 여겨졌기 때문이다. 원래 행정측이 시행해야 하는 것이라고 해서 그것을 기다리기에는 '외국인'인 당사자를 방치해 두는 결과가 되기 때문이었다. 우리 지역주민들은 자원봉사활동으로 '외국인'학습자에 대해 책임을 가지고 대응할 수는 없지만 현 상태에서 불충분하더라도 현실적인 대응을 해야 한다고 생각한다. 필자가 관여하고 있는 어린이들은 위에서 언급하였듯이 인격형성 면이나 발달 면에서도 그 과정에서 학교 등에서 충분한 대응을 하지 않는다면, 혹은 누군가가 그것을 대신하여 대응하지 않으면 그 아이의 장래에 문제가 될 소지가 있다. 그러한 생각때문에 그만두지 못하고 충분하지 않지만 관여하게 되었던 것이다. 물론 행정 등에 대해서도 개인적으로 혹은 필자가 소속된 단체를 통해, 개선을 호소했는데 다행히도 필자의 지역에서는 단체와 시청, 교원조직, 시교육위원회의 연계[10]에 의한 일정의 성과가 있었다.

이러한 것이 다른 지역이나 다른 사람들에 의한 '지역 일본어교육'의 대처라고도 할 수 있지 않을까? 행정 등의 공공기관에 의한 대응의 준비부족으로 차마 눈뜨고는 볼 수 없어서 '사회 변혁을 목

---

10) 지역의 단체(봉사활동에 따른 대응을 주최한 국제교류협회)가 앞에서 언급한 네 기관에 의한 비공식적인 간담회를 마련하고 외국에서 온 어린이들을 받아들이는 방식을 협의하여, 수용에 있어서는 해당학교가 책임을 지고 대처하기 위해 교육위원회(공)에 '도일아동학생 상담실'을 전임 스탭(당초 3명, 현재 4명) 체제로 설치했다. 여기에는 봉사자 등이 어린이나 보호자의 목소리에 귀를 기울여 단체 담당교원에게 전달하고 그것을 간담회에서 협의한 것이 도움이 된다고 생각된다. 또한 전국 및 지구마다 동일한 대처를 위해 필요한 정보를 제공하는 리소스 센터 등이 있으면 좋을 것이다. 상세하게는 참고문헌 나카쓰 비와(中津美和) 및 야마다 이즈미(山田 泉)를 참고하기 바란다.

표로 한 상호학습'을 위한 사회교육에 참여하고 싶어하는 '일본인' 주민 등이 어쩔 수 없이 '외국인'의 '사회 참여를 목표로 한 언어습득'을 위해 부득불 '일본어를 가르치는' 행위를 하게 되는 것은 아닐까?

필자는 '외국인' 당사자의 상황을 조금이나마 개선하고자 '일본인'주민에 의한 이러한 활동을 긴급함때문에 용인하는 것이다. 다만, 이것은 본래의 바람직한 모습이 아니라, 어디까지나 '사회참여를 목표로 한 언어습득'을 위한 보상교육은 행정 등의 공공기관이 책임져야 한다고 생각한다. 이러한 생각에 대해서 공공기관이 시행하는 교육은 아무래도 획일적으로 될 경향이 있으며, 지금까지 시행되어 온 일본어교육의 내용과 방법을 강요하거나 새로운 니즈에 대응하는 내용과 방법을 확립하려고 했다고 하더라도 전체적인 효율을 중시하여, 개개인의 니즈는 무시될 경향이 있다는 비판이 있다. 또한 배우는 입장과 가르치는 입장의 힘의 관계가 사라지지 않고 일본사회에 존재하는 '외국인'을 어떻게 했으면 좋겠냐는 일본사회 측의 '교육적 의도'가 담겨져서 권위적인 강압 교육이 시행될 위험성이 있을 것이라고도 한다. 필자도 그러한 위험부담이 느껴진다. 그러나 한편으로 그것을 회피할 수 있는 방법을 계속 모색하면서, 다시 말해 어떠한 형태의 교육이든 '지역에서의 일본어 학습 · 지원활동'에서는 모든 관계자가 지역사회의 '외국인'주변에 있는 각종 사회문제를 극복하는 것이 최대의 목적이라는 것을 확인하고,

그것을 실현하기 위한 수단을 강구해야 할 것이다. 또한 '외국인' 주민의 지역사회에서의 언어문제에 책임이 있는 혹은 책임을 져야 하는 유일한 주체인 행정 등의 공공기관의 역할이 크다고 할 수 있다.

결국 '지역에서의 일본어 학습·지원활동'의 방법에 대한 논의에는 우선 '외국인'과 '일본인'에 의해 구성되는 지역사회에서 양자의 대등·평등한 사회참여를 어떻게 현실화할 것인지에 대한 논의가 불가피하다. 또한 지역사회에 있어 관계제도의 정비와 주민의 의식 개혁을 목표로 할 필요가 있다. 그러기 위해서 앞으로도 논의에 주력할 필요가 있으나 그러는 중에도 '외국인'에 대한 대응을 멈춰서는 안 된다. 그 때문에 필자를 포함한 관계자는 현실적인 대응을 하고 있는 것이라고 생각한다.

7. '지역 일본어 학습과 지원활동'의 지원자 네트워크

필자는 '지역의 일본어 학습·지원활동'에서의 지원자 네트워크에 무엇이 필요한지를 언급하고자 한다. 그러나 그 전에 필자가 생각하는 '네트워크'라는 것에 대해 언급할 필요가 있다. 그것은 '조직'이라는 것을 필자가 어떻게 생각히는지 대비시켜 나타내고자 한다.

필자는 '조직'이라는 것은 그 의사를 전달하기 위해 상향식(top-down)이든 하향식(bottom-up)이든, 수직의 지시계통이 있는 기구라고 생각한다. 거기에서는 어떤 권력관계가 작용하고 있으며, 조직 전체의 이익을 지키기 위해서는 개인의 자유로운 의사가 제지당해도 어쩔 수 없다는 전제가 있을 것이다. 경제 세계에서의 기업이나 정치 세계에서의 정당에서 상징적으로 볼 수 있는 것에 대해 '네트워크'는 횡적인 연결관계이고, 어떤 협조관계가 존재하더라도 최종적으로는 개인의 자유의지에 의해 어떤 때는 연결되고 또 다른 어떤 때는 끊어지는 경우도 있는 관계이다. 따라서 '네트워크'에서는 특정한 개인의 리더십은 환영받지 못하며, 오히려 참여자에게는 수평적이므로 개인으로서의 자립적인 참여와 상호 의존성이라는 모순된 긴장관계가 요구된다.

그러면 '지역에서의 일본어 학습·지원활동'에서 지원자의 네트워크에서는 어떠한 것이 바람직한지에 대해 개인적인 의견을 진술하고자 하는데 필자는 앞서 지적한 두 가지의 교육형태, 즉 '사회변혁을 목표로 한 상호학습'으로서의 사회교육과 '사회 참여를 목표로 한 언어습득'으로서의 보상교육에 한정하는 것이다. 이 중에 후자는 행정 등의 공공기관이 시행하는 것으로 '조직'으로서의 운영이 요구되는 경향이 있다. 결코 그것이 좋다고는 생각하지 않지만 그래도 그 교사는 개인적으로 네트워크를 만들거나 그 참여자가 될 수 있다고 생각한다. 그러한 의미에서 두 가지의 교육형태가 미분화된 현재의 상태에서 자원봉사활동을 하는 '일본인'주민의 지원자 개인 네트워크에 대해 언급하고자 한다.

우선 그러한 지원자는 지원자간 및 지원자와 '외국인'학습자 사이에서는 서로 지역사회를 구성하는 주민으로서 대등·평등한 관계를 구축할 필요가 있다. 그리고 상호 의존적이면서 동시에 서로 자립적일 필요가 있으며 '과도한 의존관계'(자기 자신의 주체성을 위태롭게 할 필요 이상의 의존관계)가 되어서는 안 될 것이다. 그러기 위해 지원자간 및 지원자와 '외국인'학습자와 그 밖의 관계자 사이에서 학습에서의 자기 자신들의 관계 방식에 대해 필요한 빈도와 내용으로 검토를 계속하여 그 때마다 서로 확인하면서 학습을 계속하는 것이 중요하다.

또한 이러한 지원자와 '외국인'학습자, 기타 관계자는 행정 등의 공공기관에 학습기회를 보장하도록 요구하는 것과 동시에 보상교육으로서의 일본어교육에 대해서는 행정 등의 공공기관이 주체가 될 것을 요구해야 할 것이다. 이런 일들은 행정 등과의 관계를 잘 지키면서 시행해야 하는 곤란한 점이 적지 않다. 그러나 봉사활동으로 관련된 '일본인'주민이나 그 밖의 관계자는 현재로서는 목소리를 높이기가 힘들며 학습자나 학습 기회조차 얻을 수 없는 '외국인'의 주장을 대변하는 사람이 '외국인'당사자만이 아니라 '공생사회'를 목표로 하는 일본사회 측에서도 중요하다는 것을 이해하고 반드시 끈기있게 대처해 나가지 않으면 안 된다.

더욱이 '지역에서의 일본어 학습·지원활동' 방식에 대한 논의는

'외국인'과 '일본인'에 의해 구성된 지역사회에서 양자의 대등하고 평등한 사회 참여를 어떻게 실현해 나가야 할지에 대한 논의와 불가분한 것이라는 인식 아래, 지원자는 지역사회에서 '외국인'주민에 대한 생활지원 관계자(학교를 포함한 행정, 의료 · 직업 · 주거, …민간단체 및 개인 관계자)와의 네트워크를 구축하는 것이 필요불가결하다.

그리고 근본적으로 지원자와 학습자는 이러한 관계자와 네트워크를 형성하여 '외국인'과 '일본인'이 공생할 수 있는 지역사회를 창조하기 위해 일본사회의 주류파에 대해 개인의 의식 및 사회제도의 변혁을 재촉할 필요가 있다. 그러기 위해 어떠한 형태든지 당사자를 포함한 '지역에서의 일본어 학습 · 지원활동'관계자 모두가 지역에서 전 세계까지 인간사회의 '공생'을 지향하기 위해 필요한 모든 과제[11]에 대해 함께 배우고자 하려는 자세가 중요하다.

---

11) 지역사회에서 살아가는 '외국인' 문제를 생각하는 것에서 일본 지역사회의 사회 환경 · 자연환경의 문제나 세계의 사회환경 · 자연환경 문제를 발견하거나 그것을 극복하기 위해 해야 할 일을 생각하고, 자기 자신이 할 수 있는 행동을 하면서 배워가는 것이 필요하다고 생각한다. 그러기 위해서는 이러한 배움의 기회를 제공하는 측과의 네트워크를 유지하는 것도 중요하다.

참고문헌

宮崎繁樹編著（1996）『解説・国際人権規約』　日本評論社

永井憲一・寺脇隆夫編（1994）『解説・子どもの権利条約（第2版）』
　　日本評論社

中津美和（1999）「豊中国際交流協会より」『月刊日本語』7月号
　　pp.97

山田　泉（1999）「Ｅ・豊中班報告」『日本語学習通信支援関係資
　　料』中国帰国者定着促進センターホームページ（http://www.
　　kikokusha-center.or.jp）

제9장

담화 전략과 일본어교육

사이죠 미키 (西條 美紀)

1. 들어가는 말

인간은 기회만 있으면 무엇인가에 대해 이야기하고 싶어 하는 동물이라고 한다. 신호를 교환하는 동물은 그 밖에도 있으나 언어를 가진 인간만이 상당한 열의를 가지고 그 날 있었던 일, 지금까지의 일, 느낀 점과 생각한 점에 대해 기회가 있을 때마다 다른 사람에게 이야기하려고 한다. 그리고 이러한 '무엇인가에 대해 이야기하는' 행위는 인간 사회에서는 보편적으로 나타나는 현상이며 '이야기하는' 행위의 중요성을 시사하고 있다. 그러나 '이야기하는' 것만이 중요한 것이 아니다. 청자도 없이 '무엇인가에 대해 이야기하는' 것은 불가능하기 때문에 이야기하는 곳에는 '무엇인가에 대한 이야기를 듣는' 행위가 필연적으로 수반된다. 즉 '무엇인가에 대해 이야기하는' 것은 서로 상대를 객체로서 입력(input)과 발화(output)가 작용하는 사회적 상호작용을 나타낸다. 본론에서는 담화를 아베 외 (阿部 他 1994)의 정의[1]를 바탕으로 '문(文)을 초월한 단위의 통합(수미일관성)을 가진 언어 표현의 집합'이라고 정의하고, 음성담화와 기술담화[2]에 대해 둘 다 의사소통이라는 관점에서 고찰하고자 한다.

---

1) 담화에 대한 아베 외(阿部 他 1994)는 「인간이 일상적으로 산출하고 있는 담화 혹은 문장은 결코 랜덤하게 나열한 것이 아니다. 정교하고 묘한 제어 하에 어떤 종류의 질서를 갖춘 것처럼 산출된 전체적으로 수미일관되게 정리된 문집합이다.」라고 언급했다.

2) 음성담화에는 강의, 스피치 등의 독백과 토론이나 수다 등의 대화가 있다. 기술담화는 글이다.

담화에 대한 정의나 특징에 대한 기술에 '통합'이나 '수미일관성'이라는 단어가 포함되는 것은 자주 있는 일이다. (예를 들면, 아베 외 阿部 他 1994, 한자와 半沢 1997) 그러나 이러한 통합이나 수미일관성은 담화가 단지 거기에 있는 그대로 존재하는 것이 아니라 청자·독자가 부분을 연결하여 전체적인 의미를 생성해 가는 과정이 있기 때문에 생겨나는 것이다. 그리고 대면하는 음성담화의 경우에는, 화자는 청자의 반응에 따라 말하는 방식이나 내용을 바꾸고(피드백[3]), 청자도 담화의 진행에 맞추어 전체적인 의미를 끊임없이 수정한다. 기술담화의 경우에도 작가는 독자의 이해를 생각하면서 쓰며 독자도 작가의 의도를 생각하면서 읽는다. 이와 같이 담화는 산출과정과 이해과정이라는 양면을 가지고 있으며, 상호작용적인 동시에 사회적인 제약을 받는다. 이 사회적 제약은 언어의 이해와 밀접한 관계가 있다. 바틀렛(Bartlett 1932)에서는 '유령의 전쟁'이라는 미국 원주민의 이야기가 독자의 문화나 습관, 지식에 따라 상당히 다르게 이해되고 상기된다는 문장 재생 실험 결과가 나왔다. 또한 에드워드(Edwards 1987)는 기억은 문화의 구성원의 공동 활동에 매개된 문화적 활동이라고 언급하고 있다. 즉 담화뿐 아니라 언어의 이해는 자신의 문화나 관습에서 자유롭게 벗어날 수 있는 것이 아니라 사회적 제약을 받는 행동인 것이다.

---

3) 미나미(南 1979)는 피드백에 대해 언어표현의 실현을 생각하는데 중요하고 일반적인 문제 중의 하나라고 언급했다.

본론에서는 사회적 상호작용을 가진 담화를 의사소통이라는 관점에서 일본어 학습자(이하 학습자)의 의사소통 수행을 어떻게 지원할 수 있는지에 대해 고찰하고자 한다.

2. 의사소통 수행에서의 담화 전략

일본어 학습자의 의사소통에 대해 생각하기 전에 의사소통이란 무엇이고, 어떤 목표가 있는지를 생각해 보자. 이케다(池田 2000)는 의사소통을 '다른 사람에게 정보를 전달하고 조작할 뿐만 아니라, 다른 사람과의 정보나 경험, 감정을 공유하는 것도 의사소통이며, 전달하는 것뿐만 아니라 전달되는 것도 의사소통이다'고 언급하고 있다. 이 관점에서 양자 간의 의사소통을 다음 세 가지 항목으로 분류하였다. 1)자신의 의사소통을 통해 상대방의 인지구조나 감정, 행동에 영향을 끼치려고 하는 설득 달성형, 2)경험이나 감정, 지식이나 의견을 상대방과의 사이에서 공유하려는 리얼리티 형성형, 3) 목표에 따라 제어되지 않고 '전달된 부분'에 주목한 정보 환경 형성형이 그것이다. 또한 이케다(2000)는 "주변의 정보세계를 구성하는 의사소통의 내용에는 의도한 것과 의도하지 않은 것 모두 포함된다"고 하고 "세 가지 항목 전체를 나타내는 상위개념을 정보 환경형"으로 본다. 그러나 본 논문에서는 일본어교육이라는 입장에서 학습자의 지원을 생각하기 때문에 의사소통이라는 목표가 명확

한 설득 달성형과 리얼리티 형성형에서의 담화에 대해 살펴보고자
한다.

이러한 항목의 의사소통에는 행동이라는 관점에서 두 가지 측
면을 생각할 수 있다. J.V.네우스토프니(1999)가 언급한 '문법행동'
과 '사회문화행동'이 그것이다. 네우스토프니(1999)는 "의사소통이
란 문법행동과 사회문화행동을 결합한 것이다"라고 서술하고 있다.
'문법행동' 즉 통사론, 형태론, 어휘/의미론, 음운론, 표기론 등의
활용과 '사회문화행동', 예를 들어 네트워크를 만드는 것, 화제를
고르는 것, 설득할 수 있도록 적절한 수단을 선택하는 것을 합해서
모두 의사소통이라고 부른다. 이것은 전달하는 내용을 가진 언어표
현을 '문법행동'에 따라 산출해 내는 것과 동시에 이 산출을 '사회문
화행동'에 따라 조정하는 것으로 의사소통이 성립된다. 그리고 일
본어 학습자의 경우에는 문법행동과 사회문화행동 양면으로 곤란
하기 때문에 그것을 해결하기 위한 전략이 필요해진다. 본 논문에
서는 이러한 전략(Stategy)을 담화전략이라고 하며 다음과 같이 정
의한다. 담화전략이란 '의사소통의 설득 달성형, 리얼리티 형성형
에서 담화 산출과 조정의 양면에서의 일탈을 정정[4]하여, 의사소통
의 목표를 달성하려는 일련의 방법이다.' 이러한 전략은 일본어 모
어 화자의 담화에서도 당연히 알 수 있지만 본 논문에서는 일본어

---

[4] 여기에서는 잘못된 것이나 부적절한 언어 사용을 일탈이라고 한다. Neustupny(1978)가 언급한 바
와 같이 이러한 것을 화자가 인식하는 것이 정정의 출발점이다.

교육이라는 입장에서 모어 화자와 비모어 화자간의 의사소통시의 담화전략을 생각한다.

3. 접촉장면에서의 담화 전략

(1) 접촉장면과 모어 장면에서의 담화 이해

본 논문에서 다루는 일본어 모어 화자와 비모어 화자의 의사소통 장면은 '접촉장면'이라 한다. 접촉장면이란 '다른 언어와 문화의 구성원과의 의사소통 장면'(네우스토프니 1987)이다. 접촉장면과 대조되는 장면이 '모어 장면' 즉, '어떤 문화의 구성원이 동일한 언어와 문화를 가진 구성원과 의사소통을 하는 장면'이다. 접촉장면과 모어 장면이 크게 다른 것은 설득 달성이든, 리얼리티 형성이든, 접촉장면의 의사소통에서는 이해 문제가 부각되게 된다. 일본어 학습자는 종종 이해가 힘들어, 명시적 또는 비명시적으로 조정을 한다. 일본어로 말할 수 없는 것에 대해서는 모어로 말하는 언어 코드의 변환(code switching), 상대방에게 반문하거나 화제를 바꾸는 등의 전략[5]을 사용하기도 한다. 한편, 모어를 사용하는 장면에서는 부모나 교사와 학생처럼 관계가 비대칭적이지 않는 한, 상대방이 자신이 하는 말을 어느 정도 이해하고 있는지에 대해 명시적으로 문제가

---

5) 의사소통 전략(communication strategy)이라고 불린다. 기본적인 개념을 학습하려면 C. Farch, & G. Kasper(1983)를 참조.

되는 경우는 별로 없다. 이것은 상대방의 말에 대해 명확하게 이해하지 못한 상태로 담화의 장이 유지되기 때문에 서로 이해하지 못했다는 것도 모르는 채로 끝나버릴 가능성이 있을 수 있다. 리얼리티 형성형에서 이러한 것이 현저하게 나타난 사례로는 미야케(三宅 1985)를 들 수 있다. 미야케(1985)는 '재봉틀은 어떻게 꿰매지는가'를 두 명이 한 조가 되어 이야기하면서 생각하는 과제를 주고 모어 화자끼리의 프로토콜[6]을 분석하여 얻은 결론으로 "내가 조금 내 의견을 말하고 너의 의견도 듣는다. 이렇게 둘이서 공통적으로 이해해 가는 의미에서의 상호작용은 일어나지 않는다" 라고 서술하고 있다. 또한 "둘 다 재봉틀 이야기를 할 생각으로 이야기하고 있지만, 거기에서 둘이 서로 알고 있는 것이 정말로 맞물리면서 하나로 맞추어져 이해하게 되는 일이 좀처럼 일어나지 않는다' 고 언급하였다. '재봉틀은 어떻게 꿰매지는가'란 과제의 예는 둘 사이에서 견해를 공유하는 리얼리티 형성 목표가 명확해도, 언어적으로 이해하는데 전혀 문제가 되지 않는 모어 화자간의 담화 상황이라도 그 목표가 달성되지 않은 예이다. 사이죠(西條 1999)에서는 TV토론에서의 화제전환에 대해 분석했다. 여기에서는 TV토론 참가자가 타인의 발화를 인용할 때 원래의 발화 구조와는 다른 구조로 인용함으로써 꽤 강하게 화제전환을 시도하는 예가 많이 나타난다. 이것은

---

6) 프로토콜이란 "인간이 자기 자신의 지적 영위에 대해 이야기하는 것을 기록"한 것을 말한다. (가이호 · 하라다 海保 · 原田 1993) 여기에서는 재봉틀 과제에 대한 교섭 기록을 가리킨다.

토론장에서는 담화 이해는 문제가 되지 않아도 "상대방의 인지구조나 감정에 영향을 끼친다" 고 하는 토론의 목적인 설득 달성 목표는 달성되지 않았다. 재봉틀의 예나 TV토론의 예는 모어 장면에서는 이해가 문제되지 않아도 의사소통이 이루어지지 않을 수도 있다는 것을 시사하고 있다. 그럼 접촉장면에서 문제가 되는 담화의 이해란 무엇일까?

(2) 담화 이해란 무엇인가

담화 이해에 대해서는 인지심리학의 분야에서 1960년대부터 문장체담화(written discourse)로서의 문장이해연구에서 많은 지식이 축적되었다. 이 문장이해연구에서는 문장을 이해하는 것이란 "읽은 텍스트에 관한 심적 표상[7]을 만들어 내는 것"(오무라大村 2001)이라고 여기고 있다. 그럼 어떻게 독자·청자는 심적 표상을 형성하는 것일까? 위노그래드(Winograd 1983)는 청자가 음성을 듣고 나서 표상(위노그래드의 용어로는 표상구조)을 형성할 때까지의 모델을 제시하고 있으나 이것은 청자가 언어 입력에 대해 자신의 기초 지식을 적용하여 '직렬 다층적으로' 정보처리를 하는 모델이다. 그리고 기초 지식에는 언어에 관한 지식, 세계에 관한 지식, 상황에 관한 지

---

7) 영어로는 representation, 단순히 '표상'이라고 번역되는 경우도 많다. 일본의 언어학 문헌에서는 '표시'로 번역되어 있다(예를 들면 다쿠보 田窪 1990). "원래 외계 존재가 내심으로 드러남을 의미한다"(아베 외 阿部 他 1994)

식이라는 3종류를 들고 있다. 이 모델은 그 자신도 인정하고 있듯이 언어의 사회적, 역사적, 감정적인 측면을 무시한 한계에 도달했으나, 이해란 입력 정보에 지식을 적용시킴에 따라 정보를 재구성하는 작업이라는 인식은 현재도 심리학의 분야에서 공유되고 있다.

접촉장면에서의 일본어 학습자의 이해에 관한 문제는 위노그래드 모델로 말하자면 언어에 대한 지식, 상황에 대한 지식 결여로 나타난다. 그러나 의사소통의 실현이란 맥락에서 담화를 생각할 경우에는 개인이 행하는 정보의 재구성 작업이란 인지적 측면만으로 담화를 이해할 수 없다. 기록담화 이해에서는 자신의 인지에 대해, 음성담화에서는 자신과 상대방의 인지에 대한 인지, 즉 메타인지와 그 반영으로서의 메타인지활동을 생각할 필요가 있기 때문이다. 이러한 메타인지에 따른 메타인지 활동, 즉 자신의 이해를 모니터하고 인지 과정이나 상태의 평가나 조정[8]없이는 커뮤니케이션의 목표인 설득 달성이나 리얼리티 형성은 이루어지지 않는다. 상호 관련성이 없는 독립적인 표상은 개인의 마음속에 생겨나기 때문이다. 앞에서 언급한 모어 장면의 예는 이러한 상태였다고 할 수 있다. 그리고 메타인지활동에 따라 이해가 불충분한 부분, 부적절한 부분이 발견될 경우에는 담화 전략에 따라 부적절함이 정정되어 커뮤니케

---

8) 사회학의 커뮤니케이션연구에서는 이 조정 과정을 '튜닝'이라고 한다. Higgins(1992)참조. 사회학에서는 '메타인지'는 본고에서 언급한 '인지에 대한 인지'의 의미가 아니라 '자신에 대한 상대방의 인식의 자기인지'(이케다 池田 2000) 라는 의미로 사용하고 있다.

이선할 수 있게 된다. 이 의미에서는 언어의 정보처리에 문제가 없으며, 표상의 재구성은 의식적인 노력없이 이루어지는 모어 장면과 언어 정보처리가 곤란한 담화 전략을 명시적으로 필요로 하는 접촉 장면과는 전략의 이용 방법도 다를 것이라는 생각이 든다. 그러나 전략에 관해서 모어 화자와 학습자 양자의 그 상호작용에 대해 논의한 연구는 거의 찾아 볼 수 없어 앞으로의 과제가 될 것이다. 본 논문에서도 이 문제에 대해서는 다룰 수 없지만 이하에서는 교실에서의 접촉장면 담화 전략 교육의 실천 사례에서 일본어 학습자가 사용하는 담화 전략과 전략교육방법에 대해 검토하고자 한다.

4. 담화 전략 교육의 실천 사례

본 논문에서 정의한 담화 전략은 문법항목과 같이 실러버스를 설계해서 가르칠 수 있는 것이 아니다.[9] 지금까지 언급한 바와 같이 담화 이해란 사회적 상호작용이며 그 자리의 담화와 상황에서 표현을 떼어놓고 그 사용방법을 훈련해도 개개인의 커뮤니케이션 실현에 기여하는 점에서는 무의미하기 때문이다. 예를 들면 '되묻기'의 방법을 훈련할 경우에도 표현을 연습하는 것은 문법행동의 훈련

---

9) 담화 연구의 입장에서는 상호작용을 기술하는 의미로 담화 전략의 유형을 나타내는 것에는 의의가 있으며, 전략을 발견할 수 있는 환경을 갖추고 나서 그 과제에 맞는 담화 전략을 제시하고 훈련하는 것에는 의미가 있다고 생각한다. 여기에서 실러버스를 제시할 수 없다는 것은, 전략은 항목으로서 추려내서 가르칠 수 없기 때문이다.

이지 전략 교육은 아니라고 할 수 있다. '방법'이란 '문제'에 입각해서 발견하는 것이다. 물론 이 발견은 이미 가지고 있는 언어적 지식이나 사회 문화적 지식 중에서 발견한 것이므로 '이럴 때에는 이런 말' 과 같은 사회 문화적 방법 항목으로라도 가르칠 필요가 있을 것이다. 그리고 이러한 훈련은 현재 대부분의 일본어교육 교재에서 가능하다. 그러나 담화 전략의 교육은 아니다. 담화 전략 교육이란 학습자의 메타 인지활동(수정, 조정 과정)이 활성화되는 것처럼 문제해결적인 환경을 제시하고 학습자를 커뮤니케이션의 목적을 향해 가도록 유도해 가는 것으로, 학습자 스스로가 담화 전략을 발견해 가는 것을 도와준다. 이 커뮤니케이션의 목표에 따라, 각각의 의사소통의 상황에 따라 유효한 수정 및 조정활동이 있고 구체적인 전략으로서 교사가 가르칠 수도 있을 것이다. 그리고 이 방법의 훈련효과를 검증할 수도 있다. 그러나 이것은 담화 전략 교육의 일부이지 전부는 아니다.

위와 같이 담화 전략 교육의 출발점이 되는 것은 문제 해결적 상황의 도입이라고 할 수 있다. 구체적으로는 실제장면에서 언어를 사용하여 상호작용하는 과제[10]를 교실활동으로 받아들이는 것이다. 음성담화에 대해서는 예를 들면 일본인에게 하는 인터뷰를 포함한 방문자 섹션, 가정방문, 홈스테이, 현장학습 등이다. 기술담화에 대

---

10) 과제의 실천사례로는 홈스테이에 대한 미야자키, 사이죠, 나카야마(宮崎, 西條, 中山 2000), 필드 여행에 대해서는 미야자키(宮崎 1999)를 참고.

해서는 일본인과의 작문교환, 교실에서 일본인 자원봉사자와 함께 하는 협동작문(학습자와 봉사자가 협동적으로 활동해서 작문을 하게 한다. 구체적인 활동은 다음 참조) 등을 들 수 있다. 주의해야 할 점은 ①무엇을 위한 과제인지를 명확하게 제시한다. (목표의 설정) ②과제 전, 과제 중, 과제 후의 문제를 명시한다. (과제 명시) ③모든 활동이 끝난 후에 과제 중의 활동을 되돌아 볼 수 있는 활동(목표달성의 평가 지원)을 준비해야 한다는 것이다. 이는 모든 학습자가 자신이 한 것을 모니터하는 방식으로 하여 메타 인지를 활성화시키기 위해 필요한 절차이다. 대면하면서 하는 음성담화에 대해서는 방문자 섹션 때의 담화전략의 유형, 적절한 담화전략의 특성, 그 훈련방법과 훈련효과에 대해 사이죠(1999)의 제4장에 자세하게 서술하고 있으므로 여기에서는 반복하지 않고, 본 논문에서는 음성담화와 기술담화 양쪽을 포함하는 활동에서 담화전략 교육의 실천 사례를 다루고자 한다.

(1) 실천 사례의 개요

여기서 소개하는 사례는 2000년 여름 '와세다 · 오르곤 하계 집중 일본어 프로그램'의 워크숍(Reading and Writing)에서 실시한 것으로, 미국 대학에 재직하는 학습자와 일본인 학생이 컴퓨터를 이용한 '작문교환'[11]활동이다. 수업초기에 교사(필자)는 이 학급에서는 ①일본인 학생 사이에서 익명으로 작문교환을 할 것 ②작문공개는 '작문교환 홈페이지'[12]에 공개해서 1대 다수로 할 것(과제 명시) ③교실에 일본인 학생을 자원봉사자[13]로 불러서, 그들과 대화하면서 작문을 읽거나 쓸 것(과제 전, 과제 중의 과제명시) ④작문을 하면 일본인 학생에게서 코멘트를 받는데 그것에 대해 또 다시 감상을 쓸 것(과제 후 과제명시) ⑤이 활동의 목적은 자신의 의견을 다각적으로 형성해 가면서 다수의 견해를 통합하여 쓰는 능력을 키우기 위한 것(목표 명시)이므로, 교사가 작문을 고쳐주거나 작문을 쓰는 방법을 지도하지 않는다는 것을 설명했다. 자원봉사자와의 협동활동에 따른 작문교환 목표는 ⑤에 쓴 대로인데 이것은 이케다(池田 2000)의 설득 달성과 리얼리티 형성이라는 두 가지의 목표를 갖는 커뮤니케이션이다.

(2) 학습자의 작문방법

그럼 학습자는 어떻게 자원봉사자와 협동하며 스스로 작문을 할 수 있는 것인가. 그것은 한 마디로 말하면 교사가 만든 환경과 방향

---

11) 도쿠마루 사토코(得丸智子)의 제안에 따르면 다수의 기관에서 실시하는 활동이다. 자세한 것은 도쿠마루(得丸 1998)를 참조.

12) 도쿠마루(得丸)의 작성에 따름.

13) 코스의 T. A가 자신의 인맥을 통해 모아 온 와세다대학의 학생 자원봉사자.

제시에 따라 자원봉사자와의 대화에 따라 써 나가게 된다. 순서에 따라 제시하면 다음과 같다.

쓰고 싶은 것을 정하는 단계 : 우선 이 활동의 첫 시간에 학습자는 교사로부터 대략적인 주제('일본인에게 물어보고 싶은 것', '일본에 가서 놀랐던 것')를 주고, 쓰고 싶은 것을 자원봉사자와 이야기하여 정한다. 기본적으로는 맨투맨으로 학습자는 자원봉사자에게 에피소드 등을 이야기한다. 교사는 자원봉사자에게 "내일까지 학생이 집에서 써 올 수 있도록 도와 주세요."라는 지시를 할 뿐이다. 학습자의 이야기를 메모하거나 학습자에게 여러 가지 질문을 하거나 즐겁게 담소를 나누는 저원봉사자의 행동은 다양하지만 대체로 '학습자가 작문한다'라는 것을 염두에 두고 작문의 방향이 정해지며 학습자는 자원봉사자와 이야기하면서 제목을 정하고 전반적인 틀(outline)을 잡아간다.[14]

작문을 입력하는 단계 : 자원봉사자는 교사로부터 "홈페이지에 접속한 사람에게 의미가 통하는지 체크해서 통하지 않는 경우에는 학생에게 물어보세요."라는 지시를 받고, 학습자가 쓴 작문을 읽고 의

---

14) 드문 일이기는 하지만 학습자나 봉사자 둘 다 무엇을 해야 좋을지 모른다고 교사에게 호소하는 경우가 있다. 그 경우에는 자원봉사자에게 "일본에 와서 생긴 에피소드를 세 가지 정도 물어 보세요"라든가 "그 에피소드에 대해 질문하거나 감상을 말해 보세요" 등 구체적인 지시를 했다.

미가 통하지 않는 부분에 대해 질문하여 표기와 문법 오류 등을 지적하면서 학습자가 컴퓨터에 작문을 입력할 수 있도록 돕는다. 이 사이에도 학습자는 자원봉사자에게 자신의 작문에 대해 혹은 자신이 쓰고 싶었던 것에 대해 계속해서 설명해야 한다. 또한 홈페이지에 원고를 올리는 방법 등의 기술적인 문제도 자원봉사자의 도움을 받아 해결한다.

작문을 재검토하는 단계 : 작문을 홈페이지에 올리고 나서 1주일 후, 자원봉사자는 학습자가 스스로의 힘으로 컴퓨터에서 출력하여 온 작문의 코멘트를 읽는다. 교사는 자원봉사자에게 "코멘트에 대해 어떻게 생각하는지 묻고 감상을 쓰도록 해 주세요."라고 지시하고 학습자는 코멘트를 읽고 느낀 것을 자원봉사자에게 이야기하고 문장화한다.

위의 일련의 활동에서 자원봉사자가 하는 일은 학습자의 외부 모니터가 되는 것이다. 이것은 학습자가 '내용공간'(쓰고자 하는 것)과 '수사(修辭)공간'(쓴 것)을 주고받으며 기존지식을 변환하여 가기 위한 지원이다. 스칸다말리아&베라이터(Scardamalia & Bereiter 1991)에 따르면 "현재 하고 있는 것과 기존지식 사이의 상호작용은 읽고 쓰기의 숙달 중 가장 보편적인 수준에서 볼 수 있다"라고 했는데 학습자가 아직도 미숙한 일본어로 '수사공간'을 자원봉사자가 보충하고, 동시에 '내용공간'에서의 사고를 질문하는 것으로 언어화하는데 도움을 주는 것이다.

(3) 작문 사례

다음은 학습자 A[15]의 작문과 학습자 B[16]의 작문을 예로 들고자 한다. 이 두 사람을 택한 것은 같은 협동적 작문교환 활동을 하면서 다른 사람의 견해와 자신의 견해를 통합하는 이 활동의 목표에 대해 대조적인 결과가 나왔기 때문이다. 즉, 학습자 A는 작문을 재검토할 때 상당한 정도까지 자신의 견해를 상대화한 반면, 학습자 B는 자신의 견해를 유지할 것을 선언했다. 이 두 사람을 비교하면 일본어 능력 면에서 상당히 차이가 나는 점을 생각해야 한다. 학습자 B는 일본어 학습시간이 1년으로 짧고, 일본어 능력도 초급 후반정도의 수준이라고 판단된다. 이는 작문의 예를 봐도 명백하다.

학습자 A의 작문

「日本の学生はナマケモノ」
一ヶ月前に私は日本へ来ました。いままでたくさんの日本人の友達と一緒に会って、遊びました。彼らは試験期間であるにもかかわらず遊びつづ

---

15) 대만 학습자. 모어는 중국어. 일본어 학습시간은 2년으로 일본어로 작문을 해 본 적이 있으나 작문을 지도받은 적은 없다.

16) 중국계미국인 학습자. 모어는 영어. 일본어 학습시간은 1년으로 일본어로 작문을 한 것은 이번이 처음이었다고 한다.

け、すこししか勉強しません。遊ぶたびに、「勉強しなくてもいいの？」聞きますが、かれらはいつも「大丈夫」と答えます。私は、日本人の大学生が試験の時にしか勉強しないということを発見して、びっくりしました。日本人の大学生は平日あまり授業に出席しません。そして、学校の勉強に対しては怠惰ですが、就職活動の時は一生懸命になります。大学4年間の中で、何も勉強しないのではないかと思っています。多分授業の勉強をしないで、生活や社会の人間関係を学んでいる気がします。4年生になる前に就職活動を始めます。学校の名前を利用して、いい仕事を手に入れます。日本人が大学へ行く目的は理解できません。大学へ行くけれども勉強はしません。どうしてこのような現象がおこるのでしょうか。なぜなら、多分、大学の教授は教えることについてあまり真面目ではないからでしょう。そして、教授は学生に気を使わないと同時に、学生も授業に興味を持っていないのでしょう。台湾の大学の状況はまったく違います。平日や試験前も勉強しなければなりません。学ぼうとする動機をしっかり持っています。勉強の時間すら十分でないのだから、遊ぶ時間はもちろんありません。台湾の大学の生活は日本人学生にとって不思議です。

'일본 학생은 게으름뱅이'

나는 한 달 전에 일본에 왔습니다. 지금까지 많은 일본인 친구들을 만나서 놀았습니다. 그들은 시험기간에도 아랑곳하지 않고 계속해서 놀았으며 조금밖에 공부하지 않았습니다. 놀 때마다 '공부 안 해도 돼?'하고 물었지만 그들은 항상 '괜찮다'고 대답합니다. 나는 일본인 대학생이 시험 때에만 공부하는 것을 보고 깜짝 놀랐습니다. 일본인 대학생은 평소에는 별로 수업에 나오지 않습니다. 그리고 학교 공부에 대해서는 나태하지만 취직활동을 할 때에는 열심히 합니다. 대학 4년 동안 아무것도 공부하지 않았을 거라고 생각했습니다. 아마도 전공 공부보다는 생활이나 사회의 인간관계를 배우고 있는게 아닐까 하는 느낌이 들었습니다. 그들은 4학년이 되기 전에 취직활동을 시작합니다. 학교 이름을 이용하여 좋은 직장을 구합니다. 일본인이 대학에 가는 목적을 이해할 수 없습니다. 대학에 가지만 공부는 하지 않습니다. 어째서 이러한 현상이 나타나는 것일까요? 왜냐하면 아마도 대학 교수는 가르치는 것에 대해 그다지 성실하지 않기 때문일 것입니다. 그리고 교수는 학생에게 신경 쓰지 않으며 동시에 학생도 수업에 흥미를 가지고 있지 않습니다. 타이완의 대학 분위기와는 전혀 다릅니다. 시험보기 전뿐만 아니라 평소에도 공부를 해야 합니다. 배우려는 동기를 확실히 가지고 있습니다. 공부 시간조차 충분하지 않기 때문에 노는 시간도 당연히 없습니다. 타이완의 대학 생활은 일본인 학생에게 이상할 것입니다.

이 작문은 일본인 학생에게 있어서도 충격적이었는지 홈페이지에는 일본인 학생에게서 세 가지 코멘트를 받았다. 거기에 적힌 것은 다음과 같이 정리할 수 있다. ①일본인 학생이 모두 공부하지 않는 것은 아니다. ②자신의 목표(자격증을 취득하는 등)와 관련된 과목은 제대로 공부하고 있다. ③취직하기 위해서는 좋은 대학에 갈 필요가 있다. ④대학수험이 지나치게 어렵기 때문에 입학하면 헤이해지기 쉽다. ⑤대학에서의 시험이 너무 쉬워서 시험 전에 조금만 공부해도 좋은 학점을 받을 수 있다. ⑥대학에서는 공부만이 아니라 동아리 활동 등을 통해 인생 공부도 할 수 있다. ⑦수업이 지루하다는 문제는 대학과 대학생이 함께 생각하지 않으면 해결하기 힘들다.

이러한 항목이 담긴 일본인 학생의 코멘트를 읽은 학습자 A는 다음과 같이 감상문을 썼다.

학습자 A의 감상문

　教科書の知識を取得することは授業で学ぶことができますが、よい人間関係を維持するのは社会勉強だと思います。交際範囲が広い人は友達からいろいろなことを学べます。大学に入る目的は講義を受けることだけではありません。勉強だけしていても、うまくいくとは限らないです。本当に充実した大学生活は勉強とか、サークル活動とか、恋愛とか、資格の取得など様々な努力をすることのような気がします。でも、すべてをうまくこなすことは無理かもしれないので、目的をひとつだけ選んで取り組んだほうかよいと思います。ですから、台湾の大学生は勉強をその目的としています。逆に日本の大学生は人間関係にその比重をおきます。どっちがよいか悪いかを決めることはできないでしょう。

> 교과서의 지식을 습득하는 것은 수업에서 배울 수 있으나 좋은 인간관계를 유지하는 것은 사회공부라고 생각합니다. 교제범위가 넓은 사람은 친구들로부터 여러 가지를 배울 수 있습니다. 대학에 들어간 목적이 강의를 듣는 것에만 있는 것은 아닙니다. 공부만 해서는 제대로 해 나가는 데에 한계가 있습니다. 정말로 충실한 대학생활은 공부나 동아리 활동, 연애, 자격증 취득 등 다양한 노력을 하는 것이라고 생각합니다. 그러므로 타이완 대학생은 공부를 그 목적으로 하고 있는 반면 일본의 대학생은 인간관계에 그 비중을 더 많이 두고 있습니다. 어느 쪽이 옳은지 그른지를 결정할 수는 없겠지요?

이 작문에는 "일본인 학생에게 받은 코멘트를 읽고… 라고 생각하게 되었습니다." 등의 표현은 없지만 작문에 있던 일방적인 '게으름뱅이 일본 학생'이라는 제목이 없어졌다. 이것은 일본인의 코멘트의 내용을 받아들인 것으로(설득 달성), 일본인 학생의 공부 방법에 대한 견해가 다각적으로 된(리얼리티 형성) 것이다. 다각적인 견해로 처음에 자신이 가지고 있던 '공부지상주의'라고도 말할 수 있는 견해를 상대화시키고 있다(과제 목표달성).

다음 학습자 B의 활동은 앞의 사례와는 상당히 다른 추이를 나타낸다.

학습자 B의 작문

> #### 都会的な町東京
> 日本に来て不思議だと思ったことはたくさんあるけど、私の一番すばらしいと感じたことは東京がきちんとしていることです。これはとても表面的なことだけどアメリカではあまり見られません。日本人はみなとても礼儀正しいよう見たことです。日本人がほかの人の席をとりたくないから地下鉄の中が混んでいるときでも席はまだあります。それから地下鉄の中で

若い人は年寄りの人に席を譲りました。雨の時に日本人は丁寧です。アメリカでは雨の時に無秩序ですが日本では雨でも晴れで変わりません。

　私がみた所は全部きれいです。ゴミ箱はあまりないけど道理にはゴミはありません。それから公共施設で多くの人が行き来しますがゴミがなくきれいです。東京は効率的です。多くの人がいるけど地下鉄とバスはいつも時間どおりにきます。それからレストランに切符の機械があるから多くの人は早く食べます。日本人は協力的です。子供時に日本人はものをしなさいと教えられます。ゴミは可燃性のものと可燃性ではないのものを分け埋めます。日本人は水と電気を浪費しません。日本人はぬすまないし、うそをつかないよおです。店でセンサーはないし、クラスの中でも先生は学生を信用して本当の点を知らせてくれます。しかしこのいい点のためには費用がかかります。順調な社会のためにみなは協力しなければなりません。時々、団体の必要は個人の必要より大事だから日本人はストレスがたくさんあります。それでも日本の社会はとても良くきのうしているようで、見るべきすばらしいものがたくさんあります。

도회적인 거리 도쿄

　일본에 와서 신기하다고 생각한 것은 많이 있지만 그 중에서 내가 가장 최고로 여기는 것은 동경이 제대로 되어 있다는 것입니다. 이것은 매우 표면적인 것이지만 미국에서는 흔히 볼 수 없습니다. 일본인은 모두 예의 바른 것처럼 보입니다. 일본인이 다른 사람의 자리를 차지하고 싶지 않아서 지하철 안이 혼잡할 때에도 자리는 남아있습니다. 게다가 지하철 안에서 젊은 사람은 나이 든 사람에게 자리를 양보했습니다. 비가 와도 일본 사람들은 예의가 바릅니다. 미국에서는 비가 올 때 무질서해지는데 일본에서는 비가 오거나 맑거나 변화가 없습니다.

　일본에서 내가 본 곳은 전부 깨끗합니다. 쓰레기통은 별로 없지만 도로에는 쓰레기가 없습니다. 그리고 공공시설에서 많은 사람들이 오고 가는데 쓰레기가 없이 깨끗합니다. 도쿄는 효율적입니다. 많은 사람들이 사용하는데도 지하철과 버스는 언제나 시간에 맞춰 도착합니다. 또한 식당 앞에 표를 파는 기계가 놓여 있어 많은 사람들이 빨리 먹습니다. 일본인은 협력적입니다. 어렸을 때 일본 사람은 일을 하라고 교육받습니다. 쓰레기는 태울 수 있는 것과 없는 것을 나누어 버립니다. 일본사람들은 물과 전기를 낭비하지 않습니다. 일본인은 도둑질하지 않으며, 거짓말을 하지 않습니다. 가게에 센서가 없으며 수업 중에 선생님은 학생을 신용하여 사실만을 알려줍니다. 그러나 이러한 좋은 점이 유지되기 위해서는 비용이 듭니다. 순조로운 사회를 위해 모두는 협력해야 합니다. 가끔 집단의 이익은 개인의 이익보다 중요하므로

> 일본인은 스트레스가 많습니다. 그래도 일본 사회는 아주 잘 기능하고 있는 것 같고, 봐야할 훌륭한 것이 많이 있습니다.

이 작문도 학습자 A의 것과는 다른 의미에서 인상이 깊었던지 3개의 코멘트가 있었다. 그 중요한 점은 다음과 같다. ①일본 이외의 곳에 가 본 적이 없기 때문에 작은 부분까지 깨닫지 못했다. ② 오래 일본에서 살게 되면 표면적이지 않은 부분도 보여서 솔직히 이 도시를 칭찬할 수 없다. ③미국사람의 눈으로 보면 좋게 보일지 모르겠지만 당신이 언급한 점은 최근 일본인의 나빠진 점이다. ④ 당신이 또 다시 왔을 때에도 여전히 칭찬받을 수 있는 상황이었으면 좋겠다. ⑤이 사람은 도쿄의 좋은 부분을 많이 볼 수 있어서 운이 좋았다. ⑥내 경우는 이상한 부분(흉악범죄나 도둑질 등) 밖에 보지 못했기 때문에 도쿄에 갈 때에는 불안했다. ⑦이 작문을 읽고 도쿄의 좋은 점도 봐야겠다고 생각했다.

이러한 코멘트를 읽고 학습자 B는 다음과 같이 감상문을 썼다.

학습자 B의 감상문

> まず私は三人が一週間以内に私の作文にへんじをかいておどろきましたよ。へんじは全部とてもよかったですが、わたしが思うほど日本についてよく思っていなかったです。日本人は親切すぎるからこれをかきました。しかし一人は海外に行ったことがないから日本と他の国を比べることができません。それからもうひとりは東京しゅっしんではない。東京は他の日本の町ととても違います。だから大きな都市は他の人にとってりそうではありません。みんなさんは日本人が悪くなっていると書いていますが、

私はまだ今のじょうたいでも日本のしゃかいはアメリカよりもいいと思います。私はほうもんしゃなので日本のいい点だけ見えます。東京に長く住んでいれば悪い点も見えるでしょう。今、東京をいい見方で見ます。

우선, 나는 3명이 일주일새 내 작문을 읽고 코멘트를 해 준 것에 대해 놀랐습니다. 답장은 모두 좋았는데 제가 생각하는 만큼 일본에 대해 좋게 생각하지 않는 것 같습니다. 일본인은 너무 친절해서 이것을 썼습니다. 그러나 한 사람은 해외에 가 본 적이 없기 때문에 일본과 다른 나라를 비교할 수 없습니다. 또 다른 한 명은 도쿄 출신이 아닙니다. 도쿄는 다른 일본 도시와 매우 다릅니다. 그렇기 때문에 큰 도시는 다른 사람에게 이상적이지 않습니다. 여러분은 일본인이 나빠졌다고 썼지만 나는 아직 지금의 상황이라도 일본 사회는 미국보다 좋다고 생각합니다. 나는 방문자이므로 일본의 좋은 점만 보입니다. 도쿄에 오래 살게 되면 나에게도 나쁜 점이 보이겠지요. 지금은 도쿄를 긍정적인 시각으로 보겠습니다.

학습자 B의 감상문의 결론인 "지금 나는 방문자로서 도쿄의 좋은 점만 보입니다. 방문자로 있는 동안은 좋은 점만 보자."라는 것은 매우 타당한 결론이다. 그러나 학습자 B는 코멘트를 보낸 일본인 학생의 '해외에 가 본적이 없다', '도쿄 출신이 아니다'라는 속성을 들어 도쿄의 좋고 나쁨을 판단할 자격이 없다고 단언하고 있다. 일본인 학생의 코멘트 자체를 받아들여 자신의 평가와 대조하거나 하지 않았다. 여기에는 몇 가지 이유가 있다. 첫째로 학습자 B가 초급후반의 학습자라는 점이다. 일본인 학생의 코멘트를 읽고 감상을 적는다고 하는 그녀의 일본어능력으로 상당히 부담이 되는 일을 효율적으로 처리하기 위해서는 코멘트의 내용면에 깊이 들어가지 않는 편이 좋다고 하는 생각이 작용한 것일지도 모른다. 이것도 일종

의 담화 전략이다. 두 번째로는 일본인 학생의 코멘트가 학습자 A
에 대한 것보다 구체적이지 않고 학습자 B에게는 자신의 생각을 상
대화할 재료가 되지 못했다는 것이다. 그리고 세 번째 이유는 이 코
멘트를 적은 날에 학습자 B와 그녀를 담당한 자원봉사자와의 관계
가 좋지 않았다는 점을 들 수 있다. 학습자 B는 교사에게 그 자원봉
사자가 자신의 말을 잘 안 들어줬다고 불만을 토로했다.

(4) 실천 사례의 정리

실천 사례를 통해 학습자는 이 과제를 수행하기 위해 다양하게
노력하고 있다는 것을 알 수 있다. 실제 의사소통은 언어활동만으
로 끝나는 것이 아니라 그 의사소통에 따라 무엇인가 귀결을 수반
하는 것이다. 이 과제(task)는 일련의 활동에 대한 최종 코멘트를 쓰
는 것으로, 이는 활동의 일부이면서 동시에 활동 전체의 귀결, 즉
목표가 달성되었는지를 볼 수 있다. 이러한 점에서도 담화 전략을
고찰하기에 적절한 재료였다. 실천 사례의 제시로 다른 몇 가지 사
항도 알 수 있었다. 첫째로 학습자가 발견한 담화 전략이 반드시 의
사소통의 목표 달성에 결부되는 것은 아니라는 점이다. 당면 과제
를 함께 헤쳐 나가는 문제는 해결할 수 있어도 거기에서 배울 수 없
기 때문에 언어 습득과 결부되는 학습 전략이 되지 않는다. 코더
(Corder 1983)은 "성공한 의사소통 전략은 언어습득과 연결된다"고
언급하였으나 학습자 B의 담화 전략은 그러한 의미에서는 성공한

전략이 아니다. 두 번째는 학습자의 외부 모니터가 되는 일본인 자원 봉사자의 중요성이다. 지면 문제로 그들의 설문지를 본 논문에서 소개할 수는 없지만 그들 대부분은 활동의 즐거움, 목표를 이해하고 학습자에게 여러 가지 질문을 하여 이야기를 듣는 것으로 외부 모니터로서의 기능을 완수했다. 그러나 자원 봉사자와 학습자가 어떻게 편성되었는지에 따라 모니터 기능이 제대로 이루어지지 않고 협동적인 활동이 되지 않았다. 이와 같은 점들을 생각해 보면 이러한 활동에서 학습자와 일본어 모어화자 쌍방 담화 전략을 기술하고 분석할 필요가 있다는 것을 알 수 있다. 분석 결과, '타인과 자신의 견해를 통합한다'라는 복잡한 의사소통에서 유용한 담화 전략이 발견될 수 있을지 모르겠고, 그것이(아마도 일련의 전략으로) 가르칠 수 있는 것인지도 모르겠으나 일단은 그들의 행동에 대해 기호화하여 그것과 작문과의 관계를 분석할 필요가 있으며 이를 앞으로의 과제로 삼고 싶다.

5. 맺는 말

본 논문에서는 사회적 상호작용으로서의 담화를 의사소통의 관점에서 고찰하였다. 담화를 이해하는 것이 어떤 것인지에 대해서도 언급하고 의사소통의 목표를 달성하는 수단으로서의 담화 전략의 교육에 대해 생각해 봤다. 여기에서는 심리학, 사회학, 국어학, 사회언어학과 다양한 분야의 문헌을 소개했으나 그것은 담화가 상당히 학술적인 연구영역이라는 것의 반영이기도 하다. 그리고 일본어교육이라는 장면은 그 근저에 학제적인 측면을 가지고 있으며 이러한 의미에서 실천에서 담화 연구에 기여할 성과를 끌어내는 장면이기도 하다. 그리고 그렇게 하는 것이 언어 교육만으로 끝나지 않는 일본어교육의 미래를 열어 나가는 방법의 하나라는 것은 말할 나위도 없다.

참고문헌

阿部純一他（1994）『人間の言語情報処理　言語理解の認知科学』サイエンス社

池田謙一（2000）『社会科学と理論のモデル5　コミュニケーション』東京大学出版会

大村彰道（2001）「文章理解：結束性と意味の創造」『文章理解の心理学』大村彰道監修　北大路書房　pp.1-16

海保博之・原田悦子（1993）『プロトコル分析入門』新曜社

西條美紀（1999）『談話におけるメタ言語の役割』風間書房

田窪行則（1990）「対話における知識管理について」『アジア諸言語と一般言語学』崎山理・佐藤昭裕編　三省堂　pp.837-845

得丸智子（1998）「留学生と日本人学生による作文交換活動―構成的エンカウンター・グループを応用して」『日本語教育』第96号　日本語教育学会　pp.166-177

ネウストプニー, J.V.（1987）「日本人と外国人とのコミュニケーショ

ン」『日本人と外国人』「ことば」シリーズ26　文化庁　pp.68-
81

ネウストプニー, J.V.（1999）「コミュニケーションとは何か」『日本語
学』明治書院　第18巻第7号　pp.4-16

半沢幹一（1997）「文章・談話とはなにか」『文章・談話のしくみ』佐
久間まゆみ・杉戸清樹・半沢勘一　おうふう社　pp.10-18

南不二男（1979）「言語行動研究の問題点」『言語と行動』南不二男編
大修館書書店　pp.5-22

三宅なほみ（1985）「理解におけるインターアクションとは何か」『認
知科学選書4理解とは何か』佐伯胖（編）東京大学出版会　pp.69-
98

宮崎里司（1999）「インターアクション能力の習得を目指したイマーシ
ョンプログラム」『講座日本語教育』第34分冊　早稲田大学日本
語研究教育センター　pp.197-211

宮崎里司・西條美紀・中山由佳（2000）「インターアクションと日本語
イマーションプログラム」『紀要』早稲田大学日本語研究教育セ
ンター　pp.113-128

Bartlett, G. (1932) Remembering A study in experimental and social
psychology, London: Cambridge University Press. 宇津木保・辻正三訳
『想起の心理学』1983　誠心書房

Corder, S.P. (1983) "Strategies of communication". Strategies in interlanguage
communication, London Longman

Edwards, D. & Middleton, D. (1987) "Conversation and remembering:
Bartlett revised", Applied Congnitive Psychology. pp.77-92

Higgins, E.T. (1981) "Achieving 'shared reality' in the communication game", Journal of Language & Social Psychology, 11 pp.107-131

Neustupny (1978) "A theory of language problems", Post-structual approaches to language, Univ. of Tokyo Press.

Scardamalia, M. & Bereiter, C. (1991) "Literate Expertise", In K.A.Ericsson, & J. Smith (Eds.), Toward a general theory of expertise) Prospects and limits, pp.172-194 Cambridge University Press.

Winograd, T. (1983) Language as cognitive process, Vol.1 syntax. Reading, MA Addison-Wesley

미디어 해독능력의 세계

가도쿠라 마사미 (門倉 正美)

1. 미디어 해독능력이란

최근 '미디어 해독능력(media literacy)'이란 말을 흔히 접하게 되었다. '미디어 해독능력' 이란 한 마디로 말해 미디어에 대한 '읽고 쓰기 능력' 즉 '미디어를 해독하고 스스로의 표현을 위해 활용할 수 있는 힘'을 일컫는다. 일본에서 미디어 해독능력에 대해 일찍부터 연구해 온 스즈키 미도리(鈴木みどり)는 다음과 같이 정의하고 있다.

미디어 해독능력이란 시민이 미디어를 사회적 문맥에서 비판적으로 분석하고 평가하며, 미디어에 접속하여 다양한 형태로 커뮤니케이션을 만들어내는 힘을 가리킨다. 또한 그러한 능력 획득을 위한 행위도 미디어 해독능력이라 한다.[1]

여기서 '비판적'이란 단순히 '부정하거나 비방하는' 것이 아니라 미디어를 주어진 전제 · 자명한 환경이 아닌 자신과의 관계나 사회적 · 경제적 맥락 속에서 재해석하는 자세와 방법을 가리킨다. 또한 '시민'이 주체라는 점에도 주목할 필요가 있다. 미디어정보 활용능

---

1) 스즈키 미도리 편저 『メディア・リテラシーを学ぶ人のために(미디어 해독능력을 배우는 사람을 위해)』(世界思想社, 1997) p.111, 최근의 저작 『メディア・リテラシーの現在と未来(미디어 해독능력의 현재와 미래)』(世界思想社, 2001) p.4에서도 스즈키는 같은 정의를 내리고 있다.

력의 목적은 미디어가 유포시키기 쉬운 일원적 가치의 지배에 대항하여 다양한 가치의 공존을 존중하는 민주주의적 구조를 강화하기 위해 또한 그러한 사회를 지지하는 '시민'을 육성하는데 있다.

미디어 비판의 이론과 실천은 1930년대부터 영국과 미국을 중심으로 이루어져 왔지만 미디어 해독능력이라는 형태로 공교육에 도입된 것은 1980년대 후반에 들어서 부터이다. 캐나다의 온타리오주에서 시도한 미디어 해독능력교육[2] 은 90년대가 되어 유럽과 미국으로 번져 갔다. 일본에서는 선구적인 극히 일부의 것을 제외하고는 미디어 해독능력이라는 말이 생소했으나, 90년대 말 미디어, 교육현장, 행정, 시민들사이에서 급격히 관심이 높아지기에 이르렀다.[3]

이렇게 사회적 관심이 높아진 배경에는 '정보사회' '미디어사회'라 할 만큼 다양한 미디어가 주변에 존재하며 우리들 일상생활에 침투해 있다는 사회적 사실이 존재한다. 현대사회에 있어 좋고 싫음에 관계없이 미디어와의 관련성을 돌아보지 않을 수 없다는 현실도 여러 국면에서 나타나게 된 것이다. 특히 압도적 미디어 환경으로 군림하고 있는 TV 보도의 양상(예를 들어 걸프전과 같은 중동

---

2) 캐나다 온타리오주의 선구적인 미디어 해독능력 교육 방법에 대해서는 캐나다 온타리오주 교육성 편(カナダ・オンタリオ州編『メディア・リテラシー ーーマスメディアを読み解く(미디어 해독능력-매스미디어를 해독하다)』リベルタ出版,1992(원저1989)을 참조

3) 2001년 8월부터 11월 사이에 저자가 견학 혹은 참가한 미디어 해독능력 관련 프로그램과 모임, 연구회를 세어봤더니 NHK교육 TV 프로그램 3편, 심포지움 3건, 연구회 3건, 행정 주최의 공개강좌 1건이었다.

지역 전쟁에 관한 보도, 일본 옴 진리교에 관한 보도, 조작 사건, 여론 조작 발언, 9.11 테러 보도 등)에 대한 의문[4] 과 인터넷, 휴대전화 등과 같은 새로운 미디어의 급속한 침투는 우리들에게 미디어를 '접하는 방법'에 대해 재고하도록 촉구하고 있는 듯하다.

2. 미디어 해독능력과 일본어교육

필자는 이러한 미디어 해독능력 향상을 위한 사회적 움직임은 일본어교육에 있어서도 결코 간과할 수 없는 일이라 생각한다. ①내용, ②방법, ③효과 세 가지 측면에서 미디어 해독능력은 향후 일본어교육에 자극을 주고 있기 때문이다.

우선 교육내용에 대해 살펴보고자 한다. 캐나다의 온타리오주에서 행해진 미디어 해독능력 교육의 중심적 역할이 영어(일본식으로 말하자면 국어)과목이었다는 사실에 주목할 필요가 있다. 영어(국어)과의 본질은 텍스트(text)의 비평 · 분석 · 감상에 있지만, 그 텍스트를 지금까지 해 왔던 것처럼 문자 텍스트에 한정하지 않고 음성 · 영상미디어도 텍스트로 '읽고 풀어가려'한 것이다. 음성 · 영상미디어에 있어서도 '언어'가 중요한 역할을 한다는 점을 감안한다면

---

4) TV 보도의 문제점에 대해서는 와타나베 다케사토(渡辺竹達)에 의한『メディア・リテラシー (media literacy)』(ダイアモンド社,1997)와『テレビ——「やらせ」と「情報操作」(TV'사전 각본에 의한 조작'과 '정보조작)'』(三省堂,2001)을 참조.

언어교육으로서의 미디어 해독 능력 교육은 미디어 사회에서 빠트릴 수 없는 영역이라고 할 수 있다. 극히 최근에 들어 일본의 국어교육에도 미디어 해독능력 교육을 도입하려는 움직임이 흥미롭게 전개되고 있다.[5] 뒤에서 서술하는 바와 같이 학습자의 수준은 각기 달라도, 같은 일본어라고 하는 '언어' 교육에 종사자로서 국어교육 분야의 미디어 해독능력을 위한 활동은 대단히 참고가 된다.

또한 일본어교육은 '언어'를 〈가르치고/배우는 것〉[6] 으로 궁극적으로 무엇을 〈가르치려 하며/배우려 하는가〉로 생각을 발전시켜 보면 미디어 해독 능력의 중요성을 깨닫게 된다. '언어'를 〈가르치고/배우는 것〉은 그 '언어'에 의한 커뮤니케이션을 통해 주변 세계를 이해하고, 그 세계에 있는 자신을 이해하며 표현하는 힘을 길러가는 것이라 할 수 있다. 그렇다면 학습언어에 의한 커뮤니케이션 환경에 있는 미디어와 주체적이며 비판적으로 '접하는 방법'[7] 을 습

---

5) 나카무라 쥰코(中村純子)편 『メディア・リテラシーを育む中学校・国語科年間カリキュラム実践事例集(미디어 해독능력을 기르는 중학교 · 국어과 연간 커리큘럼 실천사례집)』 (총무성위탁연구보고서,2001)과 이노우에 나오미(井上尚美) · 나카무라 아츠오(中村敦雄)편 『メディア・リテラシーを育てる国語の授業(미디어 해독능력을 기르는 국어 수업)』 (明治図書,2001)을 참조

6) 학습자의 주체적인 문제 발견 학습을 중심으로 하는 미디어 해독 능력 교육(media literacy)에서는 교사가 일방적으로 '가르치는' 것만으로 수업이 성립하지 않기 때문에 번거로운 기술 방법이지만 '가르치고 · 배운다' 라는 표현을 사용하기로 한다.

7) 일본어 학습자의 미디어 접촉 방법을 일본어 교사가 보다 상세히 파악할 필요가 있다. 일본에 체류하는 학습자가 가장 많은 일본어를 접할 수 있는 미디어는 TV이며 해외 학습자의 경우는 만화나 애니메이션일 것이다. 그러나 일본어 교육에서 TV와 만화, 애니메이션은 일부 교사가 각각 고안하여 수업에 도입하는 것으로 교재로의 사용 가능성은 충분히 연구되어 있지 않다. 이점에서는 해외에서의 일본어 교육이 적극적인 방향을 보여 주고 있다고 볼 수 있다. 또한 "Basic Japanese through Comics" Mangajin, Inc,Part1, 1993,Part2,1996 는 대단히 흥미롭다.

득해 가는 것은 '언어'를 〈가르치고/배우는〉 것에 있어 필수 과정이
될 것이다.

다음으로 교육방법이라는 점에서 보면 미디어 해독능력 교육은
'질문의 모델'을 중심적인 방법으로 하고 있다. 미디어 해독능력 교
육에서는 교사가 일방적으로 과제를 주는 것이 아니라 학습자의 관
심을 자극하고 학습자 스스로가 주변에 있는 미디어 상황에서 문제
를 발견하고 그 문제 해결을 위해 그룹별로 주체적이며 비판적으로
조사하고 논의하는 것을 목표로 한다. 이는 근래의 일본어 교육이
지향하는 '학습자 중심'의 '문제해결'형의 학습과 일맥상통하며 학
습을 심화시키는 계기가 될 것이다.

세 번째로 '교육·학습' 효과면에서, '다양한 가치관의 승인'과
'비판적·주체적 시민 의식의 육성'이라는 미디어 해독능력 교육의
목적은 일본어 교육현장의 학습자들과 함께 우리들 교사에게 있어
중요한 과제라 할 수 있다. 일본어 학습자의 다양한 문화 배경이 존
중되는 사회를 위해 노력하는 일과 '주체적 시민의 육성'은 일본어
학습자·교사의 공통과제인 것이다. 특히, 일본에서 일본어를 학습
하는 외국인은 대부분 모국의 미디어 해독능력 교육이 일본보다 뒤
처져 있는 경우가 많으므로 일본어 교육에서 미디어 해독능력 교육
에 접해봄으로써 모국의 미디어 상황을 되돌아 볼 계기가 된다는
사실은 대단히 의미있는 일이 될 것이다.

또한 학습자가 미디어 해독능력을 배워 가는 과정에서 미디어 표

현 능력을 기를 계기가 마련된다면 그것이 일본 사회에서 새로운 미디어의 창조와 직결되어 일본 미디어에 다문화 상황을 가져다 줄 수 있는 가능성도 기대할 수 있다. 거기까지 가지 않더라도 최소한 만화, 애니메이션, 패션, TV 드라마 등과 같이 동아시아에 침투되어있는 일본발 미디어현상을 파악하기 위한 다문화적 관점 전개를 위한 계기가 마련될 수 있을 것이다.

다음 절에서는 3.미디어 이용 교육과 미디어 해독능력 교육의 차이에 대한 기본적 논점에 대해 정리한 후에, 4.미디어 해독능력 교육의 기본과 그 커리큘럼 사례에 대해 설명하고, 5.일본어교육 현장에서 비교적 간단하게 도입할 수 있는 실천 힌트를 소개하도록 하겠다.

3. 미디어 이용교육과 미디어 해독능력 교육의 차이

'미디어 해독능력(media literacy)'이라는 말은 '컴퓨터 능력(컴퓨터를 사용하는 능력)'이라는 표현이 널리 사용되면서 쓰이기 시작했기 때문에 미디어 해독능력이 '멀티미디어 능력' '정보 활용 능력' 즉, 컴퓨터나 멀티미디어 기기나 소프트 등을 사용할 수 있다는 것과 혼동되는 경우도 적지 않다.[8] 말 그대로 미디어 해독능력 교육

---

8) 일본어교원 양성과정의 새로운 커리큘럼(『日本語教育のための教員養成について(일본어교육을 위한 교원양성에 대해)』 문화청,2000)에서도 이러한 오해가 있다. 즉, 미디어 정보 해독능력은

에는 '미디어를 구사하여' 자신들의 미디어를 제작하는 활동도 포함되어 있지만, 어디까지나 기성의 미디어를 '주체적 · 비판적으로 해독하는' 작업이 미디어 해독능력 교육의 기본이며, 단순히 정보기기나 소프트를 사용하기 위한 기술을 가리키는 것은 아니다.

또한 미디어 해독능력 교육은 미디어를 이용한 교육과도 다르다. 이제까지 일본어교육에서도 신문기사나 칼럼, TV 뉴스, 드라마, CM, 라디오 뉴스나 프로그램, 영화, 노래, 인터넷 사이트, 4컷 만화, CD-ROM 등 다양한 미디어는 사용되어 왔다. 그러나 그들 미디어는 어디까지나 학습자가 이해해야 할 텍스트로 제시되어 왔을 뿐 미디어라는 존재 자체가 문제시된 일은 거의 없었다. 물론 일본어 텍스트에 관해서도 사정은 마찬가지다. 몇 개의 일본어 텍스트가 신문, 라디오, TV를 주제로 하고 있긴 하지만 어디까지나 현대 일본 사회의 일면을 표현하는 생생한 소재로 미디어를 이용하고 있을 뿐이며 신문 · 라디오 · TV라는 미디어의 존재 그 자체에 학습자의 눈을 돌리게 하는 일은 거의 없었다.[9]

'언어와 정보'라는 구분 안에 '교육공학 · 시스템공학 · 정보 능력 · 멀티미디어' 등과 함께 존재한다. 그들 내용 규정에 속하는 키워드를 보아도 '(정보의)편집 · 구성' '비판적' '민주주의' '시민' 과 같은 미디어 정보 해독능력 고유의 문제의식은 전혀 서술되어져 있지 않으며 오로지 CAI · CALL 적인 것 밖에 염두에 두지 않고 있다는 것을 알 수 있다.

9) 신문 · 라디오 · TV 등의 미디어를 소재로 한 주요 교재에는 다음과 같은 것이 있다. 이토 히로코외(伊藤博子他) 『朝日新聞で日本を読む(아사히신문에서 일본을 읽는다)』(くろしお出版,1990), 미즈타니 오사무(水谷修) · 미즈타니 노부코(水谷信子) 『新聞で学ぶ日本語(신문으로 배우는 일본어)』(ジャパンタイムズ,1996), 스나다 유이치(砂田裕一) · 스나타 유리코(砂田有里子) 『「朝日新聞の声」を聞く(아사히신문의 소리를 듣는다)』(くろしお出版,1988), 가타야마 아사오(片山朝雄) 『読む · 聞くニュースの日本語(읽고 듣는 뉴스의 일본어)』, 무라사

244

이러한 일본어교육의 상황을 비추어보아 최근 급속히 진전된 일본의 국어 교육에서의 미디어 해독능력 교육은 유심히 지켜봐야할 것이며 '언어'교육으로 실천하기 위해 흡수할 수 있는 것은 배워 나아가야 마땅할 것이다. 다만 일본의 국어교육과 비교했을 때 일본어교육에 유리한 점은 미디어 해독능력 교육에 활용해야 한다. 즉, 일본의 국어교육이 문자 교육을 중심으로 이루어져 온데 반해 일본어교육은 구어체라고 하는 음성언어교육을 중시해 왔기 때문에, 음성이라는 미디어에 학습자가 친근감을 느낄 수 있다는 장점이 있다. 또한 일본어교육은 다양한 미디어를 교육 소재로 활용해 왔기 때문에 '미디어 이용교육'에 미디어 해독능력 교육의 관점을 가미함으로써 미디어 해독능력적 발상의 힌트를 얻기 쉽다는 장점도 있다. 교육공간에 속박되지 않는 학습자 중심의 학습활동 경험이 풍부한 점도 일본어교육의 강점이라 할 수 있다. 그리고 무엇보다 학습자의 다문화를 학습활동에 활용할 수 있다는 점에서 일본어교육에 있어 미디어 활용능력 교육의 다양한 가능성을 엿볼 수 있다.

키 코코(村崎恭子)감수 『青春家族1.2(청춘가족1.2)』(NHK편,1992). 이들 텍스트 중에는 오가사하라 노부유키(小笠原信之) 『実例で学ぶ日本語新聞の読み(실례로 배우는 일본어 신문 읽기)』(專門教育出版,1901)이 프제어의 리드의 읽는 법, '5WIH'에 대한 실녕블 비롯해 신문 읽는 방법에 대해 어드바이스가 들어 있다는 점에서 미디어 해독능력적인 시점이 들어 있는 텍스트로 평가 된다. 필자는 단문이긴 하지만 텍스트 등에서 TV와 신문을 비판적으로 생각하는 관점을 제시한 적이 있다. (『日本社会再考(일본사회재고)』北星堂,1991, 『日本事情ハンドブック(일본사정핸드북)』大修館,1995에서의 가도쿠라 門倉논고 참조) 2002년이 되어서야 미디어 해독능력을 주제로 한 일본어 텍스트 (야마모토 후미코 山本冨美子)편저 『国境を越えて(국경을 넘어)』新曜社,2001) 가 출판된다.

일본어교육도 국어교육의 기세에 눌리지 말고 이 영역 개척에 에너지를 쏟아야 하겠지만, 일본어교육에 미디어 해독능력의 요소를 가미하기 위해서는 우선 미디어 해독능력 교육의 골격(기본개념과 중심적 커리큘럼)을 알아 둘 필요가 있다.

4. 미디어 해독능력 교육의 기본개념과 중핵 커리큘럼(core curriculum)

미디어 해독능력 교육의 기본원칙과 구체적 수업 실천사례를 알기 위해서는 캐나다 온타리오주 교육성이 펴낸『미디어 해독능력-매스미디어를 해독하다 -』(리벨타출판,1992)를 기본적인 참고 문헌으로 삼아야겠지만, 이 책은 미디어 전반에 대해 너무 상세하게 설명하고 있어 오히려 핵심 부분을 파악하기 어려운 면이 있다. 그래서 위에 서술한 스즈키 미도리를 중심으로 구성된 프로젝트팀이 펴낸『입문편』[10] 을 참고하고자 한다.

『입문편』 머리말에는 캐나다의 것을 계승한 다음 8가지 '기본개념'이 나와 있다.

---

10) 스즈키미도리(鈴木みどり)편『Study Guide メディア・リテラシー 入門編 (Study Guide media literacy 입문편』 리벨타출판,2000. (이하, 『입문편』이라 약칭한다.)

1) 미디어는 모두 구성된 것이다.

2) 미디어는 '현실'을 구성한다.

3) 청중이 미디어를 해석하고 의미를 만들어 낸다.

4) 미디어는 상업적 의미를 갖는다.

5) 미디어는 이데올로기와 가치관을 전달한다.

6) 미디어는 사회적, 정치적 의미를 갖는다.

7) 미디어는 독자적 양식, 기법, 규칙/약속을 갖는다.

8) 비판적으로 미디어를 읽는 일은 창조성을 높여 다양한 형태로 커뮤니케이션을 만들어 내는 것과 직결된다.

이 중 첫 번째 개념이 가장 중요하며 동시에 미디어 해독능력의 원점이라 할 수 있다. TV 뉴스를 예로 들면 이해가 쉬울 것이다. TV 뉴스는 영상이라는 압도적 증거에 의해 명백한 '사실'을 지속적으로 제공하고 있는 것처럼 보인다. 그러나 그 영상은 카메라맨이 자신의 관심에 따라 어떤 일정한 장면을 편집한 것이며 또한 뉴스 편집자가 카메라맨의 영상을 다른 갖가지 뉴스 필름과 뉴스 비중과의 비율을 생각하며 일정 시간으로 편집해 그 영상을 설명하는 뉴스 문장을 갖다 붙인 것이다. 우리들이 매일 아무렇지 않게 극히 '자연스러운' 사실이라 생각하며 보고 있는 뉴스영상은 이렇듯 몇 중으로 취사선택된 '작품' (즉 '구성'된 것)이다.

두 번째의 '개념'도 함축적 것이라 볼 수 있다. 뉴스나 사건에 대한 우리들의 지식·이해는 모든 미디어에 의해 구성된 영상 그리고 기사에 근거하고 있다. 우리들이 실제로 보고들은 사실에는 전혀 존재하지 않음에도 불구하고 우리들은 그것이 '현실'이라고 눈곱만큼도 의심치 않는다. 그러나 보도는 가끔 정부나 스폰서 등의 권력에게 유리한 관점으로 제공되기도 한다. 걸프전 때의 '기름투성이가 된 바다새'의 모습[11] 이 그 상징적인 예라고 할 수 있다. 그렇지만 우리들이 직접 보고 들을 수 없는 뉴스 즉, 사회적인 '현실'에 대한 정보를 제공해주는 것은 미디어 밖에 없다. 미디어가 구성하는 '현실'의 '현실'성을 어떻게 해석할 것인가는 점이 미디어 해독능력의 중요한 과제인 것이다.

세 번째 이하에 대해서는 각자가 생각해 보도록 하고 『입문편』이 이들 '기본개념'을 습득하기 위해 제안한 커리큘럼을 보도록 하자. 미디어 해독능력이 너무도 광범위한 미디어 영역을 커버하고 있기 때문에 오히려 단편적인 실천이 되어버리기 쉽다는 점을 고려해 『입문편』은 테마를 4개로 좁혀 각각의 테마에 대해 4회의 수업을 설정하고 그 기본적인 능력을 기르는 것을 목표로 한다. 이것은 소위 미디어 해독능력 교육의 '중핵 커리큘럼'이라 할 수 있다. 그 영역은 다음과 같다.

---

11) 걸프전 당시 '기름 투성이가 된 바다새' 사진은 '이라크에 의한 환경테러'를 고발하는 강렬한 이미지효과를 낳았다. 그 석유 유출은 이라크에 의한 것이 아닌 미디어의 이미지 켐페인으로 미국의 국익을 위해 '구성'된 '사실'에 지나지 않은 것이었다. 이에 대해 기시모코 시게노부는 『新聞の読み方(신문 읽는 법)』(岩波ジュニア親書, 1992)에서 간결하게 사실 해명을 하고 있다.

1. 나와 미디어 해독능력 , 우리들과 미디어

  1-1 미디어란? 배우는 즐거움의 발견

  1-2 나의 미디어사(史), 우리들의 미디어사(史)

  1-3 금주의 TV일기

  1-4 미디어와 유행해 대해 조사해 보자

2. TV 광고란 무엇인가 ?

  2-1 우리들과 TV광고(CM)

  2-2 CM으로 배우는 영상언어

  2-3 타겟(target) 시청자

  2-4 CM이 제시하는 가치관

3. TV드라마와 우리 사회

  3-1 TV드라마와 우리

  3-2 등상인불과 직업

  3-3 TV드라마가 팔고 있는 '상품'

  3-4 TV드라마와 사회의 움직임

4. 뉴스보도를 해석하다

  4-1 뉴스란 무엇인가?

  4-2 뉴스보도는 구성되어 있다

  4-3 뉴스보도에 등장하는 인물

  4-4 저널리즘과 커머셜리즘

우선 첫 번째 테마가 학습자에 의한 미디어와 자신과의 관련성의 재발견에 있다는 점에 주목할 필요가 있다. 이는 마치 공기와도 같이 당연한 우리를 둘러싸고 있는 미디어의 존재를 부각시키는데 필수 작업이다. 『입문편』에서는 '일상적으로 접하고 있는 미디어는 무엇인가? 광고 보기, 큰 사건에 관한 미디어 보도에 대한 인상, 자신의 미디어사 만들어보기, 금주의 TV 일기 쓰기, 미디어와 유행의 관계 조사하기'와 같은 활동을 통해 미디어를 문제시해 대상화하는 것을 목표로 하고 있다. 그리고 나머지 세 가지 테마에서도 마찬가지로 테마별로 처음은 반드시 미디어와 자신(자신들)과의 관계에 대한 물음으로 시작된다.

다음 「뉴스보도」에서는 TV 뉴스를 주요 소재로 다루고 있는데, 네 가지 테마 중 세 가지가 TV를 주제로 다루고 있다는 점도 중요하다. 지금까지의 학교 교육에서는 TV를 업신여기는 의식이 내재되어 있던 탓에 TV프로그램을 주제화하는 일이 무척 적었다. 그러나 미디어 해독능력 관점에서 보면 TV야말로 현대사회에서 가장 커다란 영향력을 가지고 있는 중요한 미디어이므로, TV에 대한 '능력'을 기르는 것이 최우선 과제가 될 수 밖에 없다. 이 점은 앞서 말한 '중핵 커리큘럼'에서도 강조되었던 사실이다.

세 번째로 모든 수업이 학습자들의 '활동'을 중심으로 하고 있다는 점도 이 커리큘럼의 특징으로 꼽을 수 있다. 미디어 해독능력 교육에서는 학습자가 주체적으로 관심을 갖고 능동적으로 참가해 그룹 구성원들과의 '대화'를 통해 '능력'을 길러가는 것을 목표로 한다. 교사는 반드시 이 워크숍이라는 배움의 장을 매력적이고 즐거운 것으로 만들어 학습자의 능동적인 참가를 촉진시키는 '촉매자' 역할을 철저히 해야 한다.

이상이 『입문편』에서 소개된 중핵 커리큘럼의 내용이다. 다음으로 이것을 가와사키시의 국어과 교사 연구그룹에 의한 중학교 국어과 미디어 해독능력 교육 커리큘럼[12] 과 비교해 보도록 하자. 여기에서는 국어과의 지도 목표인 '언어 · 이해 · 표현' 과 관련된 미디어 해독능력의 지도 항목이 다음과 같이 설정되어 있다. 즉, ①미디어와 자신과의 연관성을 인식한다. ②미디어를 비판적으로 해석한다. ③미디어의 구성 · 연출의 기법을 안다. ④미디어가 갖는 의미의 다양성을 이해하고 표현 활동을 한다. 그리고 이 네 가지 항목을 순서에 맞추어 중학교의 각 학년에서 배울 커리큘럼으로 제시하고 있다.

【1학년】

1-1 나의 미디어사(史)로 자기소개

1-2 뉴스의 비교 · 신문(보도 사진의 비교 · 선택과 자막과의 관련성)

1-3 영상 문법의 기초(그림 카드로 카메라 워크와 몽타주 기법

---

12) 나카무라 쥰코(中村純子)편 『미디어 해독능력을 기르는 중학교 · 국어과 연간 커리큘럼 실천 사례집』 2001. (총무성 위탁연구보고서) 이하, 「국어과 커리큘럼안」이라 약칭한다.

의 기본을 안다)

1-4 사진을 읽게 한다(좋아하는 고양이 사진에 말을 넣는다)

【2학년】

2-1 어떤 미디어를 사용하는가? (싸운 친구에게 사과를 할 때 어떠한 미디어로 전달할 것인가)

2-2 뉴스의 비교 · 신문, TV(눈으로 인한 피해를 전하는 신문기사와 TV 뉴스의 비교)

2-3 CM기술 명명프레젠테이션(CM기법의 특징을 '比べてドン!(비교, 시작)' 'キャラ勝ち(캐릭터 이기기)' 등으로 이름을 붙이게 한다)

2-4 「北の国から(북쪽 나라에서)」(인기 일본TV드라마)그림콘티 제작(「北の国から(북쪽 나라에서)」의 시나리오를 읽은 후 그림콘티를 그려 실제 비디오 작품과 비교한다)

【3학년】

3-1 TV 시청에 관한 찬반 토론

3-2 재활용? (두 가지 설명문을 읽고 비교해 논의의 포인트를 파악한다)

3-3 영화제작 · 편집체험(학생 자신의 시나리오를 영상화)

3-4 비디오 작품「手(손)」의 영상에서 문장 표현(손이 움직이는
  영상을 보고 문장으로 표현시킨다)

위의「국어과 커리큘럼안」도 앞의『입문편』의 커리큘럼과 마찬가
지로 '미디어와 자신과의 관계'에 대해 재고하는 작업을 각 학년 첫
단계에 넣었으며 그룹워크를 교실활동의 기본으로 하고 있다. 미디
어 해독능력교육의 대전제를 충실히 반영하고 있는 것이다. 『입문
편』과 비교해 봤을 때 이 커리큘럼의 특징은 2-1, 2-3, 3-1에서 처
럼 중학생의 흥미를 끌만한 화제 설정이 되어 있다는 점, 사진과 그
림 카드, 그림 콘티를 이용해 미디어의 기본적인 기법을 알 수 있도
록 유도했다는 점, 사진과 문장 (1-2, 1-4), 영상과 문장(2-4, 3-4),
미디어 비교(2-1, 2-2) 와 같이 크로스미디어(cross media)[13]「국어
과 커리큘럼안」은 회수가 적음에도 불구하고 보다 다양한 미디어를
활용하려고 하고 있다. 또 한 가지 특징은「국어과 커리큘럼안」이
학습자에 의한 '제작' 요소를 도입하고 있는 (2-4,3-3) 점이다. 이에
비해『입문편』은 학습자에 의한 미디어제작에 대해 매우 소극적이
라 할 수 있다. 16회의 수업활동 중에서 '제작'요소는 'CM 콘티 만
들기'뿐이며 이또한 '중심적 활동'이 아니다. '자신들의 미디어 환경
을 돌아보고, 기존의 미디어에 대한 수제석 해석을 확립하는 것' 이

---

13) 하나의 뉴스를 신문, 잡지, TV방송, 인터넷, 휴대폰 등 다양한 매체에 맞춰 제작해 보도하는 것으
로 매체의 경계를 넘나들면서 수용자에게 전하는 새로운 보도 형태(역주)

선결 문제이며 초기 단계에서 '제작'을 목적으로 하면 기존의 미디어 기법의 모방만을 우선시하게 된다.[14]

　여기에서는 의견이 나누어 질 것이다. 필자는 기본적인 기법에 대해 설명만 있다면 초기 단계라 하더라도 '제작'요소가 있는 편이 미디어 해독능력교육의 즐거움과 그룹 활동의 역동적 에너지가 증가할 것이라 생각된다. 그리고 설령 성과가 보잘 것 없더라도 실제로 자신들이 '제작' 해 보아야만 비로소 미디어의 다양한 기법의 포인트를 알게 되는 경우가 많다.[15] '제작' 이 미디어 해독능력 향상에 있어 보탬이 되는가 아닌가의 여부는 '보기만 좋은 작품'을 만드는 것을 목적으로 삼거나 프로 기법의 예찬만으로 끝나지 않는 '제작' 활동과 '작품' 평가의 장을 어떻게 만들어 나아갈 것인가를 결정하는 촉진자(교사)의 역량에 달려 있는 것은 아닐까.

5. 일본어교육에서 미디어 해독능력 향상 요소의 도입

　일본어교육에서 미디어 해독능력을 어떻게 활용할 수 있을까? 앞에서 서술한 『입문편』과 국어과 커리큘럼에서 제기하고 있는 중

---

14) 『입문편』 p.28

15) 필자는 2000년도 후기의 15회의 『일본사정』수업에서 미디어 해독능력 교육을 실시해 보았다. 이 수업에서는 유학생 그룹에게 반드시 무언가를 '제작' 하는 것을 과제로 내주고, 학기말에 비디오 작품, 비디오 CM, 라디오 프로그램 등을 프레젠테이션하게 하였다. 이러한 수업에 대해서는 가도쿠라 마사미(門倉正美)『メディアを(志向・試行)する(미디어를 사고(지향・시행)한다)』(『21世紀の日本事情(21세기의 일본사정)』 제3호, くろしお出版, 2001에 게재)참조 할 것.

핵 커리큘럼이 참고가 될 것이다. 전부 도입하는 것은 무리일지 몰라도 한 세트가 되어 있는 4회분을 도입하는 것은 비교적 쉬운 방법이다.『입문편』은 테마별로 이루어져 있기 때문에 자신이 흥미나 관심을 갖고 있는 테마로 한 가지만 골라 시도해 볼 수도 있다. 국어과 커리큘럼에서는 학년별로 골라 사용해도 좋고 테마별로 채택을 해도 좋을 것이다.

어떤 방법을 채택하건 모든 것을 다 하려고 할 필요는 없다. 필자는 미디어 해독능력 교육의 '체계성'보다 미디어 해독능력교육의 '기본개념'에 대한 '자각'의 계기를 중요하게 여기기 때문이다. 따라서 설령 단편적일지라도 지금까지의 교실 활동 중에 조금이라도 미디어 해독능력 향상교육의 요소를 도입해 학습자와 일본어 교사를 미디어 해독능력의 세계로 유도하는 것이 첫걸음이 될 것이다. 이번에는 필자 자신의 교실 활동 체험을 바탕으로 첫걸음에 해당되는 실천사례를 소개하고자 한다. 위에서 소개된 것과 중복되지 않고 일본어교육에 비교적 도입하기 쉬운 것만을 골라 요점을 소개 해 보았다.

1) 나에게 있어 TV란 무엇인가?

CM에서 내세우는 문구처럼 '나에게 있어 TV는 ○○이다' 라는 문장으로 TV를 유머러스하게 혹은 예리하게 정의하고 그 정의에 대한 설명(그 이유는?)을 적는 작문을 숙제로 낸다. 수업에서는 각각의 정의에 대해 논의하거나 TV의 장단점에 대해 토론한다. TV와 자신의 관계에 대해 깊이 생각해 CM에서 실제 사용하는 듯한 센스 있고도 정확한 단문으로 표현하는 것을 목적[16] 으로 한다.

2)지금까지 가장 인상적이었던 TV화면

'자신에게 가장 충격적(감동적 · 인상적)인 TV화면(뉴스이든 픽션이든 상관없다)은 어떤 것인가? 또한 그것은 어째서 그렇게 인상적이었는가'에 대해 적어 오도록 해 수업 중에 발표하도록 한다. TV와 자신과의 관계를 돌아 볼 수 있고 그와 함께 TV영상이 가진 '힘'에 대해 생각할 수 있다. TV가 얼마나 '특권적=비일상적'인 영상을 일상생활에 제공하고 있는가는 깨닫는 것이 중요하다.

3) 야구중계의 카메라워크

야구중계에서는 많은 카메라에 의해 알기 쉬운 카메라워크가 구사되고 있다. 대표적인 카메라워크의 확인을 통해 영상의 '문법'적 기본을 배우는 것은 미디어 해독능력 양성에 있어 중요한 기초 작업이 된다. 무엇보다 야구는 학습자의 기호에 따라 나뉘어 질수도 있으므로 축구나 CM도 허용하도록 한다.

4) 만화를 읽는다.

만화는 스토리 전개를 재빨리 좇을 뿐 아니라 '일본에서는 어째

---

16) 국어과에서 광고문 · 선전문의 형태로 작문 교육을 한다는 흥미로운 실천 사례가 실려 있다. 오우치 젠이치(大内善一)『コピー作文がおもしろい(복사 작문이 재미있다)』(学事出版,1997년)

서 어른도 만화를 읽는 것인가?' 라는 많은 외국인 학습자의 소박한 의문에 대해 의논하기 위한 소재로도 활용될 수 있다. 컷 나누기, 대사, 선의 묘사, 의성어 등의 '만화 문법'[17]에 대해 생각해 보는 것도 재미있다. 만화를 좋아하는 학습자가 있다면 만화의 재미에 대해 이야기 듣는 것부터 시작해도 된다. 어떤 만화를 고르는가에 교수자의 센스를 엿볼 수 있다.

5) TV 프로그램을 비평한다.

'ここがへんだよ日本人(이점이 이상하다. 일본인)'은 학습자가 즐겨보는 프로그램인데 '매너리즘화되어 재미가 없어졌다'라는 이야기도 많다. 특히 자신의 나라나 사람을 고정관념화시켜 재미있고 우스꽝스럽게 연기시키는 점이 물린다는 비판적인 의견도 있다. '외국(인)의 고정관념화'를 논하는 것은 '이 점이 이상하다. 일본인은'에 국한된 것이 아니기 때문에 다른 TV 프로그램 (예를 들면 여행 프로그램)이나 CM은 풍부한 자료를 제공해 줄 것이다. 또한 학습자 모국의 프로그램과 비교해 프로그램 편성의 특징(예를 들어 일본은 요리 프로그램이 너무 많다, '성적 표현'이 지나치다와 같은 관찰 의견을 들을 수 있다)에 대해 논의하는 것도 재미있을 것이다.

---

17) 나츠메 후사노스케(夏目房之介) 『漫画はなぜ面白いのか(만화는 어째서 재미가 있나)』 NHK 出版,1997. 참조

6) 드라마를 재구축한다.

TV드라마를 보여주고 스토리텔링을 시키는 일이 흔하다. 이 때 학습자에게 역할 분담을 시켜 대사를 만들게 한다. 그리고 스토리의 전개를 수업에서 추리하고 다음 주 비디오의 전개를 확인한다. 이를 통해 드라마의 등장 인물의 상투적인 이미지를 찾아내고 시청률을 올리기 위해 어떠한 궁리들을 하고 있는가에 대해 생각해 본다.

7) 신문 지면을 재구축한다.

주요 신문의 국제면 기사를 그룹별로 비교하고 자신들이라면 어떤 기사를 가장 크게 다룰 것인가를 검토한다. 거기에서 일본 신문의 국제 기사에 대한 비중을 생각한다. 그리고 일본에 체류하는 외국인이라는 관점에서 일본 사회의 연간 10대 뉴스를 각 그룹별로 정해서 서로 발표하고 수업 중에 10대 뉴스를 선별하기 위한 토론을 벌인다.

8) 영상 편지를 만든다.

일본 유학을 생각하고 있는 모국의 친구들에게 일본에서의 유학 생활을 소개한다면 어떠한 영상을 보낼까를 테마로 해 각 그룹별로 영상 편지를 만든다. 촬영·편집 후 제작 의도와 함께 작품을 수업에서 발표하고 의도가 충분히 표현되었는가를 서로 평가한다.

그 밖에도 지금까지 이루어져온 '미디어 이용교육'에 여러 가지 방법을 추가적으로 시도해 다양한 미디어 해독능력 향상 요소를 담은 일본어 교육을 전개할 수 있을 것이며, '미디어 해독능력의 세계'는 일본어 교육에 깊이를 더해 줄 것이라 확신한다.

참고문헌

미디어 해독 능력을 이해하는데 중요한 문헌을 간략하게 소개한다. 간행년도 가 2000년도 이후의 것이 많은 이유는 일본에서의 미디어 해독능력에 대한 관심이 2000년도 이후부터 높아졌다는 것을 나나낸다.

カナダ·オンタリオ洲教育省編（1992）（原著1989）『メディア・リテラ シー ―マスメディアを読み解く―』、リベルタ出版【미디어 해독 능력교육의 고전이라고 할 수 있는 책. 미디어 해독능력 교육의 전체상을 알기 위한 기본 문헌이며 동시에 일본어교육에 다양하게 응용할 수 있는 태스크(task)의 보고이기도 하다.】

鈴木みどり編（2000）『Study Guide メディア・リテラシー 入門 編』、リベルタ出版【본문에서 소개했듯이 일본에서의 미디어 해독능 력 교육 · 연수실천을 토대로 한 중핵 커리큘럼의 제안이라고 할 수 있다.】

中村純子編（2001）『メディア・リテラシーを育む中学校・国語科年間 カリキュラム実践事例集』、総務省委託研究報告書【본문에서 소개 한 국어과 커리큘럼안. 학습자의 연령이나 지적 수준에 맞추어 약간 수정 하면 중학생 이외에 대해서도 충분히 응용할 수 있다. '전국의 종합 통신국 에서 대출가능'이라고 총무성 HP에는 적혀 있으나 실제로는 입수하기 어 려워 유감스럽다.】

井上尚美・中村敦雄編（2001）『メディア・リテラシーを育てる国語の 授業』、明治図書【미디어 해독능력의 기초 이론과 초등학교에서부터 고등학교까지의 교육 실천사례가 실려 있다. 국어과 선생님의 정열이 느껴 지는 책】

森田英嗣編（2000）『メディア・リテラシー教育をつくる』、アドバンテージサーバー【여기에서는 2002년도부터 시작되는 '종합적 학습'에 미디어 해독능력을 도입한 제안이 되어 있다. 수업안 외 미디어 현장의 문제점도 지적하고 있다. 】

鈴木みどり（2001）『メディア・リテラシーの現状と未来』、世界思想社

鈴木みどり（1997）『メディア・リテラシーを学ぶ人のために』、世界思想社【위의 2권의 책에 의해 미디어 해독능력의 문제 구제과 일본의 미디어 해독능력 시민 운동체가 무엇을 문제로 해 왔는가를 이해 할 수가 있다. 전자에는 마스터맨(Masterman)과 앤더슨(Andersen)이라는 미디어 해독 능력 교육에 있어 세계적 견인자의 논고가 번역되어 있다.】

菅谷明子（2000）『メディア・リテラシー―世界の現場から―』、岩波新書【캐나다,영국,미국의 미디어해독능력 교육 현장을 생생하게 전하는 리포트. 미디어 해독 능력의 구체적인 모습 (무엇을 어떻게 가르치고 배우는가)을 알기 위한 최적의 책】

水越伸（1999）『デジタル・メディア社会』、岩波書店【디지털 미디어의 문제뿐 아니라 미디어 해독 능력에 대해서도 적확하며 이론적으로 논하고 있다. 미디어 저널리즘과 그 아시아적 연계에 대한 소개는 흥미롭다.】

渡辺武達（1997）『メディア・リテラシー』、ダイアモンド社【'미디어 공정과 사회적 책임'이라는 관점에서 미디어의 '조작'과 정보 조작, 인권침해를 정면에서 비판하다. 미디어의 제작 사정에도 정통해 있지만 미디어 해독능력의 설명에는 다소 부족한 면이 있다.】

http://www/mlpj.org/ 홈페이지 『メディア・リテラシーの世界』【문헌에는 없지만 미디어 해독 능력에 대한 정보가 풍부하다. 캐나다, 영국 등의 미디

어 해독 능력 선진국의 활동체와 링크가 되어 있어 도움이 된다.】

또한 미디어 해독 능력의 전제라고도 할 수 있는 미디어론과 관련된 기본 문헌 4권을 이하에 소개한다.

· エンツェンスベルガー『意識産業』（晶文社1970年、原著1962年）
· ブーアスティン『幻影の時代』（東京創元社1964年、原著1962年）
· マクルーハン『メディア論』（みずす書房1987年、原著1964年）
· オング『声の文化と文字の文化』（藤原書店1991年、原著1982年）

제11장

학습자 참가형 평가*)와 일본어교육

요코미조 신이치로 (橫溝 紳一郎)

---

*) 본 논문에서 사용되는 '학습자 참가형 평가'는 '대체 평가법(alternative assessment)' 과 거의 같은 의
   미이다. 대체적 평가법에 대한 자세한 내용은 도사쿠(當作 1999,2001)를 참조할 것.

1. 평가란

'평가'라는 말을 듣고 여러분은 무엇을 떠올리는가? 자신이 어릴 적 체험한 (중간시험이나 기말시험 등의) 정기 시험? 아니면 매일 아침 치뤘던 '쪽지 시험'? 현재 가르치는 일에 종사하고 있는 분은 자신이 가르치는 학습자에게 치르게 하는 시험을 떠올리고 있을지도 모른다. 이러한 테스트에는 어떤 공통점이 있다. 그것은 교사가 시험내용을 정해, 교사가 ("이것은 몇 점짜리 문제다" 혹은 "여기까지 풀 수 있으면 만점이고 반만 풀면 50점, 그외에는 0점") 채점 방식을 정해 그 채점 방법에 따라 교사가 채점하고 그 결과를 교사가 학습자에게 전달하는 과정으로 실시된다. 다시 말해, 시험은 교사의 통제 하에서 처음부터 끝까지 실시되는 것이며, 이와 같이 교사의 주도로 실시되는 시험에는 좋은 시험의 조건인 '타당성' '신뢰성' '실시용이성'을 높게 유지하기 쉽다는 이점이 있다.

타당성 : 측정하려고 하는 것을 그 시험이 어느 정도 제대로 측정하고 있는가(예를 들어 일본어의 청해 능력을 측정하는 시험인데 문제 안에 들어 있는 테마에 대한 예비지식이 없어 대답할 수 없는 시험은 타당성이 낮은 것이다).

신뢰성 : 그 시험이 가리키는 결과가 어느 정도 안정되어 있고 일관된 것인가(예를 들어 어쩌다 맞출수 있는 문제가 많은 시험이나, 채점자에 따라 점수에 차이가 나는 시험은 신

뢰성이 낮은 것이다).

실시용이성 : 그 시험 실시에 있어 어느 정도의 시간과 수고를 들
여야 하는가(예를 들어 시험 실시와 채점에 많은 시간과
수고를 필요로 하는 시험은 실시용이성이 낮은 것이다).

교사의 주도로 실시되는 시험의 경우에는 테스트에 대한 교사의
지식과 경험을 활용하고 이상의 '타당성' '신뢰성' '실시용이성'을 높
게 유지하기 위해 노력할 수 있다. 이러한 연유에서 시험은 지금까
지 교사 주도로 행해지는 일이 많았으며 독자 여러분이 체험을 해
왔던 시험도 이러한 타입이 많았던 것이다.

2. 교사주도의 평가에서 학습자 참가형 평가로

그러나 최근 들어 '평가를 학습자에게 맡길 수는 없는가'라는 교
육 분야에서 번져가고 있다. 이 흐름의 이론적 근간을 이루는 것이
1930년대 미국 교육회에 커다란 영향을 미친 교육학자 듀이이다.
1980년대에 미국 교육 관계자는 당시 보급되어 있던 (몇 가지 선택
지 중에서 정답을 고르는 형식을 중심으로 한) 표준 시험 그 자체,
그 결과에 따라 학습사에게 수지적인 평가를 하는 것, 그리고 그
수치적 평가에 기초하여 학습자의 성적을 정하는 것에 대해 의문을
갖기 시작했다. 그러던 중 그들이 주목한 것이 듀이의 '경험 그 자

체만으로는 학생이 무언가를 배우는 일이 불가능하다. 중요한 것은 경험을 자신의 안에서 잘 이해하고 돌아보는 것이다'는 사상이다. 듀이의 이러한 사상에 따라 학습자의 진정한 '배움'을 실현하기 위해서는 스스로 학습을 돌아보는 작업에 학습자가 적극적으로 종사하는 것이 필요 불가결하다. 이러한 형태로 형성된 '학습자를 평가에 참가시킨다'라고 하는 학습자 참가형 평가에 대해 교육 관계자가의 관점이 미국에서 커다란 파문을 일으켰을 뿐 아니라 최근에는 일본에까지도 상륙하게 되었다.

1996년 7월 19일, 제15기 중앙 교육심의회는 '종합적인 학습 시간'의 신설을 제언했다. 그 제언 중에는 종래의 지식 주입과 전달에만 편중되어 온 교육=단순한 지식의 양을 중시하는 학력관을 아이들이 지(知) · 정(情) · 의(意) · 건강 · 체력면에 있어 개성이 풍부하고 조화롭게 발달할 수 있도록 '살아가는 힘'을 육성할 필요성(다카우라高浦 1998:11)을 역설하고 그것을 실현하기 위한 '종합적인 학습을 위한 수업'의 창설이 제창되었던 것이다. 여기에서 종래의 수업과는 다른 '종합적인 학습'을 평가하는 방법을 종래대로 해도 좋을 것인가하는 문제가 부각되었다. 즉, 학습 결과를 시험을 통해 수량적으로 측정하고 그 수치에 따라 아이들의 학습 평가를 행하는 현재의 평가 방법으로는 '종합적인 학습'에 적당하지 않기 때문에 학습 활동의 과정과 성과에 있어 아이들의 장점과 진보 상황 등을 평가한다는 새로운 평가 방법을 모색할 필요성이 생겨났다(다카우라高

浦 1998:207-208). 이러한 상황에서 일본의 교육학자 및 교육 실천가
는 미국에서 서서히 보급된 학습자 참가형평가를 '종합적인 학습'
에 응용하기 위한 모색이 시작되었던 것이다(안도安藤 2001a,2001b,
오오쿠마 大隈 2000, 오다小田 1999,2000a,2000b, 가토加藤 2001, 가토加藤·
안도安藤 1999, 글로와트 Esm´e Glauert 1999, 스즈키鈴木 2000,다카우라高
浦 1998,2000, 데라니시寺西 2000,2001, 무라카미村上 2001, 쇼어즈 & 그레이스
Shores and Grace 2001).

3. 학습자 참가형 평가의 목표와 특징

자신의 학습 평가를 위해 학습자 자신의 적극적인 참가를 지향
하는 것은 궁극적으로는 '배우는 방법을 배우는 것(Learn how to
learn)'이다. 자신의 '학습'을 (성찰하고 깊이 반성함으로써) 제대로
파악하고 자율적인 학습이 가능하도록 능력을 길러가는 것이 학습
자에게 기대되고 있다. 스즈키(鈴木 1999:9)는 이렇게 자기 콘트롤
할 수 있는 능력을 '메타인지 능력'이라 부르고 '자신의 학습 과제를
스스로 발견하고 과제해결을 위한 적절한 학습 방법을 선택해 실행
하고 그 결과를 당초의 과제와 비교하고 평가해 문제점이 발견되
면 수정해 가는 능력'으로 정의내리고 있다. 메타인지 능력의 육성
에는 학습자에 의한 자기 평가를 중심으로 한 자기 모니터링(內省,
내성)이 커다란 역할을 한다(데라니시寺西 2000:79). 다시 말해 학습자

참가형 평가의 목표는 '자기모니터 능력'(스스로 자신의 학습을 파악하는 능력)을 향상시켜 '학습자 자율성(아오키青木 2001:189)'(무엇을 어떻게 배우고 그 성과를 어떻게 평가하는가에 대한 의사 결정과 그것을 실행하는 능력)을 육성하는 것에 있다고 말할 수 있다.

학습자가 스스로 배움에 대해 파악하고 내성하는 것을 중심으로 하는 평가이기 때문에 학습자 참가형 평가에서는 '단시간(短時間)'이 아닌 '장시간(長時間)'의 과정을 '부분'이 아닌 '전체'로, '결과'보다 '과정'을 평가(오다小田 1999:20-21)하는 것이 중요하다. 여기에서 중요한 것은 스스로 배움을 자기 모니터링하는 능력은 누구나 처음부터 가지고 있는 것이 아니라는 사실이다. 따라서 '내성의 기회를 만들거나 내성의 계기를 만들어 주기 위해 질문을 함으로써 자기 모니터링 능력을 기르는 도움(아오키青木 2001:194)을 교사는 주지 않으면 안된다. 다시 말해 학습자의 배움에 대한 자기 모니터링에 교사가 함께하는 형태로 학습자 참가형 평가를 진행하도록 한다.

4. 학습자 참가형 평가방법

학습자 참가형 평가 실시의 방법은 다양하며, 대개의 경우 그 안에서 몇 가지를 병행하여 진행할 수 있다. 아래에 '포트폴리오 평가'

'컨퍼런스저널 · 로그'를 그 예로 들겠다.[1] 그리고 그 전에 평가의 방법을 생각하는데 필요한 요소에 대해 간단하게 설명을 하고자 한다. 평가에 대한 고찰을 하는 경우 다음 요소로 각각 나누어 생각할 필요가 있다.

평가자 : 평가를 하는 것은 누구인가
평가 항목 : 평가를 하는 대상은 무엇인가
평가 기준 : 어떠한 기준에 의거해 평가를 하는가

위에서 서술한 교사 주도의 시험에서 평가자는 교사이며 평가 항목과 평가 기준의 결정도 교사에 의해 이루어진다. 다음에 소개하는 각각의 방법에서 평가 항목과 평가 기준을 결정하는 것은 누구이며, 평가자는 누구인가를 생각하면서 읽어 보면 교사 주도 시험과의 차이점이 명확해 진다.

(1) 포트폴리오 평가

지금 가장 주목받고 있는 학습자 참가형 평가의 방법이다. 포트폴리오란 원래 디자이너나 예술가, 사진가가 자신을 선전하기 위해 자신의 작품을 넣어두는 파일을 가리킨다. 교육 분야에노 응용

---

1) 이외에도 '관찰' '데모'등의 방법이 있다.

되어 '학습자의 학습 성과를 축적해 가는 파일'이라는 의미로 사용되고 있다. 다카우라(高浦 1998:221)는 포트폴리오를 '어린이 한 사람 한 사람의 과정 및 결과에 관한 정보·자료가 장기간에 걸쳐 목적적, 계획적으로 축적된 집적물'로 정의하고 있다. 히지리(聖田 1996:194-195)는 포트폴리오 평가의 실시 사례의 방법을 다음과 같이 소개하고 있다.

· 학기 시작 무렵에 무엇을 어떠한 목적(학습 목적·사용 목적)으로 포트폴리오에 넣을 것인가, 교사와 학습자가 상담한다(표1은 상담한 결과를 정리한 것).
· 평가기준(rubrics)을 명확히 한다(이를 통해 각 평가항목에서 높은 평가를 받는 '모델'이 명확해진다).
· 포트폴리오를 짤 때 학습자는 학습 프로세스를 자기모니터링하고 그것에 대해 기술한 것을 덧붙여 둔다.
· 학기가 끝날 때까지 학습자가 제출한 포트폴리오에 대해 교사와 학습자가 여러 번 이야기를 나누는 기회를 갖는다.
· 학기가 끝날 무렵에 평가 기준에 맞추어 학습자의 학습 성과를 종합적으로 평가한다.

이 방법은 다른 말로 나타내면 평가 항목(즉, 포트폴리오에 넣을 것)을 학습자와 교사 간에 상담을 통해 결정하는 방법으로, 평가 기준의 결정은 (높은 평가를 받는 모델 제시라는 형태로) 교사에 의해 행해진다. 또한, (학습자의 학습 성과를 종합적으로 평가하는) 평가자도 교사이다.

표1

히지리(聖田 1996)에 의한 포트폴리오 수집물(목적별)

목적	포트폴리오에 넣을 것
회화력 신장	롤플레이 · 인터뷰 · 스피치 등을 테입이나 비디오에 녹음/녹화 한 것
쓰기 능력 신장	일기 · 그림일기 · 편지 · 작문 · 에세이 · 컴퓨터디스크에 기록한 워드프로세서의 작품 · 가타카나/히라가나/한자 등의 습득 과정

따라서 히지리가 소개한 이 방법은 부분적인 학습자 참가형 평가법이라 할 수 있다. 그러나 앞서 말한 교사지도의 시험과 크게 다른 점은 ①학습 항목 결정에 학습자가 참가하고 있다는 점 ②학습자가 자신의 학습 과정을 학기 중에 계속 자기모니터링하고 있다는 점 ③교사와 학습자간의 대화가 학기 도중에 몇 번이나 있다는 점이다. 이러한 형태로 교사와 학습자간의 상호 협조가 학기 내내 이루어진다면 학기 마지막에 내려지는 학습 성과의 종합적 평가도 학습자에게 있어 납득이 갈 뿐 아니라 학습자의 메타인지능력 향상과 학습자의 자율성 육성과도 직결될 것이다.[2]

포트폴리오 평가에서 사용되는 평가 기준을 '루브릭(rubrics)'이라고 한다. 루브릭은 크게 나누어 '숫자 또는 ABCD를 사용한 방법'

---

2) 평가항목 · 평가 기준의 결정에 학습자가 참가하고 학습자가 평가자가 되기도 하는 전면적인 학습자 참가형 평가는 과정 실러버스의 실시를 통해 가능하다. 과정 실러버스에 관해서는 요코미조(橫溝 2000a,2000b,2001)참조.

과 '언어표현을 사용하는 방법'의 두 가지가 있다(오다小田 1999:130). 언어표현을 사용하는 방법의 경우에는 학습자의 학습 성과의 달성도에 대해 가능한 서열 의식을 갖지 않도록 배려하는 것이 중요하다. 예를 들어 도사쿠(當作 1999:21)에서는 다음과 같은 루브릭이 소개되어 있다(표2).

표2

도사쿠(當作 1999)에 의한 루브릭

	목표 이상을 달성	목표를 달성	노력한 결과가 보이기 시작함
언어의 콘트롤	문장 혹은 연속된 문장을 사용한다. 가끔 패러그래프를 사용한다. 메시지를 전할 수 있다. 회화를 자신이 시작하고 필요한 정보를 얻기 위해 회화를 유지할 수 있다.	짧은 문장을 연속적으로 사용해 회화가 가능하다. 암기한 문장을 사용할 때는 정확하다. 스스로 문장을 만들면 정확도가 떨어진다. 질문을 받고 응답할 수 있을 정도의 회화가 유지 된다.	암기한 문장과 짧은 문장을 사용하고 있다. 스스로 문장을 만들려고 하면 정확도가 떨어진다. 질문은 어느 정도 가능하지만 상대의 질문에 대답하는 일이 많다.
알기 쉬운 발화	외국인 일본어 학습자에 익숙치 않은 사람도 이해할 수 있다.	외국인 일본어 학습자에게 익숙한 사람이 이해 할 수 있다.	외국인 일본어 학습자에게 익숙한 사람이 어느 정도 이해 할 수 있다.
어휘	모든 필요한 과업 달성에 필요한 어휘가 있다.	대부분의 과업 달성에 필요한 어휘가 있다.	몇 가지 과업 필요성을 충족시킬 어휘가 부족하다.

	목표 이상을 달성	목표를 달성	노력한 결과가 보이기 시작함
커뮤니케이션 전략 (strategy)	여러 전략을 사용 하고 있다.	몇 가지 기본적인 전략을 사용하고 있다.	대단히 제한된 전 략을 사용하든가 전혀 사용하지 않 는다.

이 사례에서 루브릭은 '목표 이상을 달성' '목표를 달성' '노력 한 결과가 보이기 시작함'의 세 단계이다. 포트폴리오 평가를 포함한 학습자 참가형 평가는 원래 인간능력의 수치화에 대한 의문에서 시작되었다. 이러한 언어 표현에 의한 루브릭이 숫자에 의한 루블릭보다 포트폴리오 평가의 본질에 맞는 것이라 할 수 있다. 각 평가 항목에서의 루블릭의 어디에 학습자가 위치하는가를 알려 줄 뿐 아니라 어째서 그러한 평가를 받았는가 구체적인 예를 많이 들어가며 설명을 해주면 학습자의 자기 모니터링 능력과 메타인지능력이 보다 향상된다.

(2) 컨퍼런스

교사 연구실에 학습자가 한 사람 혹은 그룹으로 찾아 와 교사로부터 자신의 학습 성과에 대해 피드백을 받는 방법이다(브라운Brown 1998). 앞에서 언급한 히지리에 의한 포트폴리오 평가의 한 사례에서도 '학기가 끝날 때까지 학습자가 제출한 포트폴리오에 대해 교사와 학습자가 여러 번 이야기를 나누는 기회를 갖는다'라는 형태로 실시되고 있었다. 다른 학습자 참가형의 평가법 과정의 일부로 사용되는 일이 많은 방법이기도 하다.

(3) 저널/로그

학습자가 자신의 언어학습 과정(학습활동/감상/진보 등) 을 돌아 보며 기입해 가는 것을 저널이라 부른다. 그 중 교실 밖에서의 학습 과정을 기록하는 것을 로그라고 한다(브라운 1998). 컨퍼런스와 마찬 가지로 다른 학습자 참가형의 평가법 과정의 일부로 사용되는 일이 많고(블랙맨Blackmann 1998, 브라운Brown 1998, 맥나마라&딘McNamara and Deane 1998) 앞서 거론된 히지리에서도 '포트폴리오에 넣을 때 학습 자는 학습 과정을 자기모니터하고 그것을 기술한 것을 붙여 두는' 형태로 함께 사용되고 있다.

5. 학습자 참가형 평가와 자기 평가

학습자 참가 평가에 있어 학습자에 의한 자기 평가는 불가결한 요소이다. 학습자 참가형 평가의 목표인 메타인지능력 육성에는 학 습자에 의한 자기 평가를 중심으로 한 내성이 큰 역할을 하기 때문 (데라니시寺西 2000:79)이다. 학습자에 의한 자기 평가 실시의 한 예로 오스칼슨(Oscarson 1989)에 프로그레스 카드(progress card. 계속적 평가 카드)의 이용을 들 수 있다(표3).

표3

Oscarson (1989)에 의한 프로그레스 카드(계속적 평가카드)

계속적 평가 카드		이름:	
시험 번호	1	2	3
시험 타입과 실시일	1/21 인터뷰	2/19 롤플레이 태스크	
자기평가	10문제 중 절반 정도는 만족하다는 대답을 하리라 생각했다. 발음이 약하다.	대단히 순조로웠으나 생각나지 않는 단어나 어구가 몇개 있었다(이게 중요한가?)	
시험 결과	7/10	양호	
코멘트(교사 또는 학습자 본인)	자기 평가가 조금 낮다 & 발음도 나쁘지 않다(교사) 자신이 생각했던 것보다 좋았다(학습자)	다소 권위를 내세우는 듯이 들렸던 모양이다 (교사) 기본적인 어구를 좀더 연습하지 않으면 안되겠다 (학습자)	

이 프로그레스 카드에서는 치른 각각의 시험에 대해 ①우선 학습자 자신이 자기 평가를 행하고, 그것을 카드에 기입해 교사에게 제출한다. ②교사가 시험 결과와 함께 코멘트를 카드에 기입해 학습자에게 반환한다. ③시험 결과와 교사의 코멘트를 받아 처음 자기 평가에 비추어 다시금 자기 평가를 행하는 식으로 신행해 간다. 이러한 형태로 진행된 자기 평가에는 '수업 내용에 학습자의 주의를 향하게 해 학습 성과와 학습 의욕을 고취시키는(안도安藤 2001ba:21)

기능이 있다. 그러나 아래와 같은 요인이 자기 평가에 영향을 준다는 이유로 학습자에 의한 자기 평가의 도입에 적극적이지 못한 교육 관계자가 적지 않은 것이 현실이다.

· 학습자의 개인적 성격(자신감과 자의식이 강함 등)에 의해 무의식적인 과대 평가와 과소 평가가 생길 수 있다.
· 의식적인 과대 평가와 과소 평가가 될 수 있다.
· 자기 평가를 하는 일에 익숙해져 있지 않으면 평가 자체가 어렵다.
· 사회적 · 문화적 배경이 원인으로 학습자가 자기 평가에 저항감을 갖는 경우도 있다.
· 학습자의 연령과 인지발달 레벨에 따라 자기 평가는 영향을 받는다.
· 외국어 교육의 경우, 학습자의 수행능력 레벨(어느 정도의 목표 언어 능력이 있는가)에 따라 자기 평가는 영향을 받는다.

이상의 이유 중 대부분은 자기 평가의 신뢰성에 대해 의문시하고 있는 것이다. 신뢰성이 낮은 시험은 좋은 시험이라 할 수 없으므로 이 문제는 심각하다. 그러나 여기서 생각하지 않으면 안 될 것은 '평가의 목적'과의 정합성이다.

스탠튼(Stanton 1981:8)이 지적하듯이 학교와 같은 교육 기관은 늘 '학습자의 학습을 정당하게 평가하고 그 결과를 전달하는 책임'을 갖고 있다. 각 학습자에 대해 주어진 성적에 관해 교육 기관은 책임을 져야 되는 것이다. 예를 들어 올 A를 받은 학습자의 레벨이 낮으면 그것을 받은 교육 기관의 신용은 없어져 버린다. 이처럼 평가의 목적 중 하나는 학습자가 어느 정도의 레벨에 있는가 하는 '위치 결정'을 명확히 하는 것이다. 이에 시험의 신뢰성이 중요시되는 것이다.

이 학습자의 학습의 '등급 매기기(grading)'에 관한 사회적인 요청에 응하기 위해서는 학습자에 의한 자기 평가를 기본으로 하는 학습자 참가형 평가는 커다란 모순과 딜레마를 안게 될 수 밖에 없다. 학습자 참가형 평가는 본디 현행의 평가 시스템(시험 성적에 의한 수치적 평가 및 그것에 의거한 성정 평정)에 대한 의문을 출발점으로 하는 것이기 때문이다. 모처럼 장기간에 걸쳐 학습자를 도와주는 형식으로 진행해 온 학습이라도 마지막 단계가 되어 교사가 각 학습자의 학습을 평점화하여 그 결과에 의거해 학습자의 서열을 매긴다면 학습자 참가형 평가의 본래의 취지와는 동떨어진 것이 되어버리고 만다. 즉, 현재 사회적으로 요구되는 평점화 · 성적 매기기와 학습자 참가형 평가의 이념과는 본래 상반되는 관계인 것이다.

이처럼 학습자 참가형 평가는 '학습자의 등급 매기기'라는 평가의 한 목적 달성에는 맞지 않는 것이라 말하지 않을 수 없다. 그 대신 학습자 참가형 평가가 달성하려고 하는 목적은 '학습자의 학습 촉진'이다. 이 목적의 달성을 지향하는 것이라면 학습자 참가형 평가는 앞시 말힌 교사 주도의 시험 보나는 월씬 효과석이다. 학습자 한 사람 한 사람이 각기 진행하는 '학습'을 중요하게 여기고 그 육성을 촉진시키기 위해 학습자 참가형 평가는 존재하며 그를 위해서는 학습자에 의한 자기 평가는 반드시 필요하다.

그렇다면 평점화·등급 매기기를 요구하는 일본어교육 커리큘럼 속에서 자기 평가에 의거한 학습자 참가형 평가를 활용하기 위해서는 어떠한 방법을 생각할 수 있을까? 현실적으로는 평점화·등급 매기기가 요구되고 있으므로 그 활용을 위해서는 소위 신뢰성의 향상이 필요하다. 구체적 방법으로는 ①평가 기준의 명확화 ②다른 사람의 의견·코멘트를 참고로 최종적인 평정 및 등급 매기기를 학습자 본인이 하는 방법 등이 있다. 평가 기준의 명확화에 관해서는 앞서 말한 히지리(聖田 1996:194)가 학기 초에 평가 기준을 제시함으로써 높은 평가를 받을 수 있는 '모델'을 명확하게 하는 방법을 채택하고 있다. 다른 사람의 의견 등을 참고로 자기 평가하는 방법에 관해서는 오스칼슨(Oscarson 1989)의 '프로그레스 카드(계속적 평가 카드)'에서의 학습자·교사 간의 '학습'에 관한 대화가 그에 해당된다. 또한 호소다(細田 1999), 요코미조(橫溝 2000a, 2000, 2001)에서는 E-mail 등의 메일링 리스트에 의해 학습자끼리 서로 교환해 얻어진 코멘트를 수용해 자기 책임 하에 자기 평가를 행하는 '상호 자기평가'를 도입하고 있다.

6.학습자 참가형 평가의 장단점

오스칼슨(Oscarson 1989), 코헨(Cohen 1994), 우에르타 마시아스

(Huerta-Macias 1994), 브라운&허드슨(Brown and Hudson 1998), 울프 퀸테로(Wolfe-Quintero 1998), 그리고 코호넨(Kohonen 1999)은 학습자 참가형 평가에 관해 여러 가지 장단점을 들고 있다. 우선 장점에 대해 소개하면 다음과 같다.

① 평가에 참가함으로써 학습자 자신의 학습에 대한 책임감이 커져 자율 학습의 실현을 촉진시킨다.
② 언어 및 언어면에서의 자기 성장에 대한 학습자의 의식이 고양된다.
③ 학습자의 높은 레벨의 사고를 촉진시키고 문제 해결 스킬을 발달시킨다.
④ 각 학습자에 대한 자세한 개인적 정보를 교사에게 제공한다.
⑤ (부분적이라면) 현행 커리큘럼에 통합 가능하다.

①의 장점과 ③의 장점은 학습자참가형 평가의 목표였던 '학습자 자율성의 육성' 및 '메타인지능력의 향상'과 부합하는 것이며, ②의 장점은 학습자의 학습 동기 고취에 대한 것이다. ④의 장점에 대한 것인데, 학습자 참가형 평가 실시를 위해서는 각 학습자의 학습에 함께 하는 것이 교사에게 요구된다. 그 결과, 교사는 학습자의 학습에 대한 자세한 개인적 정보를 얻을 수가 있으며, 그것이 보다 좋은 학습 환경을 제공과 직결된다는 것을 의미한다. ⑤의 장점은 위에 말한 '평가 기준의 명확화' '타인의 의견 · 코멘트를 참고로 하여 최종적인 평점 및 등급 매기기를 학습자 본인이 하는 방법'으로 자기 평가의 객관성을 향상 시켜 평점화 · 등급 매기기의 요구에 응하는

방법도 그에 해당된다. 이들과 함께 '학습자 참가형 평가의 평정을 코스의 등급 매김의 일부로만 활용하는 방법' 과 '(평소 점수와 적극적인 수업 참가 등의) 종래의 애매한 평가 기준을 대체해 사용하는 방법' 등도 현행 커리큘럼으로의 부분적인 통합을 가능하게 하는 방법이다.

단점에 대해서는 다음과 같은 점을 들 수 있다.

① 신뢰성의 문제
② 평가면에서의 역할 변화에 따른 교사의 부담 증가
③ 학습자 수가 많은 경우에 실시 곤란
④ 교사와 학습자가 함께 익숙해질 때까지 시간이 걸린다.

신뢰성의 문제에 대해서는 앞에서 서술한 바 있다. ③은 학습자 참가형 평가의 큰 단점이라고 할 수 있다. 학습자 개개인의 학습에 항상 함께 해야 하므로 학습자 수가 늘어나면 교사의 부담은 늘어갈 수 밖에 없기 때문이다. 그러므로 학습자와 교사의 인원 비율이 어느 정도 이하라는 것이 실시의 최저 조건이 될 수 밖에 없다. 또한 ④의 단점은 지금까지 실시해 온 평가 방법과는 크게 다른 새로운 것에 도전하는 것이므로 익숙해질 때까지 시간이 걸리는 것은 당연한 일이다. 학습자 참가형 평가의 경우에는 특히 평가의 목적을 학습자의 '위치 결정'에서 '학습 촉진'으로 바꾸는 것이 교사에게 요구된다. 그때까지 익숙해진 방법을 바꾸는 데에는 에너지와 시간의 투자가 필요하다. 그것이 ②의 단점과도 관련된다. 평가의 목적 그 자체가 바뀌는 것이므로 교사의 역할도 당연히 크게 바뀌게 된다. 부담이 늘었다고 느끼는 것은 어쩔 수 없는 일일지도 모른다. 그 역할의 변화는 교사라면 누구라도 바라는 '학습자의 학습 촉진'을 달성하기 위한 것이므로 학습자의 학습 촉진을 교사가 실감함으로써 이 단점을 조금씩 줄여갈 것이고 그리되기를 희망하는 바이다.

덧붙여 일본어교육 분야에서 특히 문제가 될 여지가 있는 단점에는 다음과 같은 것을 들 수 있다.

⑤ 다양한 모어 학습자로 구성되어 있는 초급 클래스의 경우 실시 곤란
⑥ 이느 매개어를 공유하는 학습자로 구성되어 있는 초급 클래스에서 교사가 그 매개어를 사용할 수 없는 경우 실시 곤란
⑦ 문화적 · 사회적인 배경에 기인하는 학습자의 저항감

⑤와 ⑥은 모두 '초급 클래스에서 의사 소통이 일본어로 원활히 되지 않을 경우, 교사는 어떻게 학습자의 학습에 함께 동참할 수 있을 것인가'라는 문제이다. 학습자 참가형 평가에서는 학습자와 교사 사이의 의견 교환이 활발히 행해질 필요가 있기 때문에 이것은 커다란 문제이다. 어떠한 경우라도 학습자와 같은 모어를 갖는 중상급 이상의 다른 학습자(혹은 그 모어가 능숙한 일본인)의 도움을 빌리든가, 교사가 학습자의 모어를 구사 할 수 있는 레벨이 되든가,

학습자가 어느 정도의 일본어 레벨까지 달하는 것을 기다리든가 밖에 방법이 없다. ㉡에 대한 것인데 '평가를 내리는 것은 선생님의 일'이라 생각하는 학습자가 적지 않다. 자신이 주체가 되어 스스로의 학습을 평가하는 체험한 적이 있는 학습자는 적고 그러한 기회를 갑자기 얻었더라도 우왕좌왕 할 뿐이다. 이러한 학습자에게 실시하는 경우 ①그것을 행하는 의의를 설명하고 이해하도록 한다. ②교사의 질문 등에 대한 모니터링에 조금씩 익숙해지도록 한다. ③실시에 의한 효과가 나타났을 때에는 그것을 확실하게 전달한다. 등의 고안이 필요하다. 이러한 고안을 아무리 해도 학습자가 납득하지 않는 경우가 있을 수도 있다. 그럴 때에는 교사로서 자신이 좋다고 생각하는 학습 방법을 제공하고 싶다는 교사의 기분과 자신이 편안하게 학습하고 싶다는 학습자의 기분 즉, '교사의 소신'과 '학습자의 소신'사이에 충돌이 생긴다. 이 중 어느 것을 우선시 할 것인가에 대한 선택의 기로에 서게 된다.

7. 맺는 말

이상 학습자 참가형 평가에 대해 역사·목표·특징을 개관하고, 실시 방법을 소개했으며 그 장점과 단점에 대해 고찰했다. 그러나 학습자 참가형 평가가 일본어교육 분야에서 바로 도입되고 보급된다는 것은 애석하게도 상상하기 어려운 것이 현실이다. 앞에서 언급한 단점과 같이 그 도입은 교사가 역할 변화에 따른 부적응을 가져와 새로운 부담이 증가되었다는 기분을 교사에게 갖게 하기 때문이다. 수용하는 교사 측에 불안과 당혹감, 혐오감을 느끼게 하면서까지 조급하게 도입과 보급을 하는 것은 어렵다. 그러나 학습자 참가형 평가 도입이 '학습자의 자율성 육성'과 '메타인지 능력의 향상' 그리고 '학습자의 학습 동기 고취'를 실현하는 하나의 수단이 될 수 있는 것도 사실이다. 일본어 교육 관계자의 관심이 높아지고 다양한 형태로 실천되고 그 성과가 공유되는 형태로 학습자 참가형 평가가 발전해 가기를 진심으로 바라는 바이다.

참고문헌

青木直子（2001）「教師の役割」青木直子・尾崎明人・土岐哲編『日本語教育学を学ぶ人のために』世界思想社　pp.182-197.

安藤輝次（2001a）『ポートフォリオで総合的な学習を創る：学習ファイルからポートフォリオへ』図書文化

安藤輝次（2001b）「ポートフォリオ評価で打破したい４つの神話」『総合学習：ポートフォリオ評価特集』第５号　pp.18-21.

大隈紀和（2000）『総合学習のポートフォリオと自己評価：その考え方と実際』黎明書房

小田勝己（1999）『総合的な学習に適したポートフォリオ学習と評価』学事出版

小田勝己（2000a）『総合的な学習に活かすポートフォリオがよくわかる本』学事出版

小田勝己（2000b）『総合的な学習で学力をつける：日本型ポートフォリオシステムのあり方』桐書房

加藤幸次編（2001）『総合学習に活かすポートフォリオ評価の実際』金子書房

加藤幸次・安藤輝次（1999）『総合学習のためのポートフォリオ評価』黎明書房

グロワート、エスメ（1999）『教師と子供のポートフォリオ評価』鈴木秀幸訳、論創社

鈴木秀幸（1999）「訳者まえがき」エスメ・グロワート著、鈴木秀幸訳』『教師と子供のポートフォリオ

　　　評価』論創社

鈴木敏恵（2000）『ポートフォリオで評価革命』学事出版

高浦勝義（1998）『総合学習の理論・実践・評価』黎明書房

高浦勝義（2000）『ポートフォリオ評価入門』明治図書

寺西和子（2000）「学習ファイルからポートフォリオ」『産業研究21』
　　　3月号　pp.79-81.

寺西和子（2001）『総合的学習の評価：ポートフォリオ評価の可能性』
　　　明治図書

當作靖彦（1999）「アメリカの外国語教育における評価の動向：代替的
　　　評価法を中心として」『平成11年度日本語教育学会秋期大会予稿
　　　集』日本語教育学会、pp.17-27.

當作靖彦（2001）「スタンダーズ・ムーブメント：マスタープランから
　　　レッスンプランへ」『日本語教師のためのナショナル・スタンダ
　　　ーズ（米国水準）日本語教育講演会予稿集』ナショナル・スタン
　　　ダーズ運営事務局、pp.13-28.

聖田英雄（1999）「日本事情はどのように評価されるか：プロジェクト
　　　活動における相互自己評価の意味と課題」『21世紀の日本事情』
　　　日本事情研究会、pp.56-69.

村上雅弘編（2001）『生きる力を育むポートフォリオ評価』ぎょうせい

横溝伸一郎（2000a）『日本語教師のためのアクション・リサーチ』日
　　　本語教育学会編　凡人社

横溝伸一郎（2000b）「プロセス・シラバスに関するアクション・リサ
　　　ーチ」『広島大学日本語教育学科紀要』第10号　pp.11-20.

横溝伸一郎（2000c）「ポートフォリオ評価と日本語教育」『日本語教

育』107号　pp.105-114.

横溝伸一郎（2001）「プロセス・シラバスに関するアクション・リサーチ：これはアクション・リサーチと言えるのか？」『広島大学日本語教育研究』第11号　pp.33-42.

Shores, E.F & Grace. C. (2001) 『ポートフォリオガイド：10のステップ』貫井正納・市井洋子・吉田雅巳・田村高広訳、東洋館出版者

Blamlmann, J. (1988) "Using journals for self-evaluation at midterm ". In J.D. Brown (Ed.). New ways of classroom assessment. Alexandria, VA: TESOL.

Brown, J.D. (1988). Editor's note. IN J.D.Brown (Ed.), New ways of classroom assessment. Alexandria, VA: TESOL.

Brown, J.D. & T. Hudson. (1988) "The alternatives in language assesment ". TESOL Quarterly, 32(4), pp.653-675.

Cohen, A. (1994). Assessing language ability in the classroom. Boston, MA : Heinle & Heinle Publishers.

Huerta-Macias, A. (1994. "Alternative assessment : Responses to commonly asked questions." TESOL Jounal, 5(1), PP.8-11.

Kohonen, V. (1999). "Authentic assessment in affective foreign kanguage education". In J. Arnold (Ed.), Affect in language learning. New York, NY : Cambridge University Press.

McNamara, M. J. & D. Deane. (1998). "Self-assessment : Keeping a language learning log ". In J.D.Brown (Ed). New ways of classroom assessment. Alexandria, VA: TESOL.

Oscarson, M. (1989). "Seof-assessment of kanguage of confidence?" In David

Boud (Ed.), Developing student autonomy in learning. New YOrk ,NY : Nichols Publishing Company.

Wolfe-Quintero, K. (1998). "ESL language pertfolios : How do they work? " In J. D. Brown (Ed.). New ways of classroom assessment. Alexandria, VA: TESOL.

제12장

일본어 교사의 격려와 낙담

오자키 아키토 (尾崎 明人)

1. 들어가는 말

일본어 수업에 들어오는 학습자는 누구나 두 가지의 얼굴을 갖고 있다. '학습자'로서의 얼굴과 '생활인'으로서의 얼굴이다. 이 두 가지 얼굴 모두 웃을 때 일본어 학습이 원활하게 진행된다고 할 수 있지만, 그리 되기란 무척 어렵다. 제2언어를 배우는 것이 용이한 일이 아니기에 일본어 공부 때문에 울고 있거나 짜증을 내는 학습자도 적지 않다. 생활면에서 여러 가지 애로사항이 있다. 특히 일본에서 생활하는 학습자는 일본이라는 이문화 속에서 생활하고 있기 때문에 정신적인 고통을 느끼는 일도 많을 뿐더러 어려운 경제 상황 속에서 일본어를 배우는 사람도 적지 않다. 이러한 학습면, 생활면에서 곤란과 맞서 싸우고 있는 학습자를 지원하고 격려하며 희망을 갖게 해 의욕적으로 학습을 할 수 있도록 도와주는 것이 교사의 가장 중요한 일이라고 생각한다. 이러한 교사의 역할을 'encouragement(격려)'라고 부르기로 하겠다. 이와는 반대로 교사가 알아차리지 못하는 사이에 학습자의 의욕을 떨어뜨리는 일을 하는 경우도 있다. 이와 같이 학습 의욕을 떨어뜨리는 교사의 언동을 'discouragement(낙담)'라 부른다.

『소·힉퀸 랜덤하우스』의 'encourage' 항에는 1)용기를 주다. 격려하다. 자신을 갖게 하다. (inspire with courage, spirit or hope) 2)장려하다. 조성하다.(simulate by assistance or approval) 3)발육을 촉진시

키다. 조장하다.(foster)라는 세 가지 의미 해설이 실려 있다. 이 해설은 교사가 해야 할 중요한 역할을 정확하게 나타내고 있지만, 그 내용을 제대로 나타낼 적당한 단어가 떠오르지 않는다. 따라서 외래어, 외국어의 남용은 피해야겠지만, 이 장에서는 encouragement, discouragement 라고 하는 용어를 사용하고자 한다.

이 글에서는 어떻게 하면 학습자를 encouragement하게 할까. 어떻게 하면 discouragement를 피할 수 있을까에 대해 필자의 체험을 통해 생각해 보고자 한다.

2. 일본어 교사의 역할

앞서 encouragement가 교사의 가장 중요한 일이라고 서술했다. 그렇다면 도대체 교사는 어떠한 일을 하고 있는 것일까? 일본어 교사는 일상적으로 실로 다양한 일을 하지만(톰슨, Thomson 2001) 뭐니 뭐니해도 교사에게는 교실이 가장 중요한 직장이므로 교실에서 교사는 무엇을 하는가에 대해 살펴보자.

교사의 일은 교육에 관련된 일, 수업의 관리와 운영에 관한 일, 그리고 교실의 분위기 만들기 등, 크게 3가지로 나뉘어진다.

(1) 교육과 관련된 일
A. 일본어의 인풋(input, 입력 · 수용)을 제시한다

일본어를 습득하려면 일본어의 인풋은 반드시 필요하다. 교사는 교과서나 테입 교재 등을 이용해 일본어의 음성과 단어, 문장(文), 글(文章)을 제시한다. 이들은 모두 인풋이다. 또한 수업 중 학습자에게 교사가 말하는 일본어도 모두 인풋에 해당이 된다. 학습자와의 상호작용을 통해 인풋을 제공함으로써 교사는 학습자의 일본어 습득에 공헌하고 있는 것이다.

B. 학습자의 아웃풋(output, 산출·발화)에 대한 피드백을 제시한다

학습자는 갖가지 인풋을 토대로 해 일반적으로는 중간 언어라고 불리우는 독자의 학습자 언어를 만들어 내고 있다. 이 학습자 언어를 발달시켜 가는 데에는 학습자 자신이 자신의 언어가 일본어로 올바른가 혹은 적절한가를 판단해 필요한 수정 시에 규칙에 따라 재편성해야 한다. 그러한 판단과 수정을 할 때 학습자의 아웃풋에 대한 주변의 반응, 즉 피드백이 중요한 정보를 제공한다. 학습자가 말한 것, 쓴 것에 대한 교사의 피드백은 학습자의 깨달음과 학습자 언어의 재편성에 기여하는 것이다.

C. 일본어에 대해 설명한다

일본어 인풋의 제시 뿐 아니라 설명도 교사의 일이다. 그리고 교사에게는 학습 과정에서 생겨난 여러 가지 의문에 답하는 것이 요구된다. '어째서'라는 학습자의 의문에는 끝이 없지만 교사는 그에 답하여 설명하고 납득시키는 일을 하고 있다. 교사가 언제라도 질문에 답할 수 있는 것은 아니지만, 어떤 질문에도 적절한 설명을 하지 못한다면 교사로서의 신뢰를 잃게 된다.

D. 기능 훈련의 기회를 제공한다

일본어를 사용하려면 일본어의 지식 뿐 아니라 지식을 사용해 읽기, 쓰기, 듣기, 말하기의 네 가지 기능을 익혀야 한다. 언어 기능의 훈련 기회를 제공하는 것도 교사의 일이다.

E. 일본어 학습 방법을 생각하게 한다

일본어 코스는 기간이 한정되어 있다. 기간 내에 필요로 하는 일본어 능력을 습득하는 일은 상당히 어렵다. 코스 수료 후에도 자력으로 일본어 공부를 계속 이어가는 것이 보통이다. 그러므로 학습자가 교실을 떠나도 원활한 일본어 학습이 가능하도록 일본어 학습 방법을 발견하게 하는 것도 중요한 일이다.

F. 이문화 이해를 촉진시킨다

많은 학습자에게 있어 일본어는 수단이지 목적이 아니다. 일본인과 비즈니스를 한다, 보다 좋은 직업을 얻는다, 박사 학위를 취득한다, 등 다양한 목적이 있다. 아무리 일본어가 능숙해도 일본 사회의 구조나 일본인의 사고를 알고 있지 않으면 이러한 목적을 달성하는 일은 어려운 일이다. 교사는 학습자가 최종적인 목적달성을 할 수 있도록 도와주고 싶다면 커뮤니케이션 능력의 육성 뿐 아니라 일본 사회나 문화에 대해서 정보를 제공해야 하고 한 걸음 나아가 그 지식을 토대로 필요한 행동을 취할 수 있는 능력, 즉 상호작용 능력(네우스토프니, Jir'i V'aclav Neustupn'y 1995)을 길러주어야 한다.

그리고 일본에 대해 배우는 것을 통해 자기 문화를 상대화시켜 보는 것, 다양한 나라와 지역에서 온 클래스메이트의 문화에 대해 배우는 것도 학습자에게는 의미있는 일이다. 필자는 언어교육의 사명은 이문화간 커뮤니케이션 능력을 길러 인류에 공헌하는 일이라고 생각하므로 이문화 이해를 촉진시키는 것도 당연한 교사의 일이다(오자키尾崎 2001:3).

(2) 수업을 관리 · 운영한다

교실에서는 교사 대 학습자, 학습자와 학습자의 페어, 그룹 등 학습을 위한 인적 네트워크가 만들어지게 마련이다. 학습자는 교사로부터 뿐만 아니라 클래스메이트로부터도 인풋과 피드백을 얻고 있다. 교사는 어떠한 인적 네트워크를 사용하면 좋을지를 생각하고, 수업 순서를 정해 수업에 임한다. 수업 중에는 학습자의 반응, 교실 활농의 진행 상황, 남은 시간을 고려하면서 그 순간 순간에 맞는 의사 결정을 해 나간다. 이러한 수업 관리, 운영의 책임은 바로 교사에게 있다.

(3) 분위기 조성

교실에는 분위기라는 것이 있다. 밝다, 어둡다, 활기가 있다, 어수선하다. 온화하다, 험악하다, 긴장감이 돈다, 처져있다, 안정되어 있다 등의 말로 표현되는 분위기이다. 교실 분위기는 교실의 채광, 책상과 의자의 배열, 설비의 새로움 등 물리적인 요인도 관계가 있지만 무엇보다 교사와 학습자, 학습자 간의 상호 활동을 통해 만들어지는 것이다. 그리고 '그 클래스는 왠지 차분하지 않아' 와 같이 각 클래스에는 각각의 클래스를 특징짓는 분위기가 있는데, 한편으로 분위기는 수업 전개에 따라 달라지기는 것이기도 하다.

교실의 분위기가 학습에 크게 영향을 미치고 있는 것만은 확실하다. 과도한 불안, 긴장, 초조함, 조바심을 느끼는 분위기에서는 설령 충분한 인풋(input)이 주어졌다 하더라도 학습자는 그것을 머릿속에 집어넣는 일, 즉 인테이크(intake)가 어려워져 학습이 힘들어지게 된다. 교사는 인테이크가 될 수 있는 수업 분위기를 만들어 주는 것을 늘 염두에 두도록 한다.

이상 일본어 교사가 교실에서 하고 있는 일에 대해 정리해 보았다. 교사는 수업 내용과 지도 방법, 학습 활동, 그리고 분위기 조성에 대해 계획을 세워 수업에 임한다. 그러면 학습자는 수업에서 무엇을 만들어 내는 것일까? 그리고 수업은 무엇을 만들어 내는 것인지에 대해 생각해 보도록 하자.

3. 수업이 만들어 내는 성과

수업에서는 많은 것이 만들어진다. 일본어의 지식과 운용 능력이 획득된다. 일본 이해, 이문화 이해도 깊어진다. 이와 같은 것은 학습의 직접적인 성과이다. 그리고 학습에 성공하면 학습자는 자신감과 자존감, 높은 학습 의욕을 얻을 수 있다. 반대로 좌절감과 굴욕감을 느끼는 사람도 있을 수 있다. 이 절에서는 수업이 만들어 내는 것 중에서 encouragement와 discouragement와 깊은 관련이 있는 두 가지 즉, '일본어 불안' 과 '수용태도' 에 초점을 맞추어 생각해 보고자 한다.

(1) 일본어 불안

일본어 수업은 알게 모르게 학습자의 불안, 긴장, 초조함 등을 조성한다. 일본어 학습자의 불안에 관한 조사와 연구로는 모토다(元田 2000)가 있다. 모토다는 연구를 통해 일본에서 일본어를 배우는 학습자가 교실 안과 밖에서 일본어를 사용할 때에 느끼는 불안을 측정할 수 있는 척도를 만들었다. 교실 안에서의 일본어 불안에 대해 모토다는 예비 조사를 토대로 41개 항목(예: '테입이나 비디오의 일본어를 알아듣지 못할 때 초조합니다' 등)을 설정해 각각의 항목에 대해 '전혀 해당 없음' '매우 그러함'까지의 6단계로 회답하도록 했다. 일본어 학습자 400명의 회답을 통계적으로 처리한 결과, 교실 내에서 학습자가 느끼는 불안과 긴장, 초조함은 크게 다음의 세 가지로 구분 할 수 있다고 보고하고 있다(2000:425).

① 발화 활동에서의 긴장
  예 : 선생님으로부터 호명 받을 것 같으면 불안해진다.
     교실에서 일본어로 말할 때 긴장한다.
     교실에서 소리 내어 일본어를 읽을 때 긴장한다.

② 상황 파악의 불확실함에 대한 불안
  예 : 일본어 수업의 내용이 어려워서 모를 때 불안해진다.
     선생님이 빠른 속도로 일본어로 말하면 불안해진다.
     일본어 수업이 빨라 따라 갈 수 없을 때 불안해진다.

③ 낮은 일본어 능력에 대한 걱정
  예 : 일본어를 말할 때 다른 학생이 비웃을까 걱정이다.
     다른 학생이 나의 일본어 실력이 서투르다 생각할까 걱정된다.
     일본어가 틀렸을 때 선생님으로부터 혼날까 걱정이다.

불안과 긴장을 느끼는 정도는 분명 사람에 따라 다르다. 성격적으로 긴장하기 쉬운 타입, 실패를 두려워하는 타입 등 여러 타입이 있다. 그러나 일본어 수업은 크건 적건 긴장과 불안을 낳는 것이며 학습자는 그 불안과 걱정과 싸워가며 수업을 받고 있다는 사실을 교사는 인식해야 한다.

(2) 수용태도

올라이트&배일리(Allwright and Bailey, 1991)는 교실 내의 상호 활동을 통해 학습자의 '수용태도(receptivity)'가 만들어진다고 말하고 있다. 수용태도란 '무언가를 받아들일 것인가 말 것인가에 관한 태도'를 뜻한다. 긍정적인 수용태도란 '마음을 여는 것'을 가리킨다. 반대로 부정적인 수용태도란 '거부' 혹은 '자기 방어'를 말한다. 교실에서의 활동을 통해 학습자는 여러 가지 일에 대해 수용적이 되거나 자기 방어적이 되거나 한다. 수용 태도면에서는 교사를 우선적인 요인으로 생각할 수 있다. 선생님이 좋아지면 그 과목도 좋아지면서 열심히 공부를 하게 되며 공부를 하면 알게 되기 때문에 더욱 선생님이 좋아진다는 긍정적인 순환이 생겨난다. 당연히 그 반대의 경우도 생각할 수 있다. 동료 의식을 갖고 서로 도와가며 동시에 경쟁을 하는 관계가 되면 이상적이겠지만 학습자간의 반감이나 대립이 수업을 망치는 일도 있다. 이 밖에도 교사의 교수법이나 사용 교재, 일본어라는 언어, 또는 일본 사회와 일본인에 대해서도 긍정적, 혹은 부정적인 수용 태도가 만들어지게 된다.

교사는 가르치는 내용과 지도 방법에만 신경을 쓰다보면 학습자의 마음까지 신경 쓸 여유가 없는 경우도 있다. 그러나 학습자가 느끼는 긴장 불안, 교실 안에서 생겨나는 학습자의 수용태도에 대해 교사는 보다 민감해질 필요가 있다.

4. 학습자의 불안과 격려

모토다(元田 2000:422)는 '불안은 직접적으로는 학습자의 언어 처리를 혼란시키며 간접적으로는 언어 학습으로부터 회피를 부추길 가능성을 갖고 있다'고 주장하고 있다. 스티빅(Stevick 1982:5)도 학습자를 거북이에 비유하여 모토다와 같은 사실을 지적하고 있다. 거북이가 자력으로 전진할 수 있는 것은 목을 내밀어 등껍질에서 머리를 내놓았을 때뿐이며, 거북이는 자신의 몸에 위험이 없다고 판단을 했을 때만 머리를 내밀기 때문이다. 학습자도 거북이와 마찬가지로 불안과 초조함, 과도의 긴장이 있는 상태에서는 '머리를 내미는 일(마음을 여는 일)'은 없으므로 전진(학습)도 할 수 없다는 것이다. 안심할 때 집중력이 높아지고 집중이 가능할 때 학습이 촉진된다. 즉, 학습자의 갖가지 불안을 없애주고 안심하여 학습에 집중할 수 있도록 하는 것이 필요하다는 것이다. 크라센(Krashen 1981)은 인풋을 인테이크로 바꾸기 위해서는 심리적인 장벽을 낮추지 않으면 안된다고 주장하고, 심리적인 장벽을 정의필터라고 지칭했다. 학습자가 교실에서의 불안을 능숙하게 처리해 정의 필터를 낮추도록 돕는 일도 encouragement의 하나라 할 수 있다. 여기에서는 세 가지 불안에 대해 다루고자 한다.

(1) 모르는 것에 대한 불안

어학 뿐 아니라 수학과 역사 등 다른 수업에서도 이해가 되지 않는다고 느끼는 일은 얼마든지 있다. 그러나 말 그 자체를 모를 때에 느끼는 불안과 말은 알지만 내용을 모를 때에 느끼는 불안에는 차이가 있다. 예를 들어 수학 문제를 모를 때에는 생각만 하면 해결할 수 있을지도 모른다는 마음이 들 수 있다. 그러나 태국인선생님이 태국어로 말을 하고 그것을 알아듣지 못할 때 혹은 모를 때에는 이쪽에서 아무리 생각한다고 해도 방법이 없다. 자포자기에 가까운 심리 상태라 할 수 있다. 일본어 교사 양성강좌에서 일본인 수강생에게 외국어로 직접법을 체험시키는 일이 있는데 그 중에는 손수건으로 손에 난 땀을 닦는 사람도 있었다. 아마 과도의 긴장이 땀의 원인이었던 모양이다. 이처럼 학습자의 불안과 긴장을 배려해 교사는 가능한 알기 쉽게 말하고, 이해를 돕기 위해 시각 정보를 활용하는 방법의 궁리를 하고 있다. 그 밖에도 교사에게 가능한 encouragement 가 있다.

우선 교사가 느긋하고 침착한 태도로 초조해하고 있지 않다는 인상을 학습자에게 심어 주는 것이 필요하다. 학습자가 모를 수도 있다고 생각한다는 메시지를 비언어적으로 전달하는 것이다. 먼저 안학생과 아직 몰라서 초조해하는 학생에게 똑같은 태도를 보이도록 한다. 보통 학습자가 올바르게 이해했다고 교사가 판단했을 때에는 그것으로 좋다는 메시지를 보내게 되는데, '잘했다' 고 칭찬하는 태도는 피하는 것이 좋다. 만약 매개어를 이용할 수 있다면 매개어를 통해 모르는 것은 당연하며, '이해한다'는 것은 정도의 문제이므로 100%는 이해 못하더라도 인내할 것, 지금은 이해했다는 확신이 없더라도 언젠가 이해하게 될 것이라는 것, 이해할 수 있게 하는 것이 교사의 일이므로 학습자가 이해 못할 때에는 교사의 책임이 절반이라고 생각한다는 것, 등을 학습자에게 전달하면 된다. 일본어 학습은 교사와 학습자의 공동 작업이라고 생각하고 있다는 것을 학습자에게 전달하는 것이 encouragement가 된다고 필자는 생각한다.

(2) 실수에 대한 불안

알고는 있지만 못할 때가 있다, 교사의 발화를 따라한다, 질문에 대답한다, 음독한다 등 학습자가 일본어를 말할 기회는 많지만, 못하는 건 아닌지 혹은 실수 하는 건 아닌지 하는 불안을 떨쳐내기란 쉽지 않다. 지명받을 것 같으면 가슴이 죄이는 것 같다는 학습자도 있다. 불안이나 긴장이 높아지면 실수도 많아지고, 실수를 거듭하면 불안감이 높아지는 악순환에 빠지게 된다.

교사로서는 우선 학생이 제대로 이해를 할 수 있게 할 것, 충분히 들려주고 학습자가 말할 기분이 될 때를 노려 말하도록 하는 것이 좋다. TPR(Total Physical Response, 전신반응교수법)나 자연식 접근법 등 이해를 우선하는 교수법은 실수에 대한 불안을 줄이는데 매우 효과적이다.

그래도 실수를 두려워하는 기분을 떨칠 수가 없고 실제로 학습자는 갖가지 실수(오용이나 부적절한 언어 사용 등)를 한다. 실수를 두려워 한 나머지 말을 할 수 없게 되면 학습은 정체되므로 실수의 공포를 학습자가 극복할 수 있도록 encouragement하지 않으면 안된다. 우선 '실패는 성공의 어머니'라는 누구나 알고 있는 말을 떠올리게 한다. 그리고 교사는 실수를 진심으로 환영하고 있다는 것, 실수를 두려워하지 않는 학습자가 좋은 파트너라 생각하고 있다는 사실을 전달하면 효과적이다. 정말로 말하고 싶은 것을 말하려고 하면 알고 있는 단어와 문법 지식만으로 말할 수 없는 경우가 많다. 무리를 하면 실수를 하니 실수하는 것은 당연하다. 그러므로 학습자의 실수보다는 말한 내용에 눈을 돌려 그에 대해 교사도 감상이나 의견, 자신의 기분을 최대한 말할 수 있도록 하면 어떨까? 그것도 encouragement라 생각된다.

(3) 평가에 대한 불안

대개의 학습자가 자신이 이해한 것이 올바른지, 자신이 말한 것이 틀린 것은 아닌지, 적절한지를 판단해 주었으면 하는 욕구를 가지고 있을 것이다. 그러나 자신의 능력과 노력의 정도를 일방적으로 평가 받는 것, 특히 부정적으로 평가 받는 것은 바라지 않는다.

같은 클래스에서 같은 것을 배우고 있는데도 진보가 빠른 학습자가 있는가 하면 느린 학습자가 있는 것도 사실이다. 집중 코스라면

1주일만 있으면 학습자간의 차이는 확연히 드러나게 된다. 교사는 A씨는 잘 하고 B씨는 잘 못한다는 판단을 내리고 그 판단이 학생의 지명 순서나 난이도 등에 반영된다. 때로는 '이런 것도 모르다니 정말 놀랍다' '몇 번이나 반복해야 가능하겠니. 좀 외워라' '이건 방금 가르쳐줬잖아. 벌써 잊었어?' 라는 메시지를 말로는 하지 않았지만 전달되는 경우가 있다. 교사는 학습자를 encouragement하고 있다고 생각할지 모르겠지만 이러한 메시지는 학습자의 발화나 이해의 여부를 판단하는 것이 아니라 학습자의 능력과 학습 태도를 부정적으로 평가하는 것으로 받아들여져 학습 의욕과 집중력 저하의 원인이 되기도 한다.

진보의 정도는 자습 시간, 집중도, 학습 동기의 강약, 학습 방략, 어학 적성, 연력, 성격 등에 의해 좌우되는 것으로 여겨진다. 교사는 '어학의 진보는 개인차가 큰 것이므로 포기하지 말고 끈기 있게 지속하자'라는 메시지를 학습자에게 전달해야 할 것이다.

교사가 자각해야 할 것이 또 한 가지 있다. 일본어 코스를 밟을 때에 가장 성적이 부진했던 A씨가 반년 후에는 몰라 볼 정도로 유창하게 일본어를 구사하는 케이스가 있었다. 반대로 일본어 코스에서는 우수했던 B씨였지만 일본어를 제대로 구사할 수 없게 된 것을 보고 실망한 적도 있다. 이러한 사실을 어떻게 설명하면 좋을까? A씨는 못한다, B씨는 잘한다라는 일본어 코스에서의 평가는 그 코스의 내용과 교수법, 교사의 평가 기준에 기준을 둔 것이므로 만약 두 사람이 다른 코스에서 다른 교사와 공부했다면 평가는 반대가 되었을 지도 모를 일이다. 결국 교사는 각각 다른 색안경을 끼고 있는 것이라 할 수 있다. 색안경이 다르면 같은 학습자도 다른 색으로 보일테니까 말이다.

교실 안에서는 부진했던 학습자도 교실을 나가면 우수한 연구자, 유능한 비즈니스맨, 훌륭한 주부이다. 교실에서의 일본어만을 보는 것이 아니라 학습자를 한 인간으로 보는 태도야 말로 교사에게 가장 필요하다고 생각된다. '지금 당신이 쓴 일본어는 틀렸습니다. 그러나 나는 당신이 유능하다는 것을 알고 있습니다.' 라는 메시지를 주는 것이 곧 encouragement가 되는 것이다.

5. 교사에 대한 수용태도와 낙담

학습자는 어떤 것이든 수업을 통해 교사와 클래스메이트, 교사의 교수법과 교재, 나아가서는 일본어와 일본, 일본인에 대해 수용태도를 갖게 된다는 사실을 3장(2)에서 지적했다. 이 중에서 일본어 학습에 가장 큰 영향을 미치는 것은 교사에 대한 수용태도일 것이다. 학습자를 discourage시키려고 하는 교사는 없지만 discourage하고 있다는 사실을 알아차리지 못하는 교사는 적지 않다. 이 절에서는 교사에 대한 수용 태도를 중심으로 discouragement를 피하려면 어떻게 해야 하는가에 대해 생각해 보도록 하자.

수업 중에 교사는 학습자의 반응과 남겨진 수업 시간을 고려해 여러 가지 의사 결정을 한다. 수업은 교사의 의사 결정과 학습자 반응의 연쇄라고 생각할 수가 있는데, 의사 결정 내용과 그 전달 방법이 교사에 대한 수용 태도를 낳는 요인이 된다.

교사의 의사 결정에는 교육관·학습관이 반영되어 있다. 그러면 교사의 교육관·학습관은 어디에서 생겨난 것일까? 우선 첫 번째로, 생각할 수 있는 요인은 교사 자신이 받아 왔던 교육이다. 교사는 교사가 되기까지 학습자로서의 긴 경험을 갖고 많은 교사를 보아 왔기 때문에 무의식 중에 교사는 어떻게 해야 하는가, 학습자는 어떻게 해야 하는가에 대해 일정의 가치관을 갖게 된 것이다. 일본인 교사라면 교육에 대한 일본 사회의 일반적인 가치관에 영향을 받았다고 할 수 있다. 두 번째로, 일본어 교사 양성 강좌에서 배운 사람은 그곳에서 배운 교수법 이론과 실습수업에서 배운 것이 교육관, 학습관을 만드는데 기초가 되었을 것이라 짐작된다. AL법 (Audio Lingual Method, 청화식학습법)이 좋다고 생각하는 교사와 의사소통중심 교수법(Communicative approach)을 신봉하는 교사는 수업 중 의사 결정에도 차이가 있는 게 당연하다. 예를 들어 AL법에 따른다면 오용의 정정도 아마 의사소통중심 교수법보다 많아지게 될 것이다. 세 번째로, 교육 현장에서의 실체험이 교사를 만드는 측면이 있다. 그리고 전문서를 읽거나 연구 발표를 듣거나 함으로써 교사는 각각의 교육관, 학습관을 만들어가는 것이라 생각된다.

한편, 학습자도 일본어 교사와 마찬가지로 각각의 교육관 · 학습관을 갖고 있다. 해외에서 교육을 받은 학습자와 일본에서 태어나서 자라며 일본 학교에서 교육을 받은 일본인 교사는 교육관, 학습관이 다르리라 예상된다. 학습자가 기대하는 교사상과 교사가 좋다고 하는 교사상, 교사가 기대하는 학습자상과 학습자가 좋다고 하는 학습자상에는 문화적 차이가 있으며, 그 차이가 교사에 대한 수용태도를 만드는데 마이너스 영향을 미칠 가능성이 있다.

마쓰다(松田 1991)는 미국인 학생 108명과 일본인 학생 115명을 대상으로 '교사의 학생에 대한 자세'에 대해 미국와 일본, 양국의 학생이 어떻게 생각하고 있는가를 조사했다. 이 조사에서는 '친근감이 있고 대화하기 좋다' '학생으로부터 존경을 받고 있다' 등 18항목에 대해 '매우 중요' '중요' '약간 중요' '중요하지 않다'의 4단계에 걸쳐 학생들의 판단을 물어 보았다.

18항목 중에서 미국인 학생에게 있어 중요도가 높고 일본인 학생에게 있어서는 비교적 중요도가 낮은 항목은 '지도력이 강하다' '성적이 떨어지면 주의나 조언이나 지도를 한다' '자신감이 있어 보인다'의 세 가지였다. 반대로 일본인 학생에게 있어 중요도가 높고 미국인 학생에게 있어 비교적 중요도가 낮은 항목에는 '교사가 자신의 의견은 명확하게 말한다', '공부하는 것은 학생의 책임이라 생각하고 강제적인 학습을 최소한으로 하고 가능한 자유롭게 공부시킨다'의 두 항목이다. 미국과 일본 학생에게는 이런 차이가 보였지만,

공통점도 있었다. '친근감이 느껴진다' '공정, 공평하다' '편안한 분위기를 만든다' '존경을 받고 있다' 등은 두 나라 학생 모두 중요하다고 생각하고 있었다. 이 중에서 특히 주목할 것은 미국인 학생 거의 전원이 '공정,공평' '경의를 가질 수 있다' 의 두 항목을 아주 중요시하고 있다는 것이다. 미국인 학생의 회답 결과는 다음과 같다.

· 일반적으로 학생에 대해 공정,공평하다   매우 중요 80.4%   중요 18.6%

· 학생으로부터 존경받고 있다   매우 중요 80.4%   중요 15.7%

이 조사의 타당성, 신뢰성에 대해서는 신중하게 음미할 필요가 있지만, 교사에게 학습자의 수용태도를 생각하는데 힌트를 주고 있다. 미국인 학습자가 일본어 교사에게 '공정, 공평' '존경을 받고 있다' '자신감이 있어 보인다'를 기대한다면 그들이 그렇지 않다고 평가하는 교사에 대한 수용 태도는 부정적이 되며, 학습 의욕을 저해하는 요인이 될 수도 있다.

일반적으로 일본 국내의 일본어 학교에는 여러 나라의 학생이 있다. 학생들은 각자의 나라에서 교육을 받았으며, 교사에 대해 서로 다른 기대를 갖고 있으며, 이상적 일본어 교사상은 학습자 간에 차이가 있다는 이야기가 된다. 또한 교사 자신이 생각하는 이상적인 교사상도 학습자의 생각과는 다른 면이 있을 것이다. 이문화 접촉의 장인 교실에서는 교사의 언동이 학습자가 갈피를 못 잡게 하거나 때로는 반발을 사게 되고 결과적으로 교사에 대한 부정적인 수용태도를 낮게 되고 학습자를 discourage시키는 일이 될지도 모른다.

의도 하지 않는 discouragement를 피하기 위해 교사가 할 수 있는 일은 무엇일까? 문화의 차이를 넘어, 보편적으로 인정되는 '이상적 교사상'이라는 것을 생각할 수 있을까? 이들 질문에 대한 해답을 끊임없이 구하는 것이 진정한 일본어 교사라고 필자는 생각한다. 그리고 잠정적인 나의 답으로 discouragement를 피하기 위해 다음의 3가지 사항을 제안한다.

첫 번째, 쓸데없는 불안과 긴장을 만들어내는 교수 행동을 함으로써 학습자를 discourage하지 않도록 배려 할 것.

두 번째, 권위를 내세우지 않는다. 아오키(青木 2001)는 교사의 언동 중에는 '교사'라는 사회적인 입장(권위)을 상징하는 역할이 있지만 학습을 돕는데는 아무런 도움이 되지 않는다고 말하고 있다. 지식이나 능력이 없더라도 교사라는 것만으로 교사에게는 학습자에게 지시, 명령하는 강한 권한이 주어진다. 이 '주어진 권한'을 휘두르는 교사는 권위주의적이며 이러한 행동은 학습자의 신뢰를 잃을 것이다. 교사는 교육 내용과 학습 과정에 관한 전문적인 지식을 쌓을 것, 경험을 바탕으로 통찰력을 심화해 교사로서의 권위를 스스로 획득할 필요가 있다. (위도슨, Widdowson 1995:188) '진정한 교사'는 권위적이지 않더라도 학습자의 신뢰와 존경을 얻어 낼 수 가 있다.

세 번째, 교사가 바람직하지 않은 학습자의 태도와 언동을 봤을 때에는 어째서 학습자가 그러한 태도, 언동을 취했는가 어째서 자신은 그것을 바람직하지 않다고 느끼는가에 대해 생각해 보는 것이 필요하다. 거기에서 자신과 학습자 간에 있는 문화적 차이를 알 수 있을 것이다. 학습자의 입장에서 생각해 보고 바람직하지 않은 언동에 대해서는 바람직하지 않다고 솔직하게 전달하고 필요하다면 서로 대화를 나누어 보는 것도 좋은 방법이다. 교사는 학습자의 목소리를 제대로 들을 것, 자기 방어적, 권위주의적이 되지 말 것, 솔직하려고 노력해야 한다. 이렇게 하면 학습자를 discourage 시키는 것은 피할 수 있을 것이라 확신한다.

6. 생활자로서의 학습자와 격려

본 장의 서두 부분에서 학습자는 생활자로서의 얼굴을 지니고 있다고 언급했다. 일본어 학습 이전에 누구나 우선 생활자로 의식주를 확보하지 않으면 안되기 때문이다. 일본어 학습자 중에는 생활비를 벌기 위해 일을 해야만 하는 사람이 많다. 살 곳을 확보하는데 고생을 했다는 이야기도 흔히 들을 수 있다.

설령 의식주가 확보되었더라도 함께 대화를 나눌 친구도 가족도 없고 오로지 혼자 생활을 하는 것은 힘든 일이 아닐 수 없다. 누구에게나 서로 기대며 의지할 동료가 필요하다. 하마마쓰시(浜松市)

의 조사 보고(1993)에 의하면 '일본에서 생활하면서 고민스러운 일, 걱정스러운 일'로 회답자(주로 일본인교포 429명) 중 48.5%가 '향수병'을 들었는데 이는 제2위의 '말이 통하지 않는다'(27.7%)와 큰 격차를 보이고 있다. 그리고 '일본에서 편견이나 차별을 느낀 적이 있다' (59.5%)를 합하면 70% 이상의 일본인 교포는 자신이 일본 사회 안에서 차별받고 있다고 느끼고 있다는 사실을 알 수 있다.

학습자에게 있어 생활의 기반을 쌓고 일본에서의 생활에 익숙해지는 것이 선결 문제라 할 수 있다. 직장에서, 연구실에서 일본인과의 인간관계를 고민하는 학습자는 적지 않다. 일본의 습관이나 일본인의 사고방식에 위화감을 느끼고 스트레스를 받고 있는 사람 또한 많다. 설령 교실에서의 불안을 없애고 학습에 집중할 수 있는 분위기를 만들기 위해 교사가 노력을 하더라고 교실 밖에서의 문제가 크면 학습자가 학습에 집중을 하기란 정말 어려운 일이다.

지각이나 결석이 많다, 숙제를 제출하지 않는다, 수업에 집중할 수 없다 등 문제 행동의 학습자는 교사 입장에서는 정말 곤란한 학생이다. 그러나 그렇다고 해서 가능성이 없는 학생으로 낙인찍을 수는 없다. 학습 태도와 학습 성과가 교실 밖에서의 생활에 크게 좌우된다는 것, 어려운 환경에서 생활하는 학습자가 있다는 사실을 교사는 인식해야만 한다. 그에 대한 교사의 배려가 학습자를 위한 encouragement로 이어진다고 믿는다.

교사와 학습자 간에 공통 언어가 없다면 학습자가 처해진 상황을 정확히 파악하는 것은 어려운 일이겠지만 한정된 일본어라도 "아르바이트는 어떻습니까?" "아파트는 살기 편한가요?" "연구는 잘되고 있나요?" 등 학습자의 일상생활에 관심을 보여주는 것은 가능할 것이다. 교사는 학습자를 생활자로 보는 눈을 가져야 할 것이다.

7. 맺는 말

본 논문에서는 학습면, 생활면에서 우울해하고 있는 학습자에 대해 인간 누구라도 본래 갖고 있는 학습 의욕을 되찾아 주기 위해 교사에게 어떠한 encouragement가 가능한가를 생각해 보고, 그 요점을 다음과 같이 정리해 보았다.

1. encouragement하고 있다고 생각하는 교사와 그 상대인 학습자 간에 있는 문화적 차이가 상호간의 오해를 낳을 우려가 있다.
2. encouragement가 encouragement로 될 수 있는 것은 상호 신뢰 관계가 이루어질 때 뿐이다.
3. 신뢰 관계를 만들기 위해 교사로서의 전문성을 학습자에게 인정받을 뿐 아니라 신뢰성있는 인간이라고 인정받을 필요가 있다.
4. 신뢰성 있는 인간이란 '상대에게 공감할 수 있다' '자기 방어적이 아니다' '솔직하다' 등의 특성을 갖춘 인간이다.

일본어 교사로 교단에 서는 순간부터 우리들은 '선생님'이라 불리우게 되지만, 이윽고 자신이 아직 '진정한 선생님'이 아닌 것을 알게 된다. 그리고 '진정한 선생님'이란 무언가를 생각하게 된다. 이 질문에 대한 대답이 바로 교사관이다. 교사는 누구라도 의식을 하든 하지 않든간에 자신의 교사관을 갖고 있다. 교사를 지속하는 것은 자신의 가치관을 형성하는 일이다. 이 논문에서는 필자의 교사관에 대해 서술했으며, 이것이 독자 여러분이 자신의 교사관을 생각하는 데에 조금이나마 보탬이 되었으면 하는 바람이다.

참고문헌

青木直子（2001）「教師の役割」（青木直子他編に所収　pp.182-197)

青木直子・尾崎明人・土岐哲編（2001）『日本語教育学を学ぶ人のため
に』世界思想社

尾崎明人（2001）「日本語教育はだれのものか」（青木直子他編に所収
pp.3-14)

トムソン木下千尋（2001）「教師の一日（（青木直子他編に所収
pp.232-245)

ネワストプニー,J.V. (1995)『新しい日本語教育のために』大修館書店

横浜市企画部国際交流室（1993）『横浜市における外国人労働者の生活
実態・意識調査ー日系ブラジル人・ペルー人を中心にー』（縮刷
版）

松田陽子（1991）「日米学生の比較調査：日本語教育における教師と学
習者の異文化コミュニケーションに関わる問題点」『関西外国語
大学留学生別科日本語教育論集』第1号　pp.27-39.

元田静（2000）「日本語不安尺度の作成とその検討ー目標言語使用環境
における第二言語不安の測定ー」『教育心理学研究』第48巻4号
pp.422-432.

Allwrighit, D. and K. M. Bailey (1991) Focus on the Language Classroom.
Cambridge : Cambridge University Press.

Krashen, S. D. (1981) Second Language Acquisition and　Second Language
Learning. Oxford : Pergamon Press.

Stevick, E.W (1982) Teaching and Learning Languages. Cambridge :

Cambridge University Press. (梅田巌・石井丈夫・北條和明訳 (1986) 『外国語の教えかた』サイマル出版会)

Widdowson, H. (1995) Aspects of Language Teaching. Oxford : Oxford University Press.

제13장

일본 문화론과 일본어 교육

오가와 다카시 (小川 貴士)

1. 들어가는 말

일본어교육계에 있는 사람은 교사이건 학습자이건 혹은 일본어 교육을 현재 전공하고 있는 사람이건 '일본 문화'가 커다란 관심사라는 사실을 피부로 느끼고 있을 것이다. 사실 '일본 문화'에 대한 흥미가 계기가 되어 일본어학습을 시작하는 사람도 많으며, 동시에 교사 자신도 학습자의 흥미에 대응해야 하기 때문에 수업 중에 '일본 문화'에 대해 이야기하며 학습자에게 정보를 전달하고 있을 것이다. 그러나 한편으로 교사는 학습자가 어떠한 경험이나 학습을 통해 지금 그들이 가진 일본의 이미지를 갖게 되었나라는 의문과 함께 일본을 말할 때 '일본 문화'를 어떠한 방식으로 말해야 좋은가 하는 자문도 늘 머릿속에 있을 것이다.

일본인, 해외의 일본어 학습자를 막론하고 그들은 '일본 문화'에 대해 말하려 할 때 무엇을 근거로 이야기 할까? 생활 습관, 개인적 경험, '자국 문화'와의 비교, 미디어를 통한 인상, '문화론'에 관한 말 등 각종 근거를 생각해 볼 수 있다. 그리고 이들 생각은 다른 대다수의 사람들과 공유하고 있는 '큰 암석'과 같은 것은 아닐까? 아니면 개인적 인식에 지나지 않을까? 문화에 대해 말하려 하면 이러한 흥미로운 문세들이 차례로 떠오르게 된다.

주지하는 바와 같이 일본어교육 분야에서 '문화'를 다룰 때 '일본 사정' 이라는 과목이 설정되어 있다. 언어 교육과 사정 교육을 나누어 언어와 문화가 각기 객관적으로 존재한다는 생각의 산물인데, 현대의 학문적 흐름 속에서 이러한 생각을 재고하고 검토하려는 움직임이 활발해졌다. 이 검토의 논점은 '일본 사정'에서 소개되고 있는 일본 사회·문화는 소위 '일본인론' 분야에서 만들어져 있는 고정적 경향의 일본상은 아닌가 하는 점과 학습자가 바라보는 일본 사회·문화라는 시점이 결여되어 있는 것은 아닌가하는 점이다.

본 장에서는 이른바 '일본인론'으로 제시되어 온 전후의 일본 문화·사회의 모습을 개관하면서 동시에 일본어교육의 입장에서 재고해 보려 한다. 이러한 '일본인론'이 진정한 '일본'을 나타내는가? (즉, 정말 그러한 '일본'이 존재하는가?), 학습자에게 의미 있는 정보인가? 등을 검토하면서 일본어교육 수업에서 '문화'를 어떻게 의식시키고 어떻게 언어 학습과 문화 지식을 융합시킬 것인가에 관해 살펴보고자 한다.

2. 전후 일본인론의 추이

일본인론은 지나친 대중적인 소비성으로 인해 학문의 세계로부터 소외되어 문화인류학자들이 그다지 다루지 않았던 분야였으나, 최근에 아오키 타모츠(青木保 1990), 무라카미 가츠토시(村上勝敏 1997)에 의해 '일본인론'의 역사가 다루어지고 그 분석이 행해지게 되었다. 그에 관해 나의 의견도 함께 정리해 보면 다음과 같다.

전후 일본인론의 흐름을 말할 때 미국에 의한 일본 점령 당시 가이드라인으로 쓰여진 루스 베네딕트(Ruth Benedict)의 『국화와 칼』(1948)이 효시라고 보는 것이 일반적이다. 지금도 일본어 학습자가 흔히들 말하는 일본인의 '집단주의'나 '부끄러움(恥)의 문화'라는 개념은 '개인주의' '죄의 문화'라는 서구의 개념과 대비되어 이 책에서 다루어졌다. 대체로 베네딕트는 일본 문화의 '기묘함'을 이야기함으로써 그 차이를 부각시키려 했던 것이다.

'기묘함'이라는 말의 어감에서 알 수 있듯이 전후 한동안 일본사회·문화는 부정적인 이미지로 회자되었다. 해외에서 보면 일본인은 전쟁을 일으킨 악명 높은 장본인이며, 일본인 스스로가 보아도 근대적 사고가 결여된 인습적인 사회 조직이 자국에 참사를 가져왔다는 입장의 논의이므로, 일본인론이 부정적인 것도 어떤 의미에서는 당연하다고 할 수 있다. 예를 들어 가와시마 다케요시(川島武宜 1948)는 일본의 가족 제도를 권위에 의한 지배, 개인적 행동과 개인적 책임감의 결여라는 부정적인 말로 설명하고 있다. 이 시기의 일본인론에는 '서구화'라는 의미의 '근대화'라는 시점에서 일본 문화의 특징이 '결점'으로 논의되고 있다.

1952년 미군점령기가 끝나고 일본이 독립한 후 한국 전쟁 특수로 일본 경제가 회복되기 시작하자 전쟁 후의 부정석인 사회·문화론도 재조명되기 시작했다. 우메사오 타다오(梅棹忠夫 1957)는 문명이 평행 진화적으로 발전한다는 사실에 주목해 일본 문화가 서구 모델의 모방이 아닌 서구 문명과 평행해 발전하고 있다는 새로운 관점을 제시했다. 이렇듯 조금씩 일본의 '독자성' 논의가 시작되기에 이르렀다.

1960년대에 들어서자 매년 10%를 넘는 경제 성장이 배경이 되어 일본 사회·문화의 특징을 긍정적으로 파악하려는 움직임이 늘어났다. 나카네 치에(中根千枝 1967)는『수직사회의 인간관계(タテ社会の人間関係)』에서 일본에서는 계약 관계보다 '가정'적인 '우리(うち)' 의식이 기능하며 이러한 인간관계는 전근대적인 것이라고 부정되는 것이 아니라 강한 일체감을 낳는 것으로 일본의 근대화에 공헌했다는 긍정적인 평가를 내리고 있다. 옛날의 결점이 이 시대에는 장점으로 받아들여지는 해석의 변화를 잘 보면 알 수 있다. 70년대에는 경제가 한층 발전을 하는데 이 시기에 도이 타케오(土井健郎 1971)는『어리광의 구조(甘えの構造)』에서 모자 관계에 보이는 어리광 즉, 의존 관계가 일본의 집단적 수직 관계에도 보이며 정서적으로 안정된 수직 관계를 형성하고 있다고 긍정적으로 지적하고 있다. 이상과 같이 이 시기의 일본인에 의한 일본인론에는 집단으로 기업이 성공한 이유로 종래의 인간 관계의 특징을 긍정적으로 수정하여 제시하고 있는 것이 많다. 이는 일본인이 자신이 아이덴티티를 긍정적으로 인식하려는 의식이 작용하는 것으로 보여진다.

해외 식자들도 60년대, 일본의 경제적 성공에 대한 놀라움을 갖

고 서술하고 있다. 노먼 맥그레이(1962)의 『일본인을 고찰하다(日本人を考察する)』에서 일본 사회의 높은 교육레벨, 시장 관행의 차이점 등을 지적함으로써 서구에 대한 계몽적인 역할과 종래의 이질론을 일으키는 계기를 만들었다. 70년대에 와서는 일본인에 의한 긍정적(어떤 의미에서는 예찬적)인 일본인론과는 선을 긋고 일본의 급속한 경제 발전에 경종을 울리는 논의들이 나타났다. 하만 칸(1970)은 『초대국·일본의 도전(超大国日本·日本の挑戦)』에서 일본의 경제적 성공은 정계·관계·재계의 강조와 저널리즘의 추종 등이 요인이라고 지적하며 서구의 경제권 안에 어떻게 파고 들어가는가를 주의 깊게 관찰하고 있다. 타임지 등의 유력한 잡지가 일본이 '일본주식회사'로 대두되고 있다는 경계감이 강한 특집을 편성한 것도 바로 이 시기의 일이다.

1979년 에즈라 보겔이 『Japan as number one (ジャパン·アズ·ナンバーワン)』을 저술했다. 일본문화 예찬론이 정점에 달했다고 볼 수가 있으며 일본인의 자존심을 자극하기에는 충분한 책이었다고 할 수 있다. 반면 미국 지식층에서는 일본인이 할 수 있었는데 어째서 미국인이 못하는가 하는 다소 인종 차별적인 의미를 포함한 자국을 위한 고무적인 책이라는 평가도 내려졌다.

1980년대에 들어서면 일본의 적극적인 경제활동에 대한 위협론들이 대두된다. '특수성'을 긍정적으로 보는 시각에서 거리를 둔, 좀 더 보편적인 곳에서 경제 경쟁을 해야 한다는 것이 이 시기에 일어난 논의들의 특징이다. 예를 들어 오다카 쿠니오(尾高邦雄 1984)는 일본의 고용 관행(연공서열과 종신고용)은 고용에 있어 차별 대우와 자유로운 횡단적 노동 시장 형성에 장애를 초래한다고 주장하고 있다. 해외 식자들로부터도 '보편적인' 기준에서 생각해 볼 때 일본 사회는 아직 문제가 있다거나, 일본인이 특수한 존재이고 싶어한다는 그 자체의 시비를 논하는 주장들이 나타난다. 피터 데일(1986)은 일본이 특수하다고 말하고 싶어하는 경향 자체가 일본인의 특징이라고 논하며 일본의 특수성이라는 것은 민주주의적인 이데올로기에 의해 만들어진 신화에 불과하다고 주장했다. 또한 카렐 월흐렌(1990)은 일본 사회에는 사회 전체를 움직이는 '초월적 이념'과 '원리·원칙'이 결여되어 있으며 그 결과 많은 '재팬 프로그램'이 만들어지고 있다고 논하고 있다. 이 '보편 모델'이라는 것이 '서구 모델'인가 하는 전통적이면서도 동시에 새로운 질문으로 다시금 제시되게 되었다.

이 시기의 또 하나의 특징으로는 일원적인 모델과의 비교가 아니라 다원적인 시점에서 일본인론이 나왔다는 점이다. 예를 들어 이어령(1982)은 지금까지의 일본인론 중에서 논해진 '일본다움'은 아시아(특히 유교권)에서는 일반적인 것이며, 오히려 그러한 공통 기반을 답습한 입장에서의 '일본다움'을 어떻게 말할 것인가 하는 문제에 대한 대답을 제시하고 있다. 이어령에 의하면 일본 문화에는 곳곳에 '축소'지향이 보인다고 한다. 예술에서는 인공적인 산수 정원이나 하이쿠 등이 현대 산업에 있어서는 전자 산업으로 대표되는 소형화가 그 대표이다. 인간관계나 사회계에 있어서도 잠재적인 '축소'지향이 현저해 회사에서의 강한 결속이나 해외의 정치 · 경제 활동에 있어서도 일본만 단합되는 경향 등을 아시아라는 관점에서 지적하고 있다.

90년대에는 버블경제의 붕괴와 더불어 일본 경제 시스템의 특수성을 긍정적으로 보는 논조는 줄어들고 '개혁' '구조조정' '개성' '창조력' 등의 말이 키워드로 등장한다. 해외에서도 이미 일본은 두려워 할 필요가 없다는 낙관론이 나오는 한편, 지금까지 세계는 일본을 과소평가했기 때문에 몇 번이고 무서운 경험을 했다는 신중론도 뿌리 깊게 남아 있는 상황이다.

3. 일본인론의 비객관성

이처럼 전후 일본인론의 흐름에 대해 개관해 보면 사회의 경제적 풍요로움 · 안정도에 따라 '일본다움'의 표상이 변화하고 있다는 것을 알 수 있다. 설령 같은 특성에 대해 논의할지라도 논자의 경제적 입장, 직업상의 입장에 따라 그 의미가 다르게 그려진다는 것을 알았다. 그리고 일본인이 일본인의 특성에 대해 논하는 경우와 이문화 논자가 논하는 경우에도 같은 특성을 다른 모습으로 그려지는 일이 많다. 그 좋은 예가 '일본인의 상하관계'에 관해서이다. 전후 직후에는 '비근대적인 인습'으로 부정적으로 평가되던 것이 경제력이 신장되면서 '집단을 움직이는 원동력' 으로 평가받고, 경제력이 미국과 대등해지자 '일본 기업의 성공 비밀'이라는 말까지도 듣게 되었다. 한편, 구미의 식자들은 국제 경쟁에 끼어드는 일본의 조직을 지탱하는 상하관계는 '일본다움' 도 아무것도 아니라는 견해를 제시하기도 했다. 인간의 상하 관계라는 하나의 문화사상을 논할 때 이렇게 다양한 모습으로 나타나는 이유는 무엇일까? 이 문화사상에 주목하면서 일본인론의 변천을 짚어가며 보면 '일본다움'이라는 객관적인 실체가 없다는 사실이다. 문화 사상은 존재하는 것, 거기에는 늘 문화를 보는 자의 해석과 의미가 부여가 되기 때문에 문화는 객관적인 모습을 취할 수 없는 것이다.

문화에 객관적인 실체가 있다는 생각은 고정관념을 낳게 된다. 본래는 한 논자의 해석에 지나지 않는 것이 전체를 덮는 국민성이나 문화라는 이름으로 불리우며 문화 속에 있는 다양성, 문화 표상의 다양성(다시 말해 여러 가지 해석이 가능하다는 것)에 묻혀버리는 결과를 낳는다.

고정관념의 생산에 대해서는 그림1과 같이 설명을 할 수가 있다. 이 그림은 일본이 개개인의 '일본 문화관'을 점으로 나타낸 모형도이다. 오른쪽 윗부분에 '문화'의 중심이 있는 것처럼 보이고 그것이 전체적으로 막연하게 퍼져 있다.

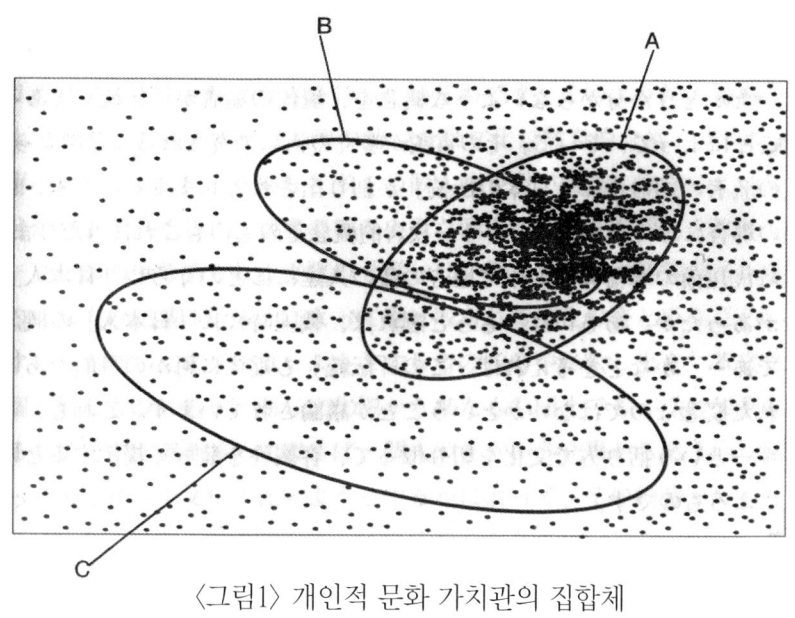

〈그림1〉 개인적 문화 가치관의 집합체

　그런데 오른쪽 상부의 중심이 일본 문화의 본질이라 생각하는 것
이 정말 옳을까? A의 타원으로 나타낸 사람들을 조사 대상으로 하
여 일본 문화론을 만들면 그 나름대로 논이 형성된다.　B의 타원으
로 일본 문화를 논하려 하면 A와 마찬가지로 중심을 포함하는, 다
른 모습의 일본 문화가 만들어진다. 또한 타원 C를 중심으로 일본
문화를 이야기하려 할 때에는 전혀 다른 모습의 일본 문화가 부각
된다. 그러나 타원 C가 타원 A와 다르다고 해서 타원 C가 일본 문
화가 아니라고는 말할 수 없다. 고정관념은 하나의 타원으로 구분
되는 어느 특정한 일본인상을 일본인 모두에게 해당되도록 서술함
으로써 만들어지는 것이기 때문이다. 조금 전 '문화는 객관적인 모
습이 없다'라는 논의로 돌아가면 인식하는 사람이 어떠한 방식으로

대상을 포함시켜(이 그림의 경우는 타원으로 포함시켜) 문화론을 펼쳐 갈 것인가에 의해 형태가 정해지는 것이므로 객관적인 모습은 취할 수 없다는 결론이 나온다.

또 한가지 덧붙여야 할 논점은 사회나 문화를 기술하려고 하는 개인이 갖는 이데올로기성(그 사회는 이렇지 않으면 안된다는 규범성)이 '전통' 등을 시간을 거슬러 올라가는 형태로 만들어 내고, 사회 전체의 이데올로기를 생성하는데 사용되는 일이 있다는 점이다. 원래 옛부터 의식되어 왔는지 알 수 없는 개념을 현대의 논자가 '전통'이라고 주장하고 그리고 그 말이 많은 사람에게 사용됨으로써 현대 독자의 머릿속에 '일본의 전통'이 만들어지게 되는 것이다. 일본인론의 경우에는 '일본인'이라는 한 덩어리의 개념 그 자체도 이에 해당이 된다. 메이지시대 이전의 막부체제 안에서는 지방 사람들에게는 어느 정도 '일본인'개념이 있었던가 혹은 좀 더 거슬러 올라가 전국 시대에 '일본인'개념이 어땠는가를 생각하면 이 '전통'도 근대에 무언가의 목적이 있어 만들어진 개념이 아닌가라는 논의도 있다. 이 역시 이데올로기라는 잣대로 문화를 잘라내어 객관성으로 장식해 제시하는 수법에 의한 것이다.

4. 인식 대상과 개인의 의식

앞의 논의에서 어떤 각도에서 혹은 어떤 사회 문화적 입장에서 일본 사회·문화를 보는가에 따라 일본 사회·문화의 모습이 변하는가를 서술했다. 물론 시대의 변천 속에서 일본 사회·문화 자체도 당연히 변하고 있다. 그러나 일본인론이 일본 사회·문화의 시대적 변화를 '정확하게' 나타내고 있다고 말하는 것은 불가능하며 나타내려고 하는 쪽의 의식도 변화한다는 사실도 포함하지 않으면 안된다. 따라서 일본인론은 사회·문화 사상으로 보는 쪽의 견해나 의식이 혼합되어 생성되는 점을 염두에 두어야 한다.

문화론에 대한 논의를 할 때 흔히들 '거울론'이라는 말을 사용하곤 한다. 이는 어느 사회나 문화를 이해하려고 할 때에 이해하려는 그 논자의 사회성과 문화성이 저절로(혹은 무의식적으로) 그 논에 반영된다는 이론이다. 이 관점에서 보면 미국인은 일본인을 어떻게 보는가, 인도에서 일본을 보면 이렇다든가, 하는 논의에 빠지기 쉽지만, 미국을 예로 들어 보면 70년대의 '타임' 등의 일본 위협론과 보겔의 일본상은 같은 시기의 것이지만 역시 극과 극의 차이를 보이고 있다. 다시 말해, 일본 사회·문화가 하나의 모습만을 가지고 있지 않다는 것과 마찬가지로 미국 사회·문화도 다양한 모습을 갖고 있다는 사실이다. 이처럼 거울론을 잘 검토해 보면 논자가 가진 배경 문화, 직업적 입장, 경제적 상황, 교육 수준, 세대적 입장 등 많은 개인적 요인이 복잡하게 얽혀 있다는 것을 알 수 있다. 그리고 논자의 이러한 개인적인 다양한 요인을 가미하면 문화론 안에서 일컬어지는 문화의 '상'은 개인의 의식과 경험이 쌓여 '개인 인식의 총체'에 의해 받아들여진 문화의 모습이라는 결론에 달한다. 즉, 문화를 인식하려고 하는 사람의 머릿속에 비추어진 문화의 모습은 개인적인 것이며 같은 문화권에서 온 사람들간에도 미묘한 차이가 있다. 결론적으로 말하자면 개인이 어떤 입장에서 어떠한 의식을 가지고 사회나 문화를 이해하려 하는가에 따라 그 사회·문화의 모습의 상은 여러 가지 형태로 나타난다는 것이다. 일본인론의 변천을 보면 사회의 모습과 그것을 보는 사람의 개인성의 관계가 명확해진다는 것을 알 수 있다.

이 사실을 의식하면서 일본어교육 수업과 연관지어 생각해 보면 일본인론으로 생겨난 고정 관념에 얽매인 언설을 문화 적응의 가이드로 사용되는 것이 얼마나 위험하고 의미가 없는 것인지 깨닫게 될 것이다. 특히 학습자 주체의 일본어교육이 강조되고 있는 오늘날, 학습자가 스스로 어떻게 보고, 어떻게 해석하고, 문화 안에 어떻게 자신을 자리매김할 것인가를 생각하는 수업을 전개할 필요성이 요구된다.

최근의 일본어교육·일본 사정에서도 개인의 의식이 사회의 모습을 결정짓게 한다는 생각으로 수업이 실천되고 있으나 이 분야의 연구자간에도 차이가 나타난다. 즉, 가와카미 이쿠오(川上郁雄 1999)나 오가와 타카시(小川貴士 1997)는 사회·문화 사상은 존재하지만 개인의 해석이 항상 개입하기 때문에 사회·문화 사상에는 객관적인 모습이 없다고 논하고 있으나 그에 비해 호소가와 히데오

(細川英雄 2000)나 세가와 하즈키(牲川波都季 2001)는 문화는 곧 개인이라는 논의를 전개하고 있다.

5. 일본어 교육에 일본인론을 어떻게 수용할 것인가

앞에서 살펴 본 바와 같이 개인의 사회·문화의식이 반영되어 타겟 문화로 인식된다는 사실을 알았다. 따라서 이점에 유의해 일본어교육에 일본인론을 적용하는 의미에 대해 생각해보려고 한다.

우선 일본인론을 그대로 수업에 도입하여 일본 문화의 이해를 심화시키려는 생각은 고정관념의 재생산을 초래할 뿐이다. 학습자 주체의 문화·사회 인식을 실천해 가기 위해서는 어떠한 문화론이 유포되어 있건 인식자 스스로가 어떻게 문화를 해석하고 어떻게 대처하는가 하는 관점을 수업 기반으로 할 필요가 있다. 즉, 학습자가 많은 일본인과의 커뮤니케이션을 통해 또 스스로의 눈으로 본 문화에 대해 토론을 하면서 자기 자신을 문화적으로 어떻게 자리매김할 것인가를 심화하는 수업의 방향성이 요구된다.

애석하게도 근래의 일본인론은 사회의 경제적인 상황과 지나치게 연계되어 있어 경제에 수반되는 문화 사상의 분석이 많고 사회·문화 전체에 대한 주의가 부족해 보인다. 또한 세대·지역·남녀 등의 일본 국내의 사회적 변화를 충분히 반영하지 못하는 것도 사실이다. 따라서 이 같이 경제적으로 치우쳐 있는 일본인론을 만들어 내는 고정관념을 수업에 도입해 학습자를 사회 적응시키려는 것은 의미가 없다고 해도 과언이 아니다.

반면 일본인론이 전혀 도움이 되지 않는 것은 아니다. 일본인론 중에는 주장 자체만으로 흥미 있는 것도 많기 때문에 수업에서 토론을 활성화시켜 학습자의 사회·문화 인식을 명확히 해 그것을 언어적으로 표출해간다면 대단히 의미있는 전개가 될 수도 있다. 다시 말해 학습자가 자기 자신의 문화관을 완성하기 위한 매체로 일본인론에 대한 주장을 활용할 수만 있다면 발전적인 수업이 될 수 있을 것이다.

이러한 관점으로 수업에 임할 경우, 교사는 이하의 두 가지를 의식한 코스 디자인을 생각할 필요가 있다.

1) 학습자도 일본 문화를 인식하는 개인으로 동시에 하나의 '일본인론'을 만들어내는 주체로 수업에 임할 것

2) 교사는 가능한 많은 일본인론에 주의를 기울이며 (물론 일본인론의 분야의 모든 저작을 읽는 것은 불가능하지만) 자신의 생각과 가까운 논을 발견해 자기 자신의 생각을 수업에서 전개가 가능하도록 준비를 해 둘 것

교사로부터의 일방적인 그리고 문화 동화적인 정보제공이 아닌 교사와 학습자간의 쌍방향적인 상호 활동을 통해 학습자의 문화적 시야를 넓히고 학습자 자신의 문화 인식을 만들어 가는 작업에 교사사 적극적으로 그 역할을 하는 것이 무엇보다 중요하다.

6. 교실 활동

오가와 다카시(小川貴士 2000)의 청취 조사에 의하면 학습자의 문화인식은 고정관념적인 문화론을 접한 경험의 유무에 관계 없이 개인에 따라 상당히 다양하게 나타난다는 사실을 알 수 있다. 이러한 학습자의 일본 사회나 문화에 대한 다양한 인식이 정말 일본에 존재하는가를 수업 외에 조사·분석하는 활동을 다수 기획하고 조사·분석한 사회·문화 사상에 대해 토론을 통해 자신의 인식을 검토하고 심화시켜 가는 방향성이 중요하다.

이러한 수업을 실현하기 위해 교사는 수업 환경 설정자로서의 역할과 일본 사회·문화에 대한 정보 제공자로서의 역할보다 오히려 자기 자신도 하나의 문화관의 제시자로 학습자와 함께 문화 인식을 완성시켜 가는 과정에 참가하는 양질의 촉매로서의 역할이 기대된다. 그를 위해 앞에서 말한 2) 다루는 테마에 대해 자기 자신이 어떠한 해석을 하고 있는가를 제시하기 위한 기준이 필요하다.

실천사례로 어떤 학습자가 '일본인의 종교 의식'을 다룬 케이스를 소개하겠다. 이 학습자는 종교에 흥미를 갖고 있으며 교회에 자주 가는 인물로, '일본인에게는 확실한 종교관이 없이 설날에는 신사에 가고 상례식에는 절에 가며 크리스마스는 교회에서 축하를 한다'라는 이야기를 어디에선가 듣고 그 이야기에 흥미를 갖고 있었다. 수업 활동의 하나로 학내와 학외 사람에게 인터뷰를 계획했다.

세대와 직장 환경에 한정되지 않도록 학습자 주변에 있는 학생, 종교 관계 연구자. 그리고 대학 외에서 종교에 관련된 일을 하고 있는 사람을 세 사람을 설정했다. 결국 이 학습자는 기숙사 동료 학생, 종교 전문가는 아니지만 기독교 신자 교원, 선종 주지 스님, 이렇게 세 사람과 인터뷰를 했다. 기숙사 학생으로부터는 종교적인 것은 전혀 의식하지 않고 참배를 가거나, 크리스마스 파티를 한다는 대답을 들었다. 기독교신자인 교원으로부터도 일본인은 명확한 종교관이 없고 지조가 없다는 비판적인 대답을 듣게 되었다. 선종 주지스님으로부터는 일본인은 종교적으로 그다지 관련이 없는 듯 생활을 하고 있는 듯이 보이지만 마음 속은 늘 갈구하고 있기에 의지가 되는 종교적인 느낌을 찾고 있는 사람이 많다는 의견을 들었다. 실제 일이 끝나고 집에 가는 길에 참선회에 참가하는 사람과 학생 참선자가 조금씩이긴 하지만 늘고 있다는 이야기도 들었다고 한다. 이 학습자는 실제로 절에 가 본 것도 주지스님과 이야기하는 것도 처음이었기 때문에 좋은 경험이 되었으며 진지하게 종교에 관해 생각하는 사람도 있다는 사실을 알게 되었다는 평가를 내렸다.

수업 토론에서는 교원으로부터 종교적으로 의지할 곳을 찾는 것은 일본인만이 아니지 않느냐는 논점이 주어졌다. 한편 이 학습자는 참선에 참가하는 사람들이 늘고 있다고는 하지만, 들은 이야기에 의하면 자신의 이미지인 '종교=가족의 단합'의 느낌을 전혀 받을 수 없다고 주장했다. 그러나 일반적으로 말하는 종교적 무관심에 대해서는 회의적이 되었다고 말했다.

이러한 활동의 결과, 결론을 얻을 수 있었던 것은 아니다. 인터뷰나 토론을 통해 다른 인식이 다음 단계로 연결되는 것이라 볼 수 있다. 그리고 이러한 작업을 통해 인식을 심화시키는 것이야 말로 학습 자신과 문화 사상과의 거리를 재고 어떻게 관련되는가를 조사하며 현실적이며 생산적인 적응으로 연결이 가능해지리라 생각된다.

이와 같은 수업 활동의 경우, 교사가 제시한 문화상이나 정보를 학습자가 얼마나 이해했는가하는 것이 평가의 포인트가 되는 것이 아니다. 학습자가 자신의 말로 그 문화사상에 대해 아이디어를 어떻게 말하는가가 평가되어야 할 점이다. 이 때에는 동시에 언어 그 자체의 발전에도 주의를 기울일 필요가 있다. 선택된 테마에 대해 자신의 아이디어를 말할 때에 문법 사항이나 표현, 어휘력이 늘었는지 발표 분위기나 토론 분위기 등 장면에 맞는 분위기에서 이야기가 전개되었는가 등을 정리해 제출할 때 문장체는 어떻게 사용했는가를 보아야 한다.

7. 맺는 말

지금까지 보아 왔듯이 사회 · 문화 사상을 주체적으로 파악함으로써 일본어교육에서의 활동이 확대된다는 사실을 알았다. 언어 그 자체를 한정적으로 다루지 않고 외국어 학습의 두 바퀴인 언어 습득과 문화 지식을 유기적으로 결합하는 형태로 수업을 운영해 가는 것이 가능하다. 그리고 학습자를 문화 인식의 주체로 자리매김함으로써 '문화에 적응'보다는 '문화에 참가'라는 창조적인 방향성도 제시할 수 있다.

일본 문화론(일본인론)은 주관적인 '일본' 표상의 집합체이지만 학습자가 '문화에 참가'한다는 의미로 그것이 사용될 때 일본어교육에서의 그 존재 의미가 있다고 할 수 있다.

참고문헌

青木保（1990）『「日本文化論」の受容　戦後日本の文化とアイデンティティー』中央公論社

李御寧（1982）『「縮み」志向の日本人』学生社

ヴォーゲル、エズラ（1979）『ジャパン・アズ・ナンバーワン　アメリカへの教訓』広中和歌子・木本彰子訳　TBSブリタニカ

ウォルフレン、カレル（1990）『日本・権力構造の謎』篠原勝訳　早川書房（英語の原著は1989）

梅悼忠夫（1957）「文明の生態史序説」『中央公論』2月号

小川貴士（1997）「日本事情教育の一視座としての日本人論」『ICU日本語教育センター紀要』6.国際基督教大学日本語教育研究センター

＿＿＿＿＿（2001）「日本語学習者の日本文化把握の編かと日本事情教育への試論」『21世紀の「日本事情」、日本語教育から文化リテラシーへ』第3号　くろしお出版

尾高邦雄（1984）『日本的経営　その神話と現実』中央公論中公新書

川上郁雄（1999）「『日本事情』教育における文化の問題」『21世紀の「日本事情」日本語教育から文化リテラシーへ』第1号　くろしお出版

川島武宜（1948）「日本社会の家族的構成」（『川島武宜著作集第十巻』所収　1983　岩波書店）

カーン、ハーマン(1970)『超大国・日本の朝鮮』坂本二郎・風間貞三郎訳　ダイヤモンド社

牲川波都季（2000）「剥ぎ取りからはじまる『日本事情』」『21世紀の

　　　「日本事情」日本語教育から文化リテラシーへ」第２号　くろし
　　　お出版

土居健郎（1971）『「甘え」の構造』弘文堂

中根千枝（1967）『タテ社会の人間関係　単一社会の理論』講談社現代
　　　新書

ベネディクト、ルース（1948）『菊と刀　日本文化の型』長谷川松治
　　　訳、社会思想研究会出版部

マクレー、ノーマン（1962）『日本を考察する　世界で最も異常な発展
　　　をなしとげた日本経済の教えるもの』外務省情報文化局海外広報
　　　課訳　外務省情報文化局海外広報課

細川英雄（2000）「崩壊する『日本事情』　ことばと文化の統合をめざ
　　　して」　『21世紀の「日本事情」　日本語教育から文化リテラシ
　　　ーへ』第２号　くろしお出版

村上勝敏（1997）『外国人による戦後日本論　ベネディクトからウォル
　　　フレンまで』窓社

Dale, Peter (1986) The Myth of Japanese Uniqueness, Croom Helm

제14장

일본어교육에서 중시되는 문화개념

사사키 토모코 (佐々木 倫子)

1. 왜 '문화'를 다루는가

(1) 일본어 교사의 전문성과 '문화'

개인적인 일을 예로 들고자 한다. 필자는 AL법(Audio Lingual approach)이 대단히 중시되었던 시기에 일본어교사 양성코스를 거쳤다. 그 무렵 일본어 교육 전문가는 언어의 과학적인 분석·기술을 토대로 학습자의 모어와 일본어와의 구조적인 차이를 파악해 학습자가 어려워하는 것이 무엇인가를 예측하는 것을 중시했다. 필자도 그에 크게 영향을 받아 일본어의 객관적 분석력을 기르는 일에 중점을 두었다. 예를 들어, 학습자가 「やっとできた(겨우 다됐다)」와 「とうとう出来た(드디어 다됐다)」의 차이가 무엇인가에 대해 질문하면 수완좋게 어떻게 구별해 사용하면 되는가하는 규칙을 설명할 수 있는 것이 전문성이라 믿었다.

그리고 교육이라는 면에서 충분히 일본어 구조를 이해할 수 있도록 그 운용 능력을 기르고 학습자가 일본어 구조를 효율적으로 습관화시키는 것을 중시했다. 문형 연습을 리듬감있게 가르치거나 모범이 되는 모델 회화를 암기시키거나 하는 기술을 중요시했다. 교사의 사명은 학습자에게 일본어 구조를 정착시키는 것이며, 문화의 이해는 2차적인 것이라 생각했기 때문이다. 귀중한 수업 시간을 쪼개 가부키감상이나 벚꽃 놀이를 하는 것이 언어교육 전문가에게는 바람직하지 않다고 여겨 '문화'는 동기부여 내지는 시간적 여유가 있을 때 하는 '보너스' 역할로써만 의미부여를 했었다.

(2) 지식 교육에서 능력 육성으로

그러던 어느 날, 필자는 학습자에게 어떤 두 가지 어구의 사용 상 구별에 대해 확인 질문을 한 적이 있다. 그러자 필자에게 학습자가 한 마디를 던졌다. "그 차이는 전에 선생님께서 설명해 주긴 하셨지만 잊어버렸습니다." 그 때부터 언어의 분석력·기술력을 바탕으로 학습 상 곤란한 점을 즉각 설명할 수 있는 교사보다 어떻게 하면 학습자가 스스로 구별해 사용할 수 있는가 하는 규칙을 발견하도록 하는가를 생각하는 교사가 바람직한 것이 아닌가하는 생각이 들기 시작했다. 물론 교사의 공부 부족이나 무지를 장려하는 것은 결코 아니다. 학습자로부터 '어째서 「大きいです(큽니다) → 大きくないです(크지 않습니다)」 「赤いです(빨갛습니다) → 赤くないです(빨갛지 않습니다)」는 되는데, 「きれいです → きれくないです」가 어째서 안되는가'라는 질문을 받고도 여러 번 생각해야만 하는 수준이라도 괜찮다고 하는 것도 아니다. 학습자는 교사의 손을 떠나서도 많은 의문에 부딪혀야 할 터이니 지식을 전해 주는 것이 아닌 학습자가 스스로 발견하고 분석하는 능력을 기르는 것이 중요하며, 일본어교육은 '능력'의 육성이어야 한다고 느낀 것이다. 소위 '지식 주입형'에서 '학습자 주체형'으로 패러다임 전환의 필요성을 느끼기 시작한 시기이다.

(3) 언어교육과 '문화'

'문화'에 대한 생각도 바뀌고 있다. '문화'는 전통 문화 만이 아닌 언어 교육에서는 '사회 · 문화'라고도 부르는 넓은 범주에서 생각해야 한다는 사실도 깨닫게 되었다. 다만, 동기부여로서의 꽃꽂이 체험이나 생선초밥 시식회는 '문화'의 일부에 지나지 않는다는 것만은 명백하다.

그래서 그 다음 단계로 일본어교육의 세계에서 생각할 수 있는 '문화' 및 '사회 · 문화'의 범위가 어디까지 확대되어 있는가를 파악하려고 마음먹었다. 그 중에서도 중시되는 문화개념이 어떠한 것인가를 정리하고 향후의 방향에 대해 생각해 보는 과제를 자신에게 부여했다. 본 논문은 이 테마에 맞추어 생각한 것을 간략하게 정리한 것이다.

2. 일본어 · 일본사정에서 중시되는 문화개념도

다음 그림은 일본 사정 및 일본어교육(특히 문화 중시와 내용 중시의 일본어교육)의 실천 보고, 교재, 논고, 그리고 앙케이트 조사(하세가와長谷川 · 사사키佐々木 · 스나다砂田 · 호소다細田 (1994)(1998)) 결과인 4가지 자료를 보고 일본어 · 일본 사정 분야에서 어떠한 문화 개념이 중시되고 있는가를 정리해 도식으로 나타낸 것이다. 도식의 기본자료는 주로 1980년대 이후에 발표되거나 실

천된 것을 중심으로 하고 있다.[1]

그림 1

일본어 · 일본 사정 수업에서 중시되는 '문화' 개념

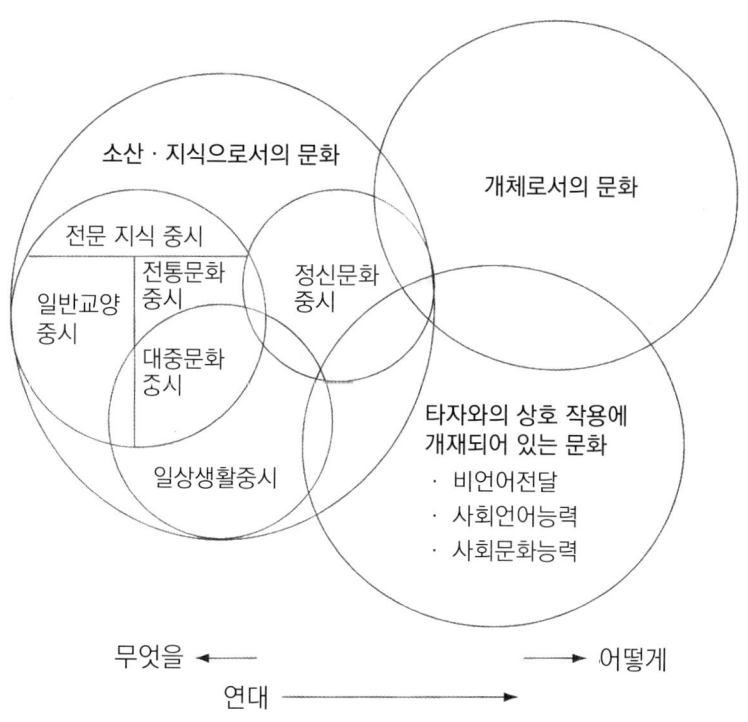

소산 · 지식으로서의 문화

전문 지식 중시

전통문화
중시

일반교양
중시

대중문화
중시

정신문화
중시

개체로서의 문화

일상생활중시

타자와의 상호 작용에
개재되어 있는 문화
· 비언어전달
· 사회언어능력
· 사회문화능력

무엇을 ◀—————   ————▶ 어떻게
        연대 —————————▶

'문화'는 모든 것을 포함히지만 이떤 부분이 중시되고 있는가는
각각의 수업 실천, 교재, 논고에 따라 다르다. 이하 개별적인 사항

---

1) 『『일본사정』문헌일람,『『일본사정』· 사회문화 교재 문헌일람』과 상당 부분 중복되어 있다.

에 대해 살펴보고자 한다.

3. 소산(所産) · 지식으로서의 문화

'소산 · 지식으로서의 문화' 개념을 다시 다음과 같이 6가지로 하위분류를 하였다.

(1)일상생활 중시형

다른 문화권에서 일본으로 온 사람들에게 있어 언어와 생활 습관, 가치관의 차이는 일본 국내에서 생활을 영위하는데 장애가 된다. 받아들이는 쪽의 의식 전환도 요구되지만 '로마에 가면 로마법을 따라야 한다'가 당연시되어 이주자에게 보다 많은 조정능력이 요구되는 것이 현실이다. 그 대응책 중 하나로 일본에 오기 전의 일본어 연수나 소속 일본어 연수에서 '일상생활'이 문화개념으로서 중시된다는 점을 들 수 있다.

수업계획서에는 현관에서 구두 벗는 방법, 목욕탕과 화장실 사용 방법, 전화 걸기, 쓰레기 배출 방법, 은행 구좌 만들기, 일본 요리 만들기와 먹기, 일본의 연중행사와 같은 장면이 일본어와 함께 실리는 일이 많고, 수험이나 학교 제도와 규칙, 운전면허와 갖가지 종류의 신고서와 같은 생활에 필요한 규칙 전반에 이르기까지 그 범위 또한 넓다. 기업 등의 조직 연수가 일본 생활에 적응을 위한 보완적 역할을 하는 경우도 있으며 나아가 일본인의 종교, 인간관계, 예의범절, 교육문제, 일본의 사회 문제 등 보다 정신적인 영역까지 다루기도 한다.

(2)일반교양 중시형

'문화'를 어느 사회의 구성원이 일반적으로 갖고 있다고 여겨지는 일반교양적 사고이다. 한 일본 대학의 유학생, 일본 사회에서 지적 직업을 가진 사람, 해외의 대학생, 연구자 등을 대상으로 한 일본어교육에서 볼 수 있다. 대학에서의 수업 이해가 가능할 것, 신문의 사회면이 이해 가능할 것이라는 언어 기술의 육성과 함께 받아들이는 일이 많다. 1962년 문부성령에 의거한 '일본사정' 즉 '일본인 학생에 대한 일반 교양과목의 취지와 같은 교육적 의도, 전공 분야에 맞는 기초 지식'에 가까운 문화개념으로 사회과 교과서형이라고도 할 수 있다.

현재 많은 수업에서는 학습자가 테마를 선택하고, 젠더, 환경 문제, 교육 문제, 국제결혼, 사교 문제 등을 조사, 보고하는 형태가 증가하고 있다. 학습자 주체의 구두 리포트와 토론에 의해 진행되는 형식으로 발전되면 뒤에 서술하는 '개체로서의 문화'의 범주에 가까운 것이 된나.

(3) 전문지식 중시형

대학 강의로 치자면 전공관련 기초과목형이라 칭할 수 있는 것이다. 문화 능력을 역사 · 경제 · 정치 · 종교 · 철학 · 예술 · 문학 분야의 지식습득과 이해에 두는 것이다. 해외 대학 등에서는 일본어 뿐아니라 일본의 근현대사나 일본 문학 분야의 전문가가 담당하는 일도 많고 일본어교육과 전문 분야와의 교량적 분야로 생각할 수 있다.

그러나 학문적 환경과 거리가 있는 경우에는 가끔 다른 양상을 보이기도 한다. 비즈니스나 간호 등의 특정 영역을 예로 들자면, 운용과 실천면에 대한 교수법으로의 이행이 보인다. 각 분야의 정당한 주변 참가(레이브 & 웬거 Jean Lave&Etienne Wenger), 상황학습의 중시의 경향이 보이며, '타자와의 상호 작용에 개재하는 문화' 의 방향에 가까워진다.

(4) 대중문화 중시형

최근 해외에서의 일본어 학습자의 다양화는 누구나 인정하는 점이지만 동시에 학습자 중 상당수의 일본어 학습 개시 동기는 이하 3가지 중에 속하는 경우가 많다.

❶ 대중문화 동기형 - 만화, 애니매이션, TV 드라마, 가라오케, 텔레비전 게임 등
❷ 전통문화 동기형 - 예술, 사상, 문학, 무술, 종교 등

❸ 실학 동기형 – 경제, 금융, 국제 관계 등

해외 대학의 일본어 수강 동기로는 과거에는 ❷가 많았으나 ❸의 시대를 거쳐, 지금은 지역을 막론하고 ❶이 많다고 한다. 또한 국제교류기금(1998)이 지적하듯이 해외 기관에서 배우는 학습자의 경우, 65% 이상이 연소자이며 일본어 학습 동기 부여에는 ❶의 역할이 중요하다.

그렇다면 본래 '대중문화'란 무엇인가? 글로벌 미디어 시대에 '일본의 대중문화'라는 경계선을 그을 수 있을 것인가 라는 문제에 대한 논의가 필요하지만 그것은 나중으로 미루도록 하자 일본이 만든 애니메이션 · TV 드라마 등은 지구 규모로 전파되고 있다. 그들은 반드시 일본어 학습과 일본어 운용과 직결된다고는 할 수 없다. 일본에서 만들었다는 사실조차 의식하지 못하는 경우도 있다. 대만이나 한국 젊은이들 중에서 '일본문화'를 좋아하는 사람들이 모두 일본어 학습을 시작한 것은 아니다.

한편, 일본 TV 드라마 등이 '일본'이라는 나라 · 문화 · 국민 · 언어의 이미지 형성과 직결되고 이것이 계기가 되어 일본어 학습의 시작과 지속에 연관되어 있다는 것 또한 사실이다. 아시아 젊은 세대의 일본 TV 드라마나 여성 잡지, 배우나 가수에 대한 지식은 대단한 것이라 할 수 있다(이시이石井 2001). 시대는 하이컬쳐(high culture)에서 서브컬쳐(subculture)로 확산되고 있으며 일본어 학습

의 동기로도, 도구로도 그리고 최종 목표로도 될 대중문화의 존재
는 경시 할 수 없다.

현재의 대중문화와 교수법을 보면 교실 내의 체계적 수업이라기
보다 교실 밖 활동 쪽에 눈이 간다. 쉬는 시간의 만화 읽기와 과외
활동으로서의 영화감상과 같은 예도 흔히 볼 수 있다. 앞으로는 저
작권의 이해와 함께 보다 체계적인 이용이 시작될 다음과 같은 징
후도 보인다.

어느 일본계 브라질인 2세의 이야기이다.

- 제 아들은 일본어학원에 10년동안 다녔지만 (일본어 능력시험의) 4급 시험에
도 합격할 능력이 모자라 합격하지 못했습니다. 그 아이가 15살이 넘어 일본어 학
원을 그만두고 나서 애니매이션에 흥미를 갖게 되었습니다. 형제 중에는 가장 일
본어 실력이 떨어지지만 지금 일본에 와 애니매이션 일을 하고 있습니다. 지금 애
니메이션 일을 하면서 (지역 일본어교실에서) 일본어를 공부하고 있습니다. -

(5) 전통문화 중시형

수업활동으로 다도 · 꽃꽂이 견학, 판화 작성, 연 만들기, 노 · 가
부키 감상 등 그리고 정원 · 사원 등의 명소 유적지 방문, 미술관 ·
박물관 등 문화 시설 탐방 등, 통상의 일본어 수업과는 다른 교외
학습 형태도 흔히 볼 수 있다. 연소자의 경우에는 종이접기(折り
紙), 칠석 소원빌기(七夕作り), 오뚜기만들기(だるま作り), 히나
마쯔리(ひな祭り)와 같은 창작 수업과 연결되는 일도 흔하다. 동

기 부여 이외에 공헌가능한 점으로 교과(미술, 음악, 사회과 등)와 일본어교육의 접목의 매체로의 역할이다. 그리고 합기도의 연습만은 모두 일본어로 하는 형태로 일본어 커뮤니티를 넓히는 기능도 지니고 있다.

전통문화에 관해 다음과 같은 이야기를 여러 곳에서 들었다.

> **해외 일본어 교사** : 해외 학습자는 주로 전통적인 기모노라든가 꽃꽂이와 같은 것에 흥미를 갖습니다.

그에 대해 이하와 같은 질문은 던져 보았다.

> **필자** : 일본에서 일반적인 일본인은 브라질이라고 하면 '커피, 삼바, 축구'를 말합니다. 그에 대해 브라질 사람은 그것만이 브라질은 아니라는 반론을 펴고 싶어하겠지요. 마찬가지로 일본어를 가르칠 때 기모노나 가부키와 같은 전통문화는 있지만 그것만이 '문화'가 아니라는 사실을 알 수 있도록 하는 것도 해외 일본어 교사의 일은 아닌지요?

> **해외 일본어 교사** : 그들이 우리들에게 묻는 것은 우리들도 알지 못하는 역사적 경위 등입니다. 어째서 그것이 시작되었는가 하는 깊은 것까지도 말입니다.

일본어를 읽을 수 있기 때문이기도 하겠지만 여기에서는 선생님이 미니백과사전의 임무를 하고 있는 셈이다. 그래서 교사가 모든 회답을 가르쳐주는 것보다 학습자에게 조사하게 하여 생각하는 힘을 기르는 것이 중요하지 않을까하는 질문도 던져 보았다.

해외 일본어 교사 : 우선은 제 자신이 가장 알고 싶고, 두 번째는 지식을 갖고 있지 않으면 '일본어를 가르치고 있는데 이런 것도 모른단 말야?' 라고 핀잔을 듣습니다. 특히, 일본계 브라질인교사의 경우, '일본인 얼굴이면서도 어째서 일본의 전통적인 것도 모르는 거야'라는 생각을 하기도 합니다. 게다가 일본어 교사가 전통적인 것을 폭넓게 알아야 할 이유는 애니메이션 등과 달리 학습자가 정보를 손쉽게 얻기 어렵다는 점도 들 수 있습니다. 또한 일본의 행사 등이 있을 때 일본어 선생이라면 꽃을 멋지게 꽂았으면 하고 바란다든지 아이들에게 기모노를 입혀 춤을 가르쳐 주었으면 하는데, 그러한 요청에 응하는 것도 교사의 일 중 하나로 여겨지고 있습니다.

이렇게 일본어 커뮤니티와의 직접적 접촉이 한정되어 있는 경우에는 '가부키, 판화, 천황제, 우리(うち)와 남(そと)' 과 같은 이국적인 면을 중시한 '일본문화'가 재생산되는 경향이 있다.

(6) 정신문화 중시형

'문화'를 어떤 인간 집단이 학습하고 계승하고 있는 정신적 활동의 과정과 그 창조물로 생각하는 것이다. '일본어·일본문화'를 모어·모문화로 하는 사람들(이하, 일본인)의 사고방식, 가치관, 사상 등 보이지 않는 문화, 내면을 '문화'의 중심에 놓는 관점이다. '일본어·일본문화'를 모어·모문화로 하지 않는 사람들(이하, 외국인)

사이에서 일본인의 감정과 사고 패턴에 대해 이해가 깊어지면 일본인과의 상호작용은 보다 순조로워질 것으로 보인다.

과거의 이 분야의 출판물에는 몇 가지 경향이 보인다. 즉, 개인적 소감을 일반화하는 경향, 단락적이 되는 경향, 가치관 등을 고정적으로 보는 경향, 지식에 머무는 경향 등이 바로 그것인데 최근의 출판물에서는 변화가 보인다.

정신문화 중시의 입장에서는 커다란 분류 방법이긴 하지만 뉘앙스가 다른 두 가지의 견해차를 볼 수 있다. 첫 번째는 '언어는 문화'라는 입장으로 문학, 특히 고전이 중시되고, 관용구나 어원에 관한 지식이 중시된다. 속담이나 고정 표현 중에 일본인의 마음, 일본인의 기질이 담겨져 있다는 시각도 있어, 표현 사전 등에서는 '기(気)'가 붙는 표현을 정리해 해설을 하기도 한다.

두 번째 입장으로 일본 문화론, 일본인론을 들 수 있다. '일본인'의 특질을 나타낸다고 하는 '일본고유의 의미를 나타내는 화(和), 응석(甘え) ,진심과 표면상의 행동(本音と建前)' 과 같은 어휘 · 표현의 배후에 숨어 있는 사상의, 보다 깊은 이해를 필요로 하는 형태가 취해지는 경우도 있다. 다른 문화적 배경을 가진 학습자가 일본 문화의 특징적이라고 하는 것들에 접해 자신의 사고 · 행동 양식을 알게 된다는 면도 있지만 동시에 두 문화의 고정적인 견해를 조장하는 폐해도 일어나기 쉽다. '언어는 문화' 의 형태이든 '일본인론'의 형태이든 종래의 교육실천에서는 지식 전수형에 치우친 것이 많왔다.

이상이 '소산 · 지식으로서의 문화' 개념을 중시하는 입장에 대한
설명이었다.

4. 타자(他者)와의 상호작용에 개재된 문화

1980년대 이후 이 개념이 확실한 조류가 되었다. 많은 일본어교
사에 의해 특히 일본인과의 직접적 접촉이 많은 학습자를 대상으로
한 일본어교육에서 중시되는 개념이 아닐까 싶다. 1980년대 이후
일본 국내에서는 언어교육을 커뮤니케이션 능력 육성으로 받아들
이는 쪽으로 그 방향이 굳어졌다. 그와 관련된 두 가지 흐름의 경향
을 소개하고자 한다.

(1) 언어행동면에서 의사소통 중심의 교수법(Communicative
approach)의 움직임이 일본국내 일본어교육에 들어오기 시작하여
내용적 · 문화적 요소가 중시되게 되었다. 제2언어 습득 연구 중에
타인과의 상호작용에 대한 관찰을 중시하는 흐름이 있었다는 것을
그 요인으로 꼽을 수 있다.

(2) 사회의 움직임이라는 면에서 인도난민, 중국으로부터의 귀국

일본인의 수용에 이어 외국인 근로자수용이 지역 일본어교육을 만들어냈다. 일본 국내 여러 지역에서 다른 문화적 배경을 가진 사람들이 동등한 주민으로 공생하는 상황이 생겨났다. 그곳에서는 일본인으로부터의 일방적 일본어교육이 아닌 쌍방향의 인간관계 그리고 '교육'이 아닌 '자립지원'의 분위기가 조성되었다. 일본어 커뮤니티로 상호 작용 능력의 육성을 돕고자 하는 개념이 강조되게 된 것이다.

마인 다멘(Meine Damen 1987)은 이문화간의 커뮤니케이션과 제2언어 교육의 관계에 대해 다음과 같이 말하고 있다.

– 이문화간 커뮤니케이션과 제2언어 및 외국어교육은 탐색과 응용에 관해 비슷한 길을 걸어 왔다. 전자는 커뮤니케이션 스타일, 목표, 이문화 트레이닝, 그리고 언어와 문화의 양식이 커뮤니케이션 효과에 미치는 역할에 비중을 두고 있으며, 후자는 제2언어학습에 영향을 미치는 변수나 습득을 촉진시키는 교수법에 초점을 맞추어 왔다. (중략) 이문화 커뮤니케이션 전문가는 커뮤니케이션 상의 언어적, 비언어적인 요소가 중요한 원인이라는 인식을 공유하고, 어학 교사는 커뮤니케이션 기술을 가르치기 위해 협의의 언어면에 국한되어 있지 않다는 사실을 인식할 것이다 – (필자 번역 1987:xvi)

이는 1987년 이전에 쓰여진 글이지만 21세기가 된 지금 일본어교육은 커뮤니케이션 교육을 향해 걸음을 내딛고 있다. 뱅크스(1999)에서도 지적하고 있듯이 우리들은 각각 유년기의 사회화를 통해 문화적 규정을 받고 자신이 속하는 커뮤니티 문화의 전제가 되어 있다는 사실을 받아들이고, 그 가치, 세계관, 그리고 잘못된 사고방식과 고정관념을 모두 숙지해 온 것이다. 이 문화 개념을 중시하는 일본어교육은 문화적 배경이 다른 사람들의 직접 접촉 안에서 자기와 타인과의 가치관이나 인식, 행동 양식의 차이의 인식을 중시한다. 인식에 기본을 둔 상호작용 능력이 학습자 안에서 육성되는 일을 지원한다. 그곳에서는 '사회'를 잘라 교실 장면에 가져오는 것이 아닌 학습자가 애초부터 '사회'에 참가하는 것을 중시하고 그 과정의 지원을 우선시한다(사에키佐伯 1993, 일본어교육학회편1995, 니시구치西口 1999 등). '타인과의 상호작용에 개재하는 문화'에는 대화하는 상대와의 거리라는 비언어 전달에서부터 사고 경로나 가치관까지도 포함시켰다. 커뮤니케이션 참가자간의 상호작용 중에 명확해질 '문화'를 포함한 개념이라 생각한 것이다.

그림으로 나타내면 다음과 같다.

그림 2   일본어 · 일본사정 수업에서 중시되는 '문화' 개념 – 상호작용

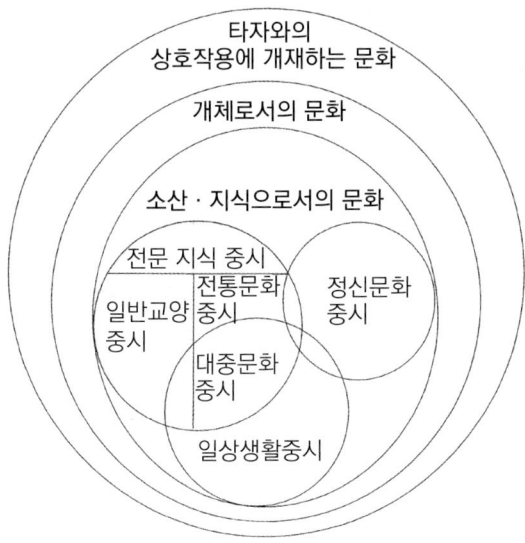

5. 개체(個)로서의 문화

마지막으로 '개체로서의 문화' 개념은 1990년대 후반부터 생겨난 흐름이다. 개개인이 문화 개념을 형성하는데 있어서는 다양한 상호작용이 있을 수 있으며 지금까지 부지런히 쌓아 온 소산 · 지식으로의 문화도 물론 큰 역할을 한다. 단, 이 문화개념에서는 '일본문화'라든가 '이문화'라는 틀을 짜는 것은 가능한 피했으며 문화의 '개체'로의 측면이 중시된다. 그 근거로 다음의 3가지 사항을 들 수 있다.

(1) 개인의 이산성 – 이동 · 국경을 넘는 사람들

이마후쿠(今福 2000)는 국가라는 틀 에서 나온 사람들에 대해 다음과 같이 말하고 있다.

– [세계] 그 자체의 불특정과 유동을 추진하는 이들 이동 · 국경을 넘는 사람들 (즉 관광객, 이민, 난민, 망명자, 임시 노동자와 같은 사람들)은 20세기 초기까지의 '세계'를 이동하던 주요한 타입인 군인, 순례자, 식민지 행정관, 선교사와 같은 시대적 · 문화적으로 한정된 직업적 여행자와는 전혀 다른 이질적이고 다양한 이동에의 동기와 이동 역학의 비구심성(非求心性) · 이산성(離散性)을 지니고 있다. 게다가 중요한 것은 디아스포라라는 개념의 새로운 근거있는 주장에 의해 가장 활동적으로 제시되고 있는 이들 이동형태와 그것이 창출하는 문화영역의 국면이 현실과 표상과 상상력의 영역에 대등하게 작용하고 있다는 점이다. 디아스포라적 이동은 현실로 일어나는 것에 의해 비로소 '세계'에 영향을 미친다기 보다는 이미 이동에의 욕망과 충동이 사람들의 의식 속에 조직되어 있다는 사실에 의해 정주적 · 국가 귀속적인 공동체 원리를 초월한 사회동인으로 작용하고 있는 것이다. – (p.382)

이와 같은 개인의 이산성의 방향이 많은 사람에게 인식되는 시대이기에 개인의 '자국문화' 혹은 '일본문화'를 말할 때 그것이 얼마나 확정성을 갖고 있을지 의문이다.

(2) 문화의 다원성

'대중문화'에서 다루었던 사항으로 '일본문화'는 하나가 아니라는 점 또한 이와부치(岩淵 2001)가 지적하는 일본의 문화적 이중성의 표면화 등이 문화의 다원성, '일본문화'라는 틀의 위험성을 지적하고 있다. 요시미(吉見 2000)는 글로스버그(Grossberg)를 인용하여 "오늘날의 글로벌화는 유통하는 정보와 이동하는 사람들은 물론, 문화 그 자체를 탈영역화하는 경향을 내재하고 있다"(p.90) 고 명확히 지적하고 있다.

(3)문화의 관념성

오가와(小川 1996)에서 볼 수 있는 '문화'를 개개인의 '인식·해석'에 두는 견해이다. 호소카와(細川 1998)또한 '안쪽으로부터의 문화' 라고도 규정하고, 커뮤니케이션에 있어 개인의 장면 인식 태도가 '문화'라고 했다. 거기에는 문화를 객관적인 실체가 아닌 개인의 인식에서 요구하는 자세를 볼 수 있다.

이상 세 가지를 들었다. 일본어 학습자의 저연령화(低年齡化)가 진행되는 지금 '어느 문화에도 완전하게 파묻히지 않고 자주적인 판단을 내려 유연하고도 확고한 정체성을 확립했다.'(호시노星野 1994) 즉, 인간의 육성은 일본어 교육의 중요한 과제 중 하나가 아닐까? '개체로서의 문화'를 중시하는 견해는 인간 육성의 방향과도 일치하는 것이라 할 수 있을 것이다. 그림으로 나타내면 다음과 같다.

그림 3 일본어 · 일본사정 수업에서 중시되는 '문화' 개념 · 개체

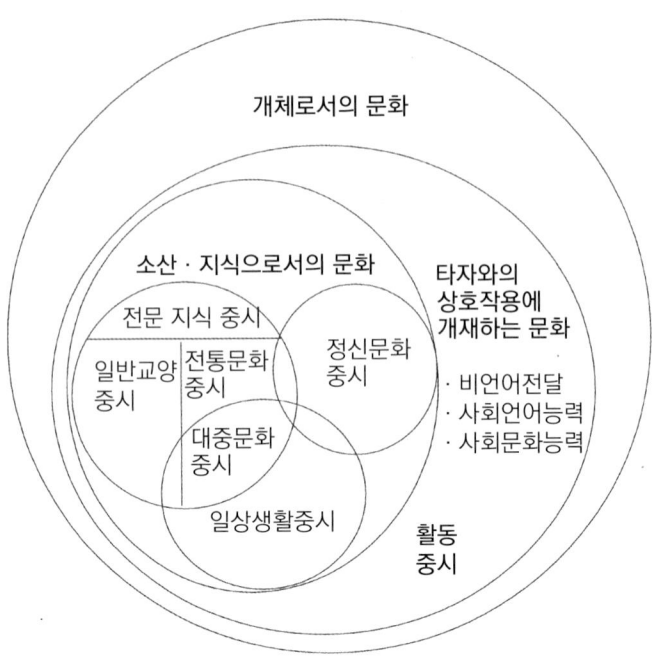

6. '언어와 문화'의 향방

(1)고정적이 아닌 '문화' 개념

2000년도 여름 한국에서 개최된 세미나에서 발표한 이후, 일본어 교원양성강좌, 연구회, 학회 등에서도 본 논문의 그림에 대해 언급해 왔다. 그 때마다 특히 해외 현장의 선생님들로부터 다음과 같은 질문을 받았다.

(1) 원의 크기는 개념이 차지하는 힘을 반영하고 있습니까?

원의 크기나 곡선·직선이 출판량이나 수업 실천의 양과 연동되는 것은 아닙니다. 이 분류는 일본 국내 대학의 '일본 사정' 강의에 관한 조사에 상당부분 토대를 두고 있기 때문에 '전문지식' 등도 그림에 나타나 있습니다.

(2) 자신은 계절 행사, 관혼상제는 '전통 문화'라고 생각해 왔습니다만, 여기에서는 '일상생활'에 들어갑니까?

하나하나의 사항에 따라 다르며 관점에 따라 다르기도 하므로 어느 쪽에 들어간다고 딱 잘라 말하기는 어렵습니다. 딱 잘라버리는 것, 유일하게 고정된 정답이 있다고 생각하는 것은 잘못된 생각입니다. 원래는 선을 긋는 것보다 서로 겹쳐진 회색 구역을 넓게 설정하는 것이 올바르겠지만, 그러한 형태는 대단히 보기 힘들기 때문에 피했습니다. 원이 겹쳐지는 부분에는 양자택일이 아니라는 의미라고 보면 됩니다.

(3) 일본에 오기 전에 받은 연수에서 그림1의 '생활문화'에 해당되는 내용을 언어연수와 합쳐서 그리고 있습니다만, 그것은 낡은 사고방식입니까?

Culture(외적 문화–지리, 역사, 과학, 사회학, 예술 등)가 아닌

culture(인류학적 · 사회학적 문화 - 태도, 습관, 일상생활, 가치관) (발렛valette 1998 등)를 연수에서 소개 · 지도하는 것은 충분히 생각할 수 있습니다. 낡았다는 것이 아닙니다. 단, 효율을 중시한 나머지 정보의 일방적 전수에 치우치거나 어느 시점의 일본 국내에서 일반적으로 보이는 사회 · 문화 습관을 절대적인 것으로 하고 있지 않는가하는 반성이 필요합니다. 학습자가 일본에 온 후, 스스로 '일본문화'를 발견하고 자립해 가는 과정을 시야에 넣은 출발점으로의 정보소개여야 한다고 생각합니다.

(2) '일본어 어학 교육'에서 '문화를 읽고 행동할 수 있는 능력' 육성으로

문화 학습에 있어서도 교육 패러다임의 전환은 확실히 일어나고 있다. 앞으로는 출발점이 되는 '○○문화에 관한 해석'이라는 것에 대해 정말로 그러한가, 또 그것은 자신에게 있어 어떠한 의미를 갖는가 등에 대한 것을 철저하게 스스로 자문하는 학습자를 기르는 방향이 보다 우세해 질 것이다. 학습자가 스스로 판단하는 능력을 육성하는 '지식으로써의 문화가 아닌, 능력으로써의 문화를 어떻게 체득하는가가 언어 습득의 중요한 과제가 된다'(호소카와細川:1999)라는 방향은 확실한 흐름이 되고 있다.

다만, 여기서 확인해야 할 점이 있다. 그것은 문화 개념을 강조하는 것이 교사의 일본어교육의 기술을 경시하는 것이 아니며, 또한 학습자의 일본어 능력의 기능적 측면을 경시하는 것도 아니라는 사실이다. 게다가 앞에서 서술한 종래의 언어 교육이 효과를 거두는 '종래형의 학습자'는 여전히 존재한다. 대학생을 예로 들어보면 우선 문법 등을 머리로 이해하고 철저하게 연습함으로써 4기능의 정착을 도모하는 학습 방법을 좋아하는 사람들, 언어 구조의 이해·정착 후에 비로소 실제 일본어 운용을 시험하고 싶어하는 사람들의 경우 '지식전수·습관 형성'형의 교육은 효과를 발휘한다. 그 외에도 커뮤니케이션 능력 육성보다 시험 등에 합격을 하는 것이 시급한 목표로 일본어의 구조 이해와 정착에 최소의 시간으로 최대의 효과를 올리는 것을 목적으로 하는 사람들도 마찬가지라 할 수 있다.

그러나 설령 기능 중시의 일본어 교육이라 하더라도 확실한 이념을 가진 후에 언어 기술 교육과 습득이 있어야 한다. 글로벌화는 착실히 진행되고 있으며 종래의 일본어 교육에서는 모두 수용할 수 없다는 것만은 확실하다. 향후 방향에 있어야 할 것은 '개체로써의 문화' 개념의 인식이며 그 후 '타자와의 상호작용에 개재하는 문화' 개념의 인식이다. 두 개념의 중요성을 제대로 잡은 일본어교육이 요구되고 있다는 사실을 재차 확인하면서 본 장을 끝맺고자 한다.

참고문헌

今福龍太（2000.9）「複数の世界を想像すること：今日のコスモポリタ
ニズムとディアスポラ」Ⅵ
Encontro Nacional de Professores Univesitários de Língua, Literatura
e Cultura Japonesa, Departamento de Línguas Estrangeiras e Tradução,
Unicersidade de Brasilia, Brasil pp.377~410

岩渕功一（2001）『トランスナショナル・ジャパン』岩波書店

小川貴士（1996）「日本事情教育の一視座としての日本人論」『ICU日
本語今日言うセンター紀要』5号　国際基督教大学日本語教育研
究センター

門倉正美・細川英雄（共編）（1999）「『日本事情』関係文献一覧」
『21世紀の「日本事情」』創刊号　くろしお出版

国際交流基金日本語国際センター（1998）『海外の日本語教育の現状』
国際交流基金

佐々木倫子（2000.7）「日本語教育と文化」国際交流基金韓国巡回セミ
ナー資料

佐々木倫子（2000）「『日本事情』・社会文化教材文献一覧」『21世紀
の「日本事情」』第2号くろしお出版

佐野正之、水落一朗、鈴木龍一（1995）『異文化理解のストラテジー』
大修館書店

西口光一（1999）「状況的学習論と新しい日本語教育の実践」『日本語
教育』100号　日本語教育学会

日本語教育学会（編）（1995）『ひろがる日本語教育ネットワーク』日

本語教育学会

長谷川恒雄・佐々木倫子・砂川裕一・細川英雄（1994）『外国人留学生のための「日本事情」教育のあり方についての基礎的調査・研究』1992・1993年度科学研究費補助金研究成果報告書（総合研究（A）　課題番号04301098）（研究者代表　長谷川恒雄）

長谷川恒雄・佐々木倫子・砂川裕一・細川英雄（1998）『諸外国における「日本事情」教育についての基礎的調査・研究』1995~1997年度科学研究費補助金研究成果報告書（国際学術研究　課題番号07041023）（研究者代表　長谷川恒雄）

バンクス・ジェームズ・A（著）平沢安政（訳）（1999）『入門　多文化教育』明石書店

星野 命（1994）「異文化の中で養うポジティブな心と自我アイデンティティー」『異文化接触と日本人』（現代のエスプリ322）

細川英雄（1999）『日本語教育と日本事情ー異文化を超えるー』明石書店

レイブ・ジーン＆ウェンガー・エティエンヌ（著）佐伯　眸（訳）（1993）『状況に埋め込まれた学習』産業図書

Damen,L. (1987) Culture Learning : The Fifth Dimension in the Language Classroom, Addison-Wesley Publishing Companym Inc.

Rovinson,G.L.N. (1985) Crosscultural Understandong. Pergamon Press

Valette,R.M.(1986) "The cultural gap test" In Valdes, J.M.(ed) Culture Bound : Bridging the cultural gap in language teaching. Cambridge University Press pp.179-97

번역자 약력

성 윤아 sungyuna@smu.ac.kr

도쿄대학 대학원 일본문화연구전공(국어연구실) 석사

도쿄대학 대학원 일본문화연구전공(국어연구실) 박사

현 상명대학교 교육대학원(일본어교육전공) 교수

송 승희 songsan@ocu.ac.kr

히로시마대학교 대학원 교육학연구과 석사

히로시마대학교 대학원 교육학연구과 박사

현 열린사이버대학교 일본언어문화학과 교수

채 경희 chaekh@baewha.ac.kr

큐슈대학교 대학원 국어국문학연구실(일어일문학) 석사

큐슈대학교 대학원 국어국문학연구실(일어일문학) 박사

현 배화여자대학교 일어통번역과 교수

최 정순

배재대학교 외국어로서의 한국어학교 교수

국제언어문화학회 회장

저서) 배재한국어 1-6권 외 논저 다수

황 정민

배재대학교 대학원 외국어로서의 한국어학과 박사 과정 수료

배재대학교 한국어교육원 교육강사

우석대학교 한국어학과 강사

현장에서 꼭 필요한 일본어 교육학 시리즈 ❻

언어와 문화를 잇는 일본어교육

초판인쇄_ 2012년 1월 10일
초판발행_ 2012년 1월 25일
책임편집_ 강희경, 오은정
펴낸이_ 엄호열
펴낸곳_ (주)시사일본어사
등록일자_ 1977년 12월 24일
등록번호_ 제300 - 1977 - 31호
주소_ 서울시 강남구 역삼동 826-28
전화_ 1588 -1582(교재구입문의) / 02)764 -1582(교재내용문의)
팩스_ 02)3671 - 0500
홈페이지_ http://book.japansisa.com
이메일_ tltk@chol.com
ISBN 978-89-402-9083-5 13730